正当防衛の基礎理論

山本和輝著

成文堂

はしがき

　本書は、筆者の博士学位論文である『正当防衛の基礎理論的考察』を出版したものである。この出版にあたり、博士論文提出後に発表された諸論文を可能な限りフォローするように努めたのと同時に、必要に応じて、加筆・修正を行った。

　本書の公刊にあたっては、多くの方々のご助力を賜ることができた。その中でも、筆者の指導教授である安達光治先生からは、大学院進学以降、親身な御指導を賜っただけでなく、博士論文執筆に際しても有益な助言を多数賜ることができた。先生からのご指導を受けることができなければ、本書が日の目を見ることはなかったであろう。このように安達先生からは感謝してもしきれないほどの学恩を受けているが、本書によってその学恩にいくばくかでも報いることができたのだとすれば、この上もない喜びである。わが敬愛する恩師である安達先生に本書を謹んで捧げたいと思う。

　立命館大学ならびに同大学院在学中には、学部ゼミ時代の指導教授であり、もう一人の恩師である嘉門優先生や、学部ないし大学院の授業にて指導を賜った浅田和茂先生・松宮孝明先生をはじめとする諸先生方にも、有益なご助言を数多く賜ることができた。この機会を通じて改めて御礼申し上げる。また、筆者は、刑法読書会、刑事判例研究会をはじめとする様々な研究会にも参加させていただいている。これらの研究会においては、大学の枠をこえて多くの先生方からご指導を賜ることができた。中でも関西大学の飯島暢先生には、日本刑法学会関西部会における拙報告の司会を引き受けていただいただけでなく、拙稿の書評までしていただいた。ご厚情に改めて感謝申し上げたい。

　最後になるが、本書の出版をお引き受けいただいた、成文堂の阿部成一社長、編集部の篠崎雄彦氏には大変お世話になった。記して謝意を申し上げたい。

2019年2月

山　本　和　輝

　　付記　本書は、「立命館大学大学院博士課程後期課程　博士論文出版助成制度」の助成を得たものである。

目　次

はしがき
初出一覧

序　論 …………………………………………………………………… *1*

第一部
正当防衛の正当化根拠論
―― 「法は不法に譲歩する必要はない」という命題の再検討を中心に ――

第一章　導　入
第一節　問題の所在 ……………………………………………………… *5*
第二節　分析視角 ……………………………………………………… *11*
第三節　検討順序 ……………………………………………………… *13*

第二章　日独における議論状況
第一節　個人主義的基礎づけ …………………………………………… *14*
第二節　超個人主義的基礎づけ ………………………………………… *37*
第三節　二元主義的基礎づけ …………………………………………… *49*
第四節　個人主義的基礎づけの再評価 ………………………………… *57*
第五節　一元主義的基礎づけ …………………………………………… *68*
第六節　間人格的基礎づけ ……………………………………………… *73*
第七節　小　括 …………………………………………………………… *78*

第三章　Bernerの正当防衛論
第一節　「法は不法に譲歩する必要はない」という命題の意味内容
　………………………………………………………………………… *81*

第二節　Bernerの正当防衛論 ……………………………… *84*
　　第三節　Berner説の帰結 …………………………………… *102*
　　第四節　小　括 ……………………………………………… *108*

第四章　Berner前後の立法の展開
　　第一節　プロイセン一般ラント法（1794年）……………… *110*
　　第二節　プロイセン刑法典（1851年）……………………… *123*
　　第三節　ライヒ刑法典（1871年）…………………………… *145*
　　第四節　その後のRG判例の傾向 …………………………… *151*
　　第五節　小　括 ……………………………………………… *155*

第五章　結　論
　　第一節　正当防衛権の基礎づけ …………………………… *157*
　　第二節　正当防衛権の限界 ………………………………… *159*

第二部
正当防衛の限界について
――正当防衛状況の前段階における公的救助要請義務は認められるか？――

第一章　導　入
　　第一節　検討対象 …………………………………………… *167*
　　第二節　問題の所在 ………………………………………… *167*

第二章　わが国における判例・裁判例の傾向
　　第一節　喧嘩闘争と正当防衛 ……………………………… *171*
　　第二節　積極的加害意思類型 ……………………………… *172*
　　第三節　自招侵害類型 ……………………………………… *179*
　　第四節　積極的加害意思類型と自招侵害類型の重畳適用？ … *182*
　　第五節　最高裁平成29年4月26日決定 …………………… *184*
　　第六節　最高裁平成29年決定以降の裁判例 ……………… *187*

第七節　小　括 …………………………………………… *190*

第三章　ドイツにおける議論状況
　　　第一節　判例の立場 ………………………………………… *191*
　　　第二節　学説の状況 ………………………………………… *202*
　　　第三節　小　括 ……………………………………………… *205*

第四章　正当防衛権と国家による実力独占の関係性
　　　第一節　国家による実力独占の基礎 ……………………… *206*
　　　第二節　正当防衛状況における国家による実力独占原則の不妥当？
　　　　　　　………………………………………………………… *210*
　　　第三節　国家による実力独占の例外としての正当防衛 … *213*
　　　第四節　小　括 ……………………………………………… *227*

第五章　正当防衛状況の前段階における公的救助要請義務は認められるか？
　　　第一節　事前の公的救助要請義務と国家による実力独占 …… *229*
　　　第二節　事前に公的救助を要請しなかったことを理由として、正当防衛権を否定ないし制限することはできるか？ … *232*
　　　第三節　小　括 ……………………………………………… *236*

第六章　結　論 ……………………………………………………… *238*

結　論 ………………………………………………………………… *241*

　　引用文献一覧 ………………………………………………………… *243*

初出一覧

＊以下の旧稿に、加筆・修正を行った。

「正当防衛の正当化根拠について——『法は不法に譲歩する必要はない』という命題の再検討を中心に——（1）〜（4・完）」立命館法学365号（2016年）198頁以下、同367号（2016年）91頁以下、同368号（2016年）129頁以下、同371号（2017年）73頁以下。

「正当防衛状況の前段階における公的救助要請義務は認められるか？——最高裁平成29年4月26日決定を契機として——（1）〜（2・完）」立命館法学374号（2018年）196頁以下、立命館法学377号（2018年）198頁以下。

序　論

　戦後、最高裁は、正当防衛権の制限を肯定する判決・決定を数多く出してきた[1]。そこでは、「急迫性要件を中心としつつも、正当防衛・過剰防衛の可能性を一律に排除する」制限法理が多様に展開されてきた[2]。このような最高裁の動向を受けて、わが国の学説もまた、正当防衛が制限される場合があることを自明の前提とした上で、制限の基準とその限界の探究に取り組んできた[3]。そこで得られた成果は、確かに、（例えば、喧嘩闘争、自招侵害などといった）個別の事案群における問題解決を一歩進めるものではあった。しかしながら、わが国の先行研究が正当防衛の制限論へと偏重するに従い、正当防衛の原則論（例えば、正当防衛においては、原則的に侵害退避義務および法益均衡性が不要であること）を掘りくずしかねない言説が登場するまでになった[4]。

　このような現状が生じてしまった背景には、わが国においては、これまで正当防衛の積極的な基礎づけが十分に論じられてこなかったという事情がある。もちろん、これまで正当防衛の基礎づけ論が全く論じられてこなかったというわけではない。わが国の学説もまた、多くの場合、争いのある限界事例を解決するために、正当防衛の正当化根拠論を参照し、刑法36条1項の適用を制限するルールを導出しようと試みてきた[5]。しかし他方で、そこで参照される正当化根拠論が、従来、争いなく認められてきた諸帰結を説明できるものとなっているかについて

1　代表的な判例として、さしあたり、最決昭和52年7月21日刑集31巻4号747頁、最決平成20年5月20日刑集62巻6号1786頁、最決平成29年4月26日刑集71巻4号275頁を挙げておく。これらの判例については、第二部第二章にて詳細な検討を行う。
2　嶋矢・法学教室451号27頁。
3　例えば、川端・正当防衛権の再生、齊藤（誠）・正当防衛権の根拠と展開、橋爪・正当防衛の基礎、山中・正当防衛の限界など。
4　そのような見解として例えば、近時、有力に主張されている侵害回避義務論を挙げることができる（このような見解を主張するものとして、佐伯（仁）・小林＝佐藤古稀101頁以下、佐藤（文）・西原古稀237頁以下、橋爪・正当防衛の基礎77頁以下、山口・法曹時報61巻2号328頁以下。ただし、山口は、正当防衛の権利行為性を強調する立場を主張することから、他の論者に比して、侵害回避義務を認めることに慎重である［山口・同327頁参照］。）。
5　そのようなアプローチを採用するものとして例えば、齊藤（誠）・正当防衛権の根拠と展開、橋爪・正当防衛の基礎、山中・正当防衛の限界などが挙げられる。

は、あまり注意が払われてこなかった。このような状況にあっては、従来、共通の前提とされてきた結論を説明できない、あるいはそれに反する帰結を伴う基礎づけに依拠する見解が登場したとしても、何ら不思議ではあるまい。本書の目標は、このように正当防衛の基礎に関する理解が固まっていない現状がもたらす弊害を除去し、正当防衛の限界が問われる事案を検討するための確固たる基盤を提供することにある。

　かかる目標を達成するために、本書の第一部では、先行研究が等閑視してきた、正当防衛の原則論を説明できるかという分析視角の下で、既存の正当化根拠論を批判的に吟味し、その理論的問題点を抽出し、それを乗り越える議論を構築する。これにより、正当防衛において争いなく認められている諸帰結を根拠づけることができる点で、少なくとも従前の議論よりも説得的な正当防衛の基礎理論が提示されることになる。

　上記の基礎づけ論レベルでの検討に引き続いて、第二部では、正当防衛の成否が問題となる限界事例の検討を行う。先述したように、戦後、正当防衛権の制限を認めた判決・裁判例は数多く出されてきたが、今日においてもそのような傾向は変わらない。そこで、本書は、従前の先行研究と同様に、正当防衛の基礎づけ論を参照し、正当防衛の限界が問われる事例の問題解決を図るための指針を得ることを試みる。具体的には、近時、最決平成29年4月26日刑集71巻4号275頁が正当防衛を制限するための判断枠組みを新たに示したことに鑑み、その理論的基礎を論定し、批判的な検討を試みるとともに、私見の提示を行う。これにより、正当防衛に関する判例理論に潜在する思考枠組みを明確にすることができるとともに、私見がそれとどのような点で思考過程を異にするのか、またどのような点で理論的優位性を有するのかが示されることになる。

第一部

正当防衛の正当化根拠論
——「法は不法に譲歩する必要はない」という命題の
再検討を中心に——

第一章　導　入

第一節　問題の所在

　正当防衛の正当化根拠は、既に多くの先行研究によって論じられてきたテーマである。それにもかかわらず、何故、本書で、このテーマを取り扱う必要があるのか。本書の問題意識をより明確なものにするため、まず、この点から論じることとしたい。

　刑法36条1項は、「急迫不正の侵害に対して、自己又は他人の権利を防衛するため、やむを得ずにした行為は、罰しない」と規定する。このように、正当防衛はきわめて簡潔にしか規定されていないため、その規定を参照するだけでは具体的な帰結を導き出すことができない。それゆえに、同規定の解釈にあたっては、正当防衛の正当化根拠にまで遡り、解釈の指針を導き出す必要がある。つまり、正当防衛の正当化根拠を論じる意義は、正当防衛の解釈論を展開するにあたり、その指針を示すことができる点にある[1]。より具体的にいえば、第一に、正当防衛の各要件を基礎づけることができる点（特に正当防衛と緊急避難の相違を説明できる点[2]）、第二に、正当防衛を限界づけることができる点（例えば、自招侵害などの限界事例において、解釈の指針を示すことができる点）にある。

　このうち、わが国の学説において重要視されてきたのは、第二の意義、つまり正当防衛の限界づけであった。すなわち、従来、問題とされてきたのは、「正当防衛が制限される場合があることを自明の前提とした上での制限の基準と限界であ」り[3]、この制限の基準と限界を明らかにするために論じられてきたのが、正当防衛の正当化根拠であった。このように、わが国の学説が正当防衛の正当化根拠を参照し、正当防衛の制限の基準と限界を明らかにしようとした背景には、当

1　橋爪・理論刑法学の探究①95頁。さらに、橋爪・正当防衛の基礎5頁も参照。
2　橋爪・正当防衛の基礎10頁、山口・総論115頁。
3　葛原・正当防衛論198頁。

時の実務が、正当防衛の成立を認めることに対してきわめて抑制的であったという事情がある[4]。すなわち、正当防衛の限界が盛んに論じられるようになったのは1980年代以降のことであるが[5]、当時の実務は、例えば、防衛行為の相当性の判断につき、「いわば、過剰防衛に逃避する傾向」があると評されるほど[6]、正当防衛の成立を肯定することに対して慎重な立場をとってきた[7]。そのため、わが国の学説は、正当防衛の制限の根拠を明らかにし、正当防衛の成立範囲を合理的に画することによって、実務の過剰な制限傾向を抑制しようとしたのであった[8]。このような事情に鑑みれば、わが国において、正当防衛の正当化根拠の第二の意義、すなわち正当防衛の限界づけが重要視されてきたのは当然であったといえる。

　この意義の重要性は、現在においても認められつづけているといってよい。このことは、例えば、近時の自招侵害に関する議論からも窺うことができる。すなわち、最決平成20年5月20日刑集62巻6号1786頁が登場したことにより[9]、当時の刑法学界において、同決定の判断枠組みをどのように評価すべきかが活発に議論されるに至ったが、そこでは、正当防衛の正当化根拠へと立ち返りながら、最高裁平成20年決定の判断枠組みの当否を検証するものも見られるところである[10]。さらに、最近では、最決平成29・4・26刑集71巻4号275頁が、最決昭和52・7・21刑集31巻4号747頁において示された積極的加害意思論をより一般化する判断枠組みを展開した[11]。そのため、その判断枠組みの当否をめぐり、今

---

[4] 葛原・正当防衛論197頁以下。
[5] この時期に発表された著書として、山中・正当防衛の限界を挙げることができる。また、同時期に発表された論考として、大嶋・法学47巻5号612頁以下、斉藤（誠）・団藤古稀290頁、同・成蹊法学21巻1頁以下、山口・法学協会百周年記念論文集721頁以下、山本・上智法学27巻2号137頁以下などを挙げることができる。
[6] 平野・総論Ⅱ 239頁以下。
[7] ただし、当時においても、例えば、いわゆる「喧嘩と正当防衛」といった問題領域では、正当防衛の成立範囲が拡張する傾向にあったという指摘もある。このような指摘を行うものとして、川端・正当防衛権の再生10頁以下。
[8] 川端ほか・現代刑事法5巻12号〔山中発言〕10頁以下参照。
[9] 同決定について詳細には、第二部第二章を見よ。
[10] 例えば、山口・法曹時報61巻2号313頁以下。さらに、一方で、最高裁20年決定を視野に入れながら、他方で正当防衛の正当化根拠論に立ち返りながら、自招侵害の場合に正当防衛の成立が制限される根拠、および正当防衛の制限が認められるための要件について検討を加えるものとして、橋田・研修747号3頁以下。
[11] 同様の認識を示すものとして、小林・判例時報2336号144頁、坂下・判例時報2362号170頁、中尾・ジュリスト1510号108頁、成瀬・法学教室444号158頁、橋田・平成29年度重解155頁。

後、学界内での議論が高まることが予想される[12]。このことに鑑みれば、上で述べた第二の意義の重要性は、今後も変わることなく認められるどころか、より増していくものと推察される。

　以上で確認してきたように、わが国の議論状況は、正当防衛の正当化根拠論からみれば、いわば応用問題ともいえる正当防衛の限界づけに議論が集中している現状にあり、平成29年決定の登場を踏まえれば、今後もそのような傾向には変わりがないものと思われる。しかしながら、わが国の正当防衛論は、そのような応用問題のみを検討すれば足りるとすることができるほど万全なものであろうか。換言すれば、わが国の正当防衛の正当化根拠論は、正当防衛の各要件の基礎づけという基本問題をこれ以上論じる必要がないといえるほど盤石なものといえるのだろうか。この点については、疑問を禁じえない。というのも、近時、正当防衛においても、一定の場合には侵害回避義務が課されうるとする侵害回避義務論が有力化しているが[13]、このような考え方は、ともすれば、正当防衛における侵害回避義務及び退避義務の原則的な不存在という原則論を掘りくずしかねないように思われるからである[14]。

　本書において正当防衛の正当化根拠を検討する必要性を明確にするために、この点について若干敷衍することとしたい。従来、正当防衛においては、緊急避難の場合と異なり、「補充性」が要件とならないことから、被侵害者は、原則的に侵害退避義務を負わないとされてきた。その理由として、従来の多数説は、正当防衛において、「法は不法に譲歩する必要はない」という意味での法確証原理が妥当することを挙げる[15]。つまり、「法」の立場にある防衛者（あるいは緊急救助者）は、「不法」の立場にある侵害者に対して譲歩する必要がないので、防衛者は、急迫不正の侵害から退避する必要はないとされたのである。

12　この問題については、本書でも第二部において論じることとする。
13　このような侵害退避義務論を展開するものとして、佐伯（仁）・小林＝佐藤古稀101頁以下、佐藤・西原古稀237頁以下、橋爪・正当防衛の基礎77頁以下、山口・法曹時報61巻2号328頁以下。ただし、山口は、正当防衛の権利行為性を強調する立場を主張することから、他の論者に比して、侵害退避義務を認めることに慎重である（山口・同327頁参照）。
14　類似の指摘を行うものとして、生田・行為原理と刑事違法論253頁、坂下・法学論叢177巻4号42頁以下、中空・現代刑事法5巻12号30頁、三代川・立教法学97号136頁以下、山口・法曹時報61巻2号322頁。
15　葛原ほか・総論127頁〔橋田久執筆部分〕、中空・現代刑事法5巻12号32頁、宮川・東北学院法学65号68頁、山中・総論480頁。

ところが、近時、正当防衛においても、一定の場合には、侵害回避義務が課されうるとする見解が有力に主張されるに至っている[16]。例えば、橋爪隆は、「事前の危険回避行為を要求したとしても、それが行為者にとって特段の負担を意味しないような場合には、その限りにおいて危険回避を義務づけることを正当化できる」と主張する[17]。その理由として、橋爪は、そのような場合であれば、個人の自由な行動を大幅に制約することを意味しないこと、また、その危険回避行為によって侵害者の法益と被侵害者の法益のいずれも保全することができることを挙げる[18]。さらに、佐伯仁志は、侵害者の生命法益の重要性を強調することによって、先に挙げた橋爪の見解と比しても、より広範に侵害退避義務を認める。すなわち、「生命に対する危険の高い防衛行為は、重大な法益を守るため、かつ、他に侵害を避ける方法がない場合に限って許容すべきである」というのである[19]。

　これらの見解の背景には、利益衡量的な枠組みに基づいて、正当防衛を把握しようとする思考方法が存在している。すなわち、この見解は、正当防衛状況においても、侵害者の法益の要保護性が否定されるわけではなく、複数の利益が衝突している状況にあるから、正当防衛も優越的利益の原則の下で把握されるとするのである[20]。そして、このような理解から、この見解の主張者は、被侵害者が安全確実に回避でき、かつ回避行為によって、被侵害者と侵害者の法益がいずれも保全できる場合には、侵害回避義務を課すべきだという考え方に至っている[21]。

　しかしながら、この近時の有力説に対しては、従来の多数説から、「被侵害者に何ら帰責性がないにもかかわらず、被侵害者に対して不正な侵害からの退避を許容すると、結論的には、不正が正に優先することになる」とか[22]、「正当防衛の否定により、実質的には、刑罰によって、『不正』とはいえない行為者に侵害回避義務の遵守が強制されることになり妥当といえない」といった批判が向けら

16　佐伯（仁）・小林＝佐藤古稀101頁以下、佐藤（文）・西原古稀237頁以下、橋爪・正当防衛の基礎77頁以下、山口・法曹時報61巻2号328頁以下。
17　橋爪・正当防衛の基礎93頁。同様の見解を主張するものとして、佐藤（文）・西原古稀240頁以下。
18　橋爪・正当防衛の基礎93頁以下参照。
19　佐伯・総論140頁。
20　橋爪・理論刑法学の探究①100頁。
21　橋爪・正当防衛の基礎92頁以下は、「優越的利益の原則の外在的制約」から、このような帰結が導かれると述べる。
22　宮川・東北学院法学65号68頁。

れている[23]。この批判の背景にあるのは、被侵害者が安全確実に侵害を回避でき、それによって被侵害者と侵害者の法益がいずれも保全できる場合であっても、侵害者は、正当な理由なく被侵害者の利益を侵害しようとしている以上、不正であることに変わりがないという洞察である[24]。この洞察は、正しいように思われる。なぜならば、先のような場合であっても、侵害者が不正な侵害を思いとどまれば、正当防衛状況は生じないからである。つまり、先の場合において、回避義務を負わなければならないのは、侵害を予期しているとしても、侵害を行おうとはしていない被侵害者ではなく、侵害を現に行おうとしている侵害者なのである。それにもかかわらず、侵害者ではなく、被侵害者に回避義務を課すのであれば、それは、「侵害者が被侵害者の権利を正当な理由なく侵害しようとする場合には、被侵害者は、自身の正当な権利の行使を断念し、その場から退避せよ！」と述べるようなものであろう[25]。そのような解決が妥当であるかは、きわめて疑わしい[26]。

とはいえ、利益衡量的な思考方法に基づいて、一定の場合に侵害回避義務を肯定する見解が有力化したことは、決して理由がないことではない。なぜならば、近時の有力説は、利益衡量的な思考に基づいて首尾一貫した帰結を導くことに成功しているのに対して、従来の多数説は、正当防衛を不十分にしか基礎づけることができていないからである。先にも述べたように、従来の多数説は、「法は不法に譲歩する必要はない」ということから正当防衛を基礎づけようとするが、これに対しては、近時の有力説の主張者によって、基礎づけの不十分性を厳しく論難されている。例えば、不正の侵害に急迫性がない場合などのように、正が不正に譲歩する必要がある場合があることからすれば、「正は不正に譲歩する必要はない」という標語を持ち出すだけでは侵害回避義務を一般的に否定する理由にはならないといったように、である[27]。

---

[23] 中空・現代刑事法5巻12号30頁。類似の指摘を行うものとして、坂下・法学論叢177巻4号43頁。

[24] 生田・行為原理と刑事違法論254頁が、「侵害が予期できても、悪いのは侵害する方である」とするのも基本的には同趣旨であると思われる。

[25] 松宮・総論145頁参照。さらに、本質的には同趣旨の批判を行うものとして、坂下・法学論叢177巻4号42頁以下。坂下は、不作為犯における保障人的地位に関する議論との比較という観点からも、利益衡量的な思考方法に基づいて正当防衛を把握しようとする近時の有力説を批判している。この点については、坂下・同44頁以下を参照。

[26] 同趣旨のものとして、高山・法学教室268号72頁注31。

このように見ていくと、侵害回避義務及び退避義務が課されないという正当防衛独自の意義が掘りくずされかねない状況に陥った原因は、結局のところ、従来の議論が正当防衛を十分に基礎づけることができていなかった点に帰着するように思われる。このことに鑑みれば、正当防衛の正当化根拠論に立ち返り、正当防衛の各要件の解釈論を再検討することが今まさに必要であるように思われる。

では、正当防衛の正当化根拠は、どのように考えればよいのだろうか。結論から言えば、正当防衛の正当化根拠は、まずもって、防衛者と攻撃者の間に認められる「法（正）」対「不法（不正）」という法的関係性から明らかにされるべきであるように思われる。というのも、正当防衛の独自の意義は、緊急避難と異なり「正」対「不正」という関係性にある点に求められており、また正当防衛の正当化根拠を法確証原理に求める従来の多数説にせよ、優越的利益の原則に求める近時の有力説にせよ、この独自性をどのように説明するのかということが争われてきたからである[28]。そうであるとすれば、「法は不法に譲歩する必要はない」という命題が、本来、どのような意味を有していたのかという点を再検討する必要がある。

「法は不法に譲歩する必要はない」という命題は、1848年の論文において、Berner が主張したものであり[29]、従来、超個人主義的基礎づけである法確証原理の特徴を表すものとして理解されてきた[30]。そこでは、先の命題にいう「法」とは、法秩序のことを意味すると理解されたがために、この命題は、法秩序の防衛という意味での法確証原理をあらわすものだと理解されたのである。このような主張の背景には、Berner を含む Hegel 主義者が、超個人主義的基礎づけを主張してきたという理解が前提にある[31]。しかしながら、そもそも、このような理解は妥当なものなのだろうか。というのも、Berner の主張は、19世紀の個人主義的・自由主義的な文脈から正当防衛を拡張する方向で展開されたものであるため、その主張が、超個人主義的基礎づけを支持するものであったとは考えがたいからである[32]。また、近時のドイツにおいては、通説である二元主義的基礎づけ

27　佐伯（仁）・小林＝佐藤古稀102頁以下。
28　今井ほか・総論197頁〔橋爪隆執筆部分〕。
29　*Berner*, ArchCrimR NF 1848, S. 557, 562, 578.
30　そのように述べるものとして、例えば、*Krause*, FS-Bruns, S. 74 f.
31　例えば、*Krause*, FS-Bruns, S. 74 f.
32　例えば、浅田・総論21頁は、Berner を、Hegel の自由主義的側面を受け継いだ Hegel 左派に位

を批判して個人主義的基礎づけを再評価する脈絡から、従来の理解に反対する見解も現れている[33]。この反対説によれば、「法は不法に譲歩する必要はない」という命題における「法」とは、法秩序ではなくて、被攻撃者の具体的な法的地位、すなわち、権利を意味するというのである。

　問題はこのような主張が成り立つか否かであるが、この問いを検討するにあたっては、まず、近時のドイツにおける見解が、何故、先の命題にいう「法」とは、被攻撃者の具体的な法的地位、すなわち、権利を意味すると主張するのかを確認する必要がある。ここには、ドイツ語のRechtが、「客観的な意味と主観的な意味との二重の意味をあわせもっている」という事情がある[34]。すなわち、「ドイツ語でいえば、客観的意味でのRecht（客観法 das objektive Recht）が、通常の法規範・法命題をさしているのに対し、主観的意味でのRecht（主観法 das subjektive Recht）というときは、主体側から見られた権能・特権など、いわゆる権利をさし示している」のである[35]。そのため、先の命題にいう「法」が、いずれを意味するのかを明らかにするには、実は、Bernerが、この命題をどのような文脈で主張したのかを具体的に確認することを必要とする。ここに、「法は不法に譲歩する必要はない」という命題を、その主張者であるBernerに遡って検討する必要性が存するのである。またその上で、Bernerの主張が、当時、どのような意味を有していたのかを確認することによって、先の命題がいかなる帰結を導くものであったのかについても明確にしておく必要があるだろう。

　以上のような問題意識から、第一部では、正当防衛の正当化根拠の再検討を行う。

第二節　分析視角

　前節では、本書が正当防衛の正当化根拠を論じる意義を確認してきた。この点

　　置づけている。また、中・正当防衛について47頁も、Bernerを個人主義的・自由主義的立場から正当防衛を考えたものとして位置づけている。さらに、Zabel, Wissenschaft, S. 96も、Bernerの関心事が、刑法における「自由の論理」を実り豊かなものにすることにあったと述べる。
33　このような主張を行うものとして、例えば、Engländer, Nothilfe, S. 67 f.; Kindhäuser, FS-Frisch, S. 495 f.; Lesch, FS-Dahs, S. 82 ff.; Pawlik, ZStW 114, S. 292 f.（赤岩＝森永訳・甲南法学53巻4号153頁以下などが挙げられる。
34　青井・法理学160頁。
35　青井・法理学160頁。

を踏まえた上で、本節では、正当防衛の正当化根拠を論じるにあたり、留意点を明確にすることによって、あらかじめ分析視角を示すこととしたい。

　本書は、正当防衛の正当化根拠を論じるにあたり、以下の二点に留意しなければならないと考えている。第一に、防衛者ないし緊急救助者は、何を防衛するのかという問題（防衛対象の問題）と、防衛者ないし緊急行為者は、何故、侵害者に対して防衛することが許されるのかという問題（正当化根拠の問題）を意識的に区別して論じる必要がある[36]。このように防衛対象と正当化根拠の問題に区別する理由は、防衛対象の問題に対する回答が正当化根拠の問題に対する回答と混同されるのを回避するためである。従来の議論においては、両者の問題は混同されることが多く、例えば、「正当防衛の根拠は、被侵害者の法益だけでなく、法秩序をも防衛している点にある」といった類の説明が散見される。しかしながら、被侵害者の法益や法秩序という防衛対象を持ち出すだけでは、何故、防衛行為が許されるのかを基礎づけることはできない。なぜならば、ここで問題となっているのは、被侵害者の法益や法秩序が防衛対象であるとして、何故、それらを防衛することが正当化されるのかということだからである。この問いに、防衛対象が法秩序だからと回答しても、それはトートロジーでしかない。

　第二に、正当防衛の防衛対象もしくは正当化根拠として挙げられた論拠から、正当防衛の各要件が合理的に説明できるかという点である。前節でも述べたように、正当防衛において、侵害回避義務及び退避義務が課されないという原則が掘りくずされかねない状況に陥った原因は、従来の議論が、正当防衛を十分に基礎づけることができていなかった点にある。そのため、このような問題点を回避するためには、各説において挙げられている論拠が、正当防衛の各要件を論理的に基礎づけうるのかについて具体的に検討する必要がある。これに加えて、後の検討で明らかになるように、正当防衛の正当化根拠として挙げられる根拠の中には、第三者のための正当防衛（緊急救助）が正当防衛と同等の法効果を有する理由を説明できないものも散見される。それゆえに、緊急救助を適切に基礎づけうるかについても着目する必要がある。

36　この区別は、*Engländer*, Nothilfe, S. 7に依拠したものである。

第三節　検討順序

　以上を踏まえ、第一部では、以下のような順序で検討を行う。まず、日独における正当防衛の議論をそれぞれ確認することによって、従来の日独における議論の問題点を明らかにし、また近時のドイツにおける個人主義的基礎づけの再評価の流れを検討する（第二章）。その上で、「法は不法に譲歩する必要はない」という命題の持つ意味を明らかにするために、同命題の提唱者とされるBernerの正当防衛論を検討するとともに（第三章）、Berner前後の歴史的展開を確認することによって、Berner説が有する意義を明らかにする（第四章）。最後に、これらの検討を通じて得られた結論を示すとともに、正当防衛の制限論についても若干の試論を示す（第五章）。

第二章　日独における議論状況

第一節　個人主義的基礎づけ

　個人主義的基礎づけは、正当防衛状況におかれた当事者のうちのいずれか、つまり侵害者ないし被侵害者のいずれかの事情に着目して、正当防衛の正当化根拠を基礎づけようとする。そこで、以下では、侵害者の事情に着目する基礎づけと、被侵害者の事情に着目する基礎づけに分けて検討を行う。

第一款　被侵害者の事情に着目する基礎づけ

　被侵害者の事情に着目する基礎づけは、さらに正当防衛状況における被侵害者の心理状態に着目する見解と、被侵害者の利益状況に着目する見解に分類することができる[1]。以下では、これらの見解の概要およびそこから導き出される帰結を順に確認し、正当防衛の正当化根拠を適切に基礎づけることに成功しているかを検討する。

第一項　被侵害者の心理状態に着目する基礎づけ
1　自己保存本能説

　被侵害者の心理状態に着目する基礎づけとして、第一に、被侵害者の自己保存本能から正当防衛を基礎づけようとする見解を挙げることができる（以下では、自己保存本能説と呼称する）[2]。本説によれば、人間は、他者から侵害されそうに

1　同様の分類を行うものとして、例えば、*Pawlik*, ZStW 114, S. 264.（赤岩＝森永訳・甲南法学53巻1号66頁）、飯島・自由の普遍的保障156頁、佐伯（仁）・総論120頁以下。
2　本説を主張するものとして、香川・総論171頁注2、野村・総論219頁。ドイツで同旨の見解を主張するものとして、*Engisch*, Gerechtigkeit, S. 275.; *Klose*, ZStW 89, S. 86 f. さらに、——後述する二元主義的基礎づけの枠組みにおいてではあるが——同様の主張を行うものとして、大塚（仁）・総論380頁、大谷・判例時報2357＝2358合併号7頁、岡野・総論160頁、川端・正当防衛権

なったら自己保存本能に基づいてとっさに反撃し、自らを防衛するものであるという理由づけから、正当防衛の許容性が導かれることになる。

（1）防衛対象

自己保存本能説からすれば、防衛対象は、「自己」に限られることになる[3]。あるいは、侵害が自己と密接な人的関係を有する者（例えば、家族や友人）の権利に向けられている場合であっても、防衛者は自己保存本能と同様の心理状態に陥ると考えるならば、自己の「近親者」を防衛対象に含めることも可能であろう[4]。

しかしながら、自己保存本能説は、「他人」を防衛対象に含むこと、換言すれば、（現行規定では許容されているはずの）「他人」のための防衛（緊急救助）を説明することができない[5]。なぜならば、緊急救助の場合、緊急救助者は、侵害者から自己の権利を侵害されているわけではないため、とっさに自らを防衛しようとする本能が働くとは考えがたいからである[6]。

このような批判に対して、齊藤誠二は、他者の助けを求めようとするという被侵害者の自己保存本能から緊急救助を導くことができると反論する。すなわち、刑法は、緊急な場合には、人間は、しばしば、他人の助けを必要とし、他人の助けをもとめていくものであるという一種の自己保存の本能のあらわれにもとづいて、個人の保護を強めていこうと考えている、というのである[7]。しかしながら、仮に、とっさに他人の助けを求めてしまうというところまで、被侵害者の自己保存本能の内実を拡張して理解することができるとしても、何故、そのような被侵害者の自己保存本能が、緊急救助者の救助権限を基礎づけることができるのかが不明である。この点につき、齊藤は、おそらく、その方が個人の保護を強めることができることを理由に、緊急救助者の救助権限を法的に基礎づけうると考

の再生7頁以下、齊藤（誠）・正当防衛権の根拠と展開54頁、高橋・総論275頁、立石・総論145頁。ドイツで同様の立場を支持するものとして、LK[11]-*Spendel*, §32 Rn. 11.

3　したがって、この見解に依拠する場合、社会的法益や国家的法益のための正当防衛は認められないことになる（この点については、吉田・刑法理論の基礎163頁参照）。

4　同様の指摘を行うものとして、伊東・講義総論178頁以下。

5　同旨の批判を行うものとして、伊東・講義総論178頁、岡野・総論100頁、川端・正当防衛権の再生7頁、川端ほか・現代刑事法2巻1号6頁〔日高義博発言〕、三代川・立教法学97号157頁注105、山中・総論482頁。さらにドイツにおいて同様の批判を行うものとして、*Bitzilekis*, Einschränkung, S. 46.; *Engländer*, Nothilfe, 2008. S. 44.; *Pawlik*, ZStW 114, S. 263 f.（赤岩＝森永訳・甲南法学53巻1号65頁以下）。

6　Vgl. *Engländer*, Nothilfe, S. 44.

7　齊藤（誠）・正当防衛権の根拠と展開56頁以下。

えているのであろう[8]。確かに、そのような個人の保護の強化という観点を持ち出せば、緊急救助を基礎づけることはできるかもしれない。しかし、そこで述べられている観点は、もはや自己保存本能という被侵害者の心理状態を超えるものであろう。とするならば、結局のところ、齊藤の反論は、自己保存本能とは異なる観点から緊急救助を基礎づけうると述べているにすぎず、反論としての説得力を欠いている[9]。

以上で見てきたように、自己保存本能説は、現行法においては、自己・近親者の権利に限られず、他人の権利も防衛対象とされている点を説明できない。したがって、この見解は、既に防衛対象の説明からして、現行法の説明理論として不適切であるといえる。

（2）正当化根拠

先に見たように、自己保存本能説は、防衛対象の理解からして既に不当であるが、以下では、一旦この点を措いて、本説から正当防衛がどのように基礎づけられることになるのかについての検討を行う。

自己保存本能説は、被侵害者の自己保存本能という生物学的な事実から、直接的に防衛行為の違法性を阻却するという（それ自体規範的な）法的帰結を導くという論理構成を採用する[10]。そこで、何故、そのような生物学的な事実から、防衛行為の違法性を阻却するという法的帰結を導きうるのかが問題となる。

この点について明確な説明がなされることはあまり多くないが、少なくとも、一部の論者は、社会契約説的な考え方に依拠した説明を行っている。例えば、野村稔は、緊急状況下において、自己本能に基づいて防衛行為をなすことが許容（正当化）される理由を以下のように説明する。すなわち、「国民は生活利益の保護を刑法規範に委ねるに際して、それに委ねたのでは十分な保護が期待できないか、あるいは実現できない場合には、例外的に個人としての立場で自ら生活利益

---

8 齊藤（誠）・正当防衛権の根拠と展開58頁以下参照。
9 もちろん、自己保存本能と個人の保護の強化という観点を組み合わせて、正当防衛の基礎づけを行う見解を主張するのであれば、かかる反論も一定の説得力を有することになる。ただし、このような主張を行う場合、今度は、正当防衛の基礎づけの際に、自身の結論を導き出すために都合のよい要素をカズイスティックに持ち出している、ここでの脈絡に即して言えば、自己保存本能という観点からは緊急救助を説明できないので、それに代えて個人の保護の強化という観点を持ち出すというのは、ご都合主義ではないかとの批判を受けることになるだろう。同旨の批判を行うものとして、飯島・自由の普遍的保障156頁。
10 同様の指摘を行うものとして、*Engländer*, Nothilfe, S. 43.

の保護を行うことを留保していたと考えられるからであり（個人保護留保条項）、刑法規範もこのような自己保存本能に基づく個人保護留保条項の適用・行使を消極的（追認的）に許容するからである。」というのである[11]。この説明によれば、自己保存本能に基づく防衛権限は、刑法規範が各人の生活利益を保護するために消極的に容認されるものとして理解されることになる。

以上のような理解を前提として、自己保存本能説を主張する論者は、正当防衛において法益均衡性が原則として要求されないこと[12]、および侵害退避義務が原則として課されないこと[13]を帰結することができるとする[14]。すなわち、正当防衛状況下において、被侵害者は自己保存本能からとっさに防衛措置を講じてしまうのであるから、被侵害者には、侵害から退避するよう要求することも、保全法益と侵害法益が均衡するよう配慮することを求めることもできない、というのである。

しかし、この見解に対しては、正当防衛と緊急避難の相違を説明することができないという批判が妥当する[15]。なぜならば、自己保存本能は、正当防衛状況だけでなく、緊急避難状況においても働くからである[16]。すなわち、とっさに自己を防衛する本能が働くかどうかは、危険が差し迫っているかどうかによって左右されるのであって、不正な侵害が差し迫っているか、それとも自然災害による危難が差し迫っているかによっては左右されないのである。例えば、ある者（避難行為者）が火事に遭遇したため、とっさに第三者の家に逃げ込んだという典型的な緊急避難のケースにおいても、避難行為者は、火事という危難から自らを保護するという本能が作用しているからこそ、第三者の家に逃げ込んでいるのである。

このように、自己保存本能説は、正当防衛と緊急避難の相違を説明できないという問題点を孕む。その結果、本説からは、――主張者の意図に反して――正当

11　野村・総論219頁。
12　*Klose*, ZStW 89, S. 86.
13　高橋・総論274頁。
14　なお、本説の主張者の中には、自己保存本能説からは、防衛の意思不要説が帰結すると主張する論者も存在する（香川・総論171頁。さらに、香川・団藤古稀270頁以下も参照）。もっとも、本説の支持者の中には、防衛の意思必要説を主張する論者もいるため（例えば、野村・総論225頁）、本文中では取り上げなかった。
15　Vgl. *Engländer*, Nothilfe, S. 44.
16　Vgl. *Engländer*, Nothilfe, S. 44. 本説の主張者である Karl Engisch ですら、このことを認めている（*ders.*, Gerechtigkeit, S. 275）。

防衛において退避義務が課されないこと、および法益の均衡が要件とされないことも説明できないことになる。なぜならば、緊急避難にも妥当する論拠から、正当防衛の場合に限り侵害退避義務が課されない、あるいは法益均衡性が要件とならないとする帰結を導き出すことはできないはずだからである。

以上のことからすれば、自己保存本能説は、正当防衛の正当化根拠という観点から見ても妥当でないといえる。

2　苦境・未熟説

被侵害者の心理状態に着目する基礎づけとして、次に被侵害者の苦境ないし未熟さから正当防衛を基礎づけようとする見解を挙げることができる（以下では、苦境・未熟説と呼称する）[17]。本説においては、被侵害者が正当防衛状況という苦境に置かれている、あるいは被侵害者は、侵害者に対する反撃を行うことに慣れていないという意味で未熟であるという理由づけから、正当防衛の許容性が基礎づけられることになる。

（1）防衛対象

苦境・未熟説においても、防衛対象は、「自己」であることになる[18]。あるいは、侵害が自己の「近親者」に対して行われている場合であっても、緊急救助者は類型的に苦境に陥っていると評価するならば、防衛対象は、自己の「近親者」にまで拡張することができるだろう[19]。

しかし、本説に対しても、自己保存本能説と同様に、緊急救助を適切に説明することができないという批判が妥当する[20]。なぜならば、緊急救助者は、被侵害者とは異なり、侵害者による違法な攻撃にさらされているわけではないため、多くの場合、自らは苦境に陥っていないはずだからである。もちろん、この批判

17　この見解を主張する論者として、*Wagner*, Notwehrbegründung, S. 32. 緊急状況における防衛者の未熟さを考慮する点で同様であるのは、*Schroeder*, FS-Maurach, S. 139. これに対し、緊急状況下における被攻撃者の苦境を考慮する点で同様であるのは、*Seelmann*, ZStW 89, S. 55.

18　ただし、Wagner は、被攻撃者の苦境及び未熟さに加えて、個人の行為自由も正当防衛の正当化根拠として挙げている。そのため、Wagner の見解からは、防衛対象は、攻撃された法益及び被攻撃者の行為自由ということになる（Vgl. *Wagner*, Notwehrbegründung, S. 31.）。なお、個人の行為自由を正当防衛の正当化根拠とする見解については、本章第二項2. で検討する。

19　同様の指摘を行うものとして、*Engländer*, Nothilfe, S. 47. Fn. 180. ただし、この見解の主張者も、そのような場合に限り緊急救助が認められるとは考えていない（Vgl. *Wagner*, Notwehrbegründung, S. 35.）。

20　このような批判を行うものとして、*Engländer*, Nothilfe, S. 47.

は、正当防衛と緊急救助の成立範囲が異なると解する場合には回避可能であるといえるかもしれない[21]。しかし、そのように解してしまうと、何故、（日独を問わず）現行の正当防衛規定が、正当防衛と緊急救助を同様に扱っているのかを説明できないという困難な問題に直面することとなってしまうのである[22]。

以上で見たように、苦境・未熟説もまた、既に防衛対象という観点からして、現行法の説明理論として不適切なものとなっている。

（2）正当化根拠

次に、苦境・未熟説からは正当防衛の正当化がどのように基礎づけられるのかについて検討する。この点につき、本説は、以下のような説明を行っている。すなわち、正当防衛状況において、被侵害者は、今まさに自身の法益に対する侵害が切迫しており、時間的余裕がない状況に置かれているため、どのような態様で防衛を行うかに関する決断を即座に行わなければならないという苦境に置かれている[23]。しかも、被侵害者は、通常、攻撃が切迫している状況を克服することに熟達しているわけではないという意味で未熟であるため、防衛の程度を加減できるわけでもない[24]。立法者は、これらの事情に鑑みて、（防衛者には原則的に侵害退避義務が課されず、かつ法益均衡性が要件とされないという意味で）峻厳な正当防衛権を構想することによって、防衛者が正当防衛の行使に関わる判断を行う際の負担を軽くしようとしたというのである[25]。

しかしながら、上述の理由づけは説得的ではない。なぜならば、被侵害者の苦境及び未熟さは正当防衛状況だけでなく、緊急状況一般に認められるため、正当防衛と緊急避難の相違を説明できず、それゆえに正当防衛制度だけが特に峻厳な防衛権限を認めている理由を説明できないからである[26]。

かかる批判に対して、Wagnerは、次のような反論を行っている。すなわち、「いまや確かに、緊急状況が双方の規定〔ドイツ刑法32条（正当防衛）および34条（正当化的緊急避難）――引用者注〕に共通であることは疑う余地のないことである。

21　実際に、この結論を認めるものとして、*Seelmann*, ZStW 89, S.58.
22　このことを指摘するものとして、*Engländer*, Nothilfe, S. 48.
23　*Wagner*, Notwehrbegründung, S. 32.
24　*Wagner*, Notwehrbegründung, S. 32.
25　*Wagner*, Notwehrbegründung, S. 30, 32.
26　このような批判を行うものとして、例えば、*Engländer*, Nothilfe, S. 45 f.; *Kroß*, Notwehr, S. 52.; *Kühl*, AT, §7 Rn. 17, *von Scherenberg*, Einschränkungen, S. 42, 44.; *Seeberg*, Nothilfe, S. 56 f.

しかしながら、34条は、他の無関係な法益への介入を許容するのに対して、32条における財衝突は違法な攻撃に基づくものである。攻撃者の受忍義務が第三者以上に広範であることは、個人権的な正当防衛理論にとっても自明なことである」というのである[27]。この反論は、攻撃者は自ら違法な攻撃を行った以上、正当化緊急避難の場合よりも広範な受忍義務を負うべきであるという価値判断に基づいて、正当防衛と正当化（攻撃的）緊急避難の区別を説明できるとするものである。しかしながら、かかる反論は、被攻撃者の苦境及び未熟さという事実的・自然的な観点からみれば、いわば外在的な観点にすぎない攻撃者の違法性という規範的な事情を持ち出して、正当防衛と緊急避難の相違を説明できると述べているにすぎず、反論としての説得力を欠いている[28]。

以上で確認したように、本説も正当防衛と緊急避難の相違を説明できない以上、少なくともその論理内在的には、——主張者の意図に反して——正当防衛において原則的に侵害退避義務が課されないこと、および法益均衡性が要件とされないことを帰結することはできない[29]。なぜならば、緊急避難にも妥当する論拠から、正当防衛の場合に限り、被攻撃者には退避義務が課されないこと、あるいは法益均衡性が要件とならないことを帰結することはできないからである[30]。

以上に鑑みれば、苦境・未熟説もまた、妥当でないといえる。

第二項　被侵害者の利益状況に着目する基礎づけ

1　自然権説

被侵害者の利益状況に着目する基礎づけとしては、第一に、自然権としての自己保全権から正当防衛の正当化根拠を説明しようとする見解が主張されている

27　*Wagner*, Notwehrbegründung, S. 33 f. なお、以下では、参考までにドイツ刑法32条および34条の規定内容を挙げておく。ドイツ刑法32条「①正当防衛によって要請される行為（Tat）を行う者は、違法に行為していない。②正当防衛は、現在の違法な攻撃から自己又は他人を防衛するために必要な防衛である。」、同34条「生命、身体、自由、名誉、所有権もしくはその他の法益に対する現在しており、他の方法では回避することができない危険において、自己又は他人を危険から回避させるために行為（Tat）を行う者は、対立する利益、とりわけ被侵害法益と自らに差し迫っている危険の程度の衡量において、保護される利益が侵害された法益を本質的に優越している場合には違法に行為していない。ただし、このことは、行為が危険を回避するために相当な手段である限りでのみ妥当する。」

28　*Engländer*, Nothilfe, S. 46.
29　*von Scherenberg*, Einschränkungen, S. 41 f., 44.
30　*von Scherenberg*, Einschränkungen, S. 42, 44.

(以下では、自然権説と呼ぶ)[31]。本説においては、誰もが生まれつき、自己及び自己の個人的法益を自分の力で防衛する権利を有しているという理由づけから、換言すれば、そのような人間の自然権ないし「始原的権利（Urrecht）」から、正当防衛権の正当性が説明されることになる。

(1) 防衛対象

自然権説において、自然権としての自己保全権の内実は、自己又は自己の法益を自らの力で守る権利として理解される[32]。この理解からすれば、防衛対象は、「自己」に限定されることになるだろう。したがって、前項で検討した二つの見解と同様に、本説に対しても、緊急救助を説明することができないとの批判が妥当する[33]。

(2) 正当化根拠

自然権説において、正当防衛権は、社会契約説的な説明に基づいて基礎づけられている。例えば、大塚裕史は、正当防衛の制度趣旨を説明するにあたり、以下のように述べている。すなわち、「自己の法益を自らの力で守る権利は、人間が生まれながらにして有している権利であるが、それを社会契約によって国家に委任し、国家が個人を保護する仕組みになっている。しかし、委任された国家が個人を保護することができない場合には、自己の法益を自らの力で守る権利が自己防衛権として復活する」というのである[34]。

この大塚（裕）の説明において典型的に見ることができるように、自然権説に依拠する論者は、国家が個人を保護することができない場合には、自己の法益を

31　本説を主張するものとして、佐伯（仁）・総論121頁（ただし、正当防衛の権利性を強調する限度において、同説の意義を認めるにとどまる。）、中山・総論169頁（ただし、後に法益性の欠如説へと改説している。）、堀内・総論152頁、三代川・立教法学139頁。ドイツにおいて、この見解を支持するものとして、*Klose*, ZStW 1977, S. 86 f.; MK-*Erb*, §32 Rn. 2. 後述する二元主義的基礎づけの枠組みにおいて同旨の主張を行うものとして、大塚（裕）・判例時報2357＝2358合併号15頁、川端・正当防衛の再生153頁以下、明照・正当防衛権の構造9頁。さらにドイツにおいて同様の主張を行うものとして、*Jescheck/Weigend*, AT, §32 Rn. 1; *Kühl*, AT, §7 Rn. 8; *Pelz*, NStZ 1995, S. 307. また、吉田・刑法理論の基礎162頁以下も、内容的には同様の主張を行っている。

32　このような理解を示すものとして、佐伯（仁）・総論121頁、堀内・総論152頁。大塚（裕）・判例時報2357＝2358合併号15頁、三代川・立教法学97号135頁。同様の理解を示すドイツの文献として、*Kühl*, AT, §7 Rn. 8.

33　かかる批判を免れるために、Klose は、自然権としての自己保全権には、他者の法益を保全することも含まれるという趣旨の主張を行っている（*ders.*, ZStW 1977, S. 86 f.）。確かに、仮にそのように解することができるのだとすれば、本文中の批判は回避可能なものとなるだろう。しかし、そのように解しうる論拠は、必ずしも明確ではない。

34　大塚（裕）・判例時報2357＝2358合併号15頁。

自らの力で守る権利が自己防衛権として復活するとの論理構成を行う。そして、その帰結として、正当防衛において、被侵害者が原則的に侵害退避義務を負わないこと[35]、および法益均衡性が要件とされないことを説明できるとするのである[36]。

しかしながら、この見解からは、不正の侵害の排除を内容とした権利を導くことはできないように思われる。すなわち、この見解が依拠する社会契約説的説明によれば、自然権としての自己保全権は、国家成立以前に認められる、つまり法状態成立以前に認められる自然権である。そうであるとすれば、何故、法状態以前に認められる自己保全権は、法状態において「不正」と評価される侵害の排除を内容とすることができるのだろうか。この見解は、この点を説明できていないように思われる[37]。さらにいえば、そもそも、この見解のように自己保全権という「前国家的な自然権」を持ち出すことは、実定法上の制度である正当防衛を説明するには不適切であるように思われる[38]。

以上に鑑みれば、自然権説は、実定法上の正当防衛制度の基礎づけ論としては不適切であるようといえる。

2 自己保全利益説

被侵害者の利益状況に着目する基礎づけとしては、第二に、被侵害者の自己保全の利益から正当防衛権を基礎づけようとする見解が主張されている（以下では、自己保全利益説と呼ぶ）[39]。本説によれば、緊急状況において、自己の法益の保

---

35 そのような主張を行うものとして、明照・正当防衛権の構造23頁、吉田・刑法理論の基礎163頁。同様の主張を行うドイツの文献として、*Jescheck/Weigend*, AT, §32 Rn. 2.
36 そのような主張を行うものとして、吉田・刑法理論の基礎163頁。ドイツにおいて同様の主張を行うものとして、*Jescheck/Weigend*, AT, §32 Rn. 2.
37 同趣旨の批判として、松生・法の理論㊱221頁。さらに、Vgl. *Pawlik*, ZStW 114, S. 279.（赤岩＝森永訳・甲南法学53巻3号52頁）。
38 松宮・総論137頁。また、この限りで、佐伯仁志も、社会契約説的な説明が適切でないことを認める（佐伯（仁）・総論121頁）。
39 本説を主張するものとして、浅田・総論218頁以下、瀧本・北大法学論集66巻6号146頁、中山・総論270頁注1。ドイツにおいて同様の見解を主張するものとして、*Wagner*, Notwehrbegründung, S. 35.（ただし、後述するように、Wagnerは、被攻撃者の利益だけでなく、その者の行為自由をも持ち出して、正当防衛の正当化根拠を基礎づけようとしている。）。さらに、――後述する二元主義的基礎づけの枠組みにおいてではあるが――同様の主張を行うものとして、曽根・原論186頁。ドイツの文献として、*Haft*, AT, D. III. 4. c); *Kühl*, AT, §7 Rn. 9; *Wessels/Beulke/Satzger*, AT, Rn. 492.

全に関する利益という意味での「自己保全の利益」が防衛者側に認められる結果、防衛者側の利益が侵害者側の利益に優越するという理由づけから、正当防衛権が基礎づけられることになる。

（1）防衛対象

自己保全利益説において、「自己保全の利益」とは、各々の自己防衛権ではなく、あくまで利益衡量の一対象としての個人の法益、あるいは個人の法益の維持に関する利益を意味する。したがって、防衛対象は、被侵害者の法益であると理解することができるだろう。

かかる理解からは、第一に、緊急救助を容易に説明することができる[40]。というのも、緊急救助者は、自らの救助行為を通じて、被侵害者の法益を防衛しているからである[41]。つまり、緊急救助の場合においても、上述の意味での「自己保全の利益」は保全されている。第二に、正当防衛の範囲は、被侵害者の法益（個人的法益）の保護に限定されるため、社会的法益や国家的法益のための正当防衛は行いえないことになるだろう[42]。

以上で確認したように、自己保全利益説は、防衛対象という観点から見れば、緊急救助権を説明しうる点で、（少なくとも被侵害者の心理状態に着目する見解よりも）現行法の説明理論として優れたものとなっている。

（2）正当化根拠

次に、自己保全利益説に依拠した場合、正当防衛権が適切に基礎づけられるかについて検討する。この点につき、本説は、違法阻却の一般原理としての優越的利益原理に依拠した上で、正当防衛の正当化根拠を、防衛者側の利益（自己保全の利益）が攻撃者の利益に優越する点に求めている。そして、このような防衛者側の利益の優越性から、防衛者が原則的に侵害退避義務を負わないこと[43]、および法益均衡性が原則として不要であることが帰結されるとする[44]。

この見解に対しては、第一に、優越的利益構成からは、被侵害者が原則として侵害退避義務、および官憲に救助を求める義務を負わないことを説明できないと

40　同様の指摘を行うものとして、*von Scherenberg*, Einschränkungen, S. 39 f.; *Wagner*, Notwehrbegründung, S. 35.
41　*von Scherenberg*, Einschränkungen, S. 39 f.
42　浅田・総論224頁。さらに、吉田・刑法理論の基礎163頁も参照。
43　瀧本・北大法学論集66巻6号146頁参照。
44　*Kühl*, AT, §7 Rn. 13. さらに、中山・総論270頁注1参照。

いう批判も可能である[45]。なぜならば、「法益保護を図るためには、(常にリスクをともなう)防衛よりも退避することが効果的であることが多い」からである[46]。

第二に、正当防衛において、法益均衡性が原則的に要求されていない理由も説明できない[47]。すなわち、この見解は、何故、防衛者が自己保全の利益を防衛するために、時にかかる利益よりも大きな攻撃者の法益（例えば、生命）を侵害することが許容されるのかを説明できないと思われる[48]。

第三に、正当防衛と緊急避難の相違を説明しえないという批判も行うことができる[49]。なぜならば、自己保全の利益は、正当防衛状況だけでなく、緊急避難状況においても認められうるからである[50]。例えば、先ほど挙げた、ある者（回避者）が火事に遭遇したため、とっさに第三者の家に逃げ込んだという典型的な緊急避難のケースにおいても、回避者は、自らの法益の保全に関する利益を有しているのである。

第三の批判を回避する方法として、正当防衛と緊急避難の相違は、不正の危険源に対抗するか、あるいはまったく無関係の者に危険源を転嫁するかという状況の差に求められるとする方法が考えられるかもしれない。すなわち、緊急避難においては、危難を転嫁される側にも、自己保全の利益が認められるため、法益均衡性が問われなければならない。これに対し、正当防衛の場合、侵害者は不正な侵害を行っている以上、侵害者側には、（法的に保護に値する）自己保全の利益が認められないため、防衛者側の利益が原則的に優越する、と考えるのである。しかし、この反論は、結局、侵害者側が不正だから、自己保全の利益が認められないと述べているにすぎず、単なる結論の先取りにすぎない[51]。ゆえに、先の反論は説得的ではない。

---

45 同様の批判を行うものとして、齊藤（誠）・正当防衛権の根拠と展開55頁、曾根・刑法における正当化の理論99頁。さらに、ドイツにおいて同趣旨の批判を行うものとして、*Kühl*, JuS 1993, S. 181.; *Pawlik*, ZStW 114, S. 262 f.（赤岩＝森永訳・甲南法学53巻1号65頁）; *Roxin*, ZStW 83, S. 70 f.（振津紹介・商学討究32巻3号116頁以下）; *von Scherenberg*, Einschränkungen, S. 40.

46 *Pawlik*, ZStW 114, S. 262.（赤岩＝森永訳・甲南法学53巻1号65頁）。さらに、齊藤（誠）・正当防衛権の根拠と展開55頁も参照。

47 このような批判を行うものとして、例えば、*Pawlik*, ZStW 114, S. 262 f.（赤岩＝森永訳・甲南法学53巻1号65頁）; *von Scherenberg*, Einschränkungen, S. 43 f.

48 *Pawlik*, ZStW 114, S. 263.（赤岩＝森永訳・甲南法学53巻1号65頁）。同様のことを述べるものとして、*von Scherenberg*, Einschränkungen, S. 44.

49 Vgl. *Engländer*, Nothilfe, S. 44.

50 井田・理論構造158、160頁、中空・現代刑事法5巻12号32頁参照。

51 同趣旨の指摘を行うものとして、葛原・犯罪と刑罰22号110頁。

以上に鑑みれば、自己保全利益説もまた、現行の正当防衛制度の説明理論としては不適切である。

3　行為自由説

被侵害者の利益状況に着目する基礎づけとして、次に被侵害者の行為自由に着目する見解を挙げることができる（以下では、行為自由説と呼称する）[52]。この見解においては、防衛者の側に、被侵害者の行為自由という利益が加算される結果、防衛者側の利益が侵害者側の利益に優越するという理由づけから、正当防衛権が基礎づけられることになる。

（1）防衛対象

行為自由説の主張者である Wagner によれば、被攻撃者は、物質的な財だけでなく、常に自らの個人の行為自由、つまり人格の自由な発展のための権利（ドイツ基本法2条1項）をも防衛しているという[53]。したがって、この見解からすれば、防衛対象は、被攻撃者の実際に攻撃された法益、および行為自由ということになる。

以上のような理解からは、第一に、緊急救助を容易に説明することができる[54]。というのも、緊急救助行為を通じて、被侵害法益、および被侵害者の行為自由が防衛されるからである。第二に、正当防衛の範囲は、個人法益に限定されることになり、社会的法益および国家的法益のための正当防衛は行いえないことになるだろう。

（2）正当化根拠

次に、行為自由説からは、どのようにして正当防衛権が基礎づけられるのかという点について検討を加える。この点について、本説の主張者である Wagner は、以下のような主張を行っている。すなわち、法秩序は、人格の自由な発展にきわめて高い地位（Rang）を認めているため、かかる利益を防衛している防衛者側の利益が、攻撃者側の利益に対して価値的に優位しているというのである[55]。

52　*Wagner*, Notwehrbegründung, S. 30 f.
53　*Wagner*, Notwehrbegründung, S. 31. 類似の見解として、*Kroß*, Notwehr, S. 56 ff. なお、参考までにドイツ基本法2条1項の規定内容を挙げておく。ドイツ基本法2条「①何人も、他人の権利を侵害せず、かつ憲法的秩序または道徳律に違反しない限り、自らの人格の自由な発展を求める権利を有する。」
54　*Wagner*, Notwehrbegründung, S. 34 ff.

以上のような理解から、Wagner は、正当防衛において原則的に法益衡量が必要でないことが帰結されるとの主張を行っている[56]。また、Wagner は、上記理解からすれば、正当防衛において侵害退避義務が原則的に課されない理由も説明することができるとし、その論拠として、攻撃者からの退避は、被攻撃者の行為自由を守ることができないどころか、むしろ攻撃者の圧力に屈することになってしまうことを挙げている[57]。

Wagner 説に対しては、まず、実際に攻撃された法益と同時に行為自由（あるいは人格の自由な発展）をも防衛しているという構成では、正当防衛と緊急避難の相違を説明できないという批判をなしうる[58]。なぜならば、ドイツ民法典228条（防御的緊急避難）[59]、904条（攻撃的緊急避難）[60]およびドイツ刑法34条の場合にも、危険が差し迫っていることにより、避難行為者の行為自由（あるいは人格の自由な発展）が侵害されていることは明らかであるが、これらの場合には均衡性の検討が必要とされているからである[61]。

この批判に対して、Wagner は、既に述べたとおり、攻撃者の違法性という観点を持ち出すことにより正当防衛と（攻撃的）緊急避難の区別を説明できるという旨の反論を行っている[62]。しかし、この反論は成功しない。なぜならば、Wagner の見解において、被攻撃者の行為自由は一つの利益として理解されている

---

55 *Wagner*, Notwehrbegründung, S. 31.
56 *Wagner*, Notwehrbegründung, S. 32.
57 *Wagner*, Notwehrbegründung, S. 32.
58 このような批判を行うものとして、*Kroß*, Notwehr, S. 56.; *Renzikowski*, Notwehr, S. 119.; *von Scherenberg*, Einschränkungen, S. 43
59 なお、参考までにドイツ民法228条の規定内容を挙げておく。ドイツ民法228条「他人の物によって差し迫っている危険から自己又は他人を回避させるために他者の物を毀損又は破壊する者は、危険の回避のために毀損すること又は破壊することが必要であり、かつ損害が危険との均衡を逸していない場合には違法に行為しない。ただし、行為者が危険に対して責任を負う場合には、その者は、損害を賠償する義務を負う。」
60 なお、参考までにドイツ民法典904条の規定内容を挙げておく。ドイツ民法904条「物の所有者は、現在の危険を回避するために介入（Einwirkung）が必要であり、かつその介入から所有者に対して生じる損害が不均衡に大きい場合には、物に対する他人の介入を禁止する権限を有さない。所有者は、自らに対して生じた損害を賠償するよう要求することができる。」
61 *Kroß*, Notwehr, S. 56. 同様のことを述べるものとして、*von Scherenberg*, Einschränkungen, S. 43. 付言すると、かかる理由づけは、日本法に置き換えて考えたとしても、なお説得的である。なぜならば、刑法37条1項本文緊急避難の場合でも、危険が差し迫っていることにより、避難行為者の行為自由が侵害されていることは明らかであるが、同規定もまた、ドイツの緊急避難規定と同様に害の均衡性を要求しているからである。
62 *Wagner*, Notwehrbegründung, S. 33 f.

が、このような利益から直截に、攻撃者の違法性という観点を導き出すことはできないからである。

次に、個人の行為自由（あるいは人格の自由な発展）が、実際に、被攻撃者側の利益の原則的な優位を導きうるほど高い価値を有しているかは疑わしいという批判をなしうる[63]。その理由としては、第一に、この見解からは、攻撃者の側でも、防衛による一般的行為自由に対する侵害が考慮されるため、防衛者側の利益の優位は存在しないはずであることが挙げられる[64]。また第二に、個人の行為自由は、確かに重要な財ではあるが、最も重要な財ではないため[65]、特に防衛行為によって、攻撃者の生命が侵害される場合における被攻撃者側の利益の原則的優位性を帰結できるかは疑わしいことも挙げられる[66]。

これらの批判を踏まえて、Kroßは、Wagnerの見解の修正を試みている[67]。この際、Kroßは、（おそらく、ドイツ基本法の理解に基づいて）「法システムにおいて、人格の自由な発展は、二つの異なる態様、すなわち一方で一般的行為自由、他方で一般的人格権によって保障される」との前提を出発点に据える[68]。そして、このうちの「前者は、行動の保護、つまり自己の作為および不作為についての自由な決定であり、後者は、完全性の保護、つまり行動の自由を通じて創出された構成要件に基づく介入からの保護である。」との理解を示す[69]。その上で、Kroßは、正当防衛の場面において、防衛者は、実際に攻撃されている法益と共に一般的人格権を防衛すると構成することによって、先に述べた批判を回避することができるとする。すなわち、まず、ドイツ民法典228条、904条およびドイツ刑法34条の場合であっても、行為自由が侵害されているという批判は、一般的人格権に対してはあたらないという[70]。なぜならば、一般的人格権は、定義上、必然的に他の人間による介入を前提とするからである[71]。また、攻撃者の側でも、

63　このような批判を行うものとして、*Engländer*, Nothilfe, S. 49.; *Kroß*, Notwehr, S. 56.
64　*Kroß*, Notwehr, S. 56.
65　*Engländer*, Nothilfe, S. 49. なお、Engländerは、行為自由の制限を認めるための憲法上の要件と、生命および身体の完全性に対する権利への介入を正当化するための要件（基本法2条2項1文参照）との対比から、このことを論証しようとしている。なお、基本法2条2項1文は、以下の通りである。「何人も、生命に対する権利および身体を害されない権利を有する」。
66　Vgl. *Engländer*, Nothilfe, S. 49.
67　*Kroß*, Notwehr, S. 57 ff.
68　*Kroß*, Notwehr, S. 57.
69　*Kroß*, Notwehr, S. 57.
70　*Kroß*, Notwehr, S. 58.

防衛による一般的行為自由に対する侵害が考慮されることになるのではないかという批判も、一般的人格権に対しては妥当しないという。なぜならば、違法な攻撃の遂行は、一般的人格権に含まれないからである[72]。

しかしながら、以上のような Kroß の試みも、結局のところ不首尾に終わっている。なぜならば、この見解も、一般的人格権が、実際に、被攻撃者側の利益の原則的な優位を導きうるほど高い価値を有すること（特に、一般的人格権が、攻撃者の生命に優位しうる理由）を説明できていないからである[73]。

以上に鑑みれば、行為自由説も、現行の正当防衛制度の説明理論として適切とは言えない。

4　現場滞留利益説

被侵害者の利益状況に着目する基礎づけとしては、さらに、わが国において近時、一部の学者と実務家によって有力に主張されている、いわゆる現場滞留利益説も挙げることができる。この見解は、違法性阻却の一般原理を優越的利益原理に求める立場（優越的利益説）に依拠した上で、「現場に滞留する利益」が被侵害者の保全利益に加算されることから優越的利益が実現されると主張するものである[74]。

（1）防衛対象

本説によれば、防衛対象は、被侵害者の保全法益と「現場に滞留する利益」であるということになろう。しかし、何故、被侵害者（あるいは緊急救助者）は、自身の保全法益に加えて、「現場に滞留する利益」をも防衛しているといえるのだろうか。

この見解の代表的な論者である橋爪隆は、以下のように述べて、「現場に滞留する利益」も防衛対象となることを説明しようとする。すなわち、「現場に滞留する利益」とは、「不正の侵害に屈することなく、個人が『いたいところにいる』、『したいことをする』」利益である[75]。そして、この利益は、例えば、集会

71　*Kroß*, Notwehr, S. 58.
72　*Kroß*, Notwehr, S. 59.
73　このような批判を行うものとして、例えば、*Engländer*, Nothilfe, S. 49 f.; *van Rienen*, Einschränkungen, S. 85 f.
74　橋爪・正当防衛の基礎85頁以下。さらに、佐伯（仁）・総論146頁参照
75　橋爪・正当防衛の基礎72頁。

の自由や住居権のように具体的に権利として保護されている場合に限らず、一般的に認められるものである。「なぜなら、個人は、常に何らかの正当な権利の実現のために行動しなければいけないわけではなく、他人の権利・利益を侵害しない限り、好きなところに留まり、好きなことをする自由が認められ、何の理由もなく、そこから出て行け、逃げ帰れと強制されるべきではないからである」[76]。このように「現場に滞留する利益」は、一般的に認められるものであることから、正当防衛状況において防衛行為者は、自己の生命・身体などの法益を防衛する場合には、「現場に滞留する利益」をも防衛していることになるという。

　この橋爪の主張に対しては、正当防衛において、「現場に滞留する利益」は、一般的に防衛対象となるわけではないという批判が妥当する。すなわち、「現場に滞留する利益」は、生命、身体あるいは自由が侵害されている場合には同時に危殆化されているといえるかもしれないが、財産、名誉が侵害されている場合には同時に危殆化されているとは考えがたい[77]。例えば、侵害者が被侵害者を公衆の面前で侮辱するような場合、侵害者の侮辱行為は、被侵害者の名誉の侵害ではあるが、被侵害者の「行きたいところに行く自由」の侵害とは評価できないのではないだろうか。そうだとすれば、「現場に滞留する利益」は、正当防衛において、一般的に防衛対象として認められるわけではないのであるから、少なくとも、そのような利益を一般的に防衛対象として持ち出すことは不適切であろう。

　これに対しては、橋爪が述べるように、財産や名誉に対する侵害の場合であっても、「『財産や名誉などの利益を享受しつつ、その場に留まり続ける』という利益状態は侵害されているということができる」という反論が可能であるかもしれない[78]。しかしながら、その場合、橋爪自身が認めるように、「その侵害はいわば間接的なものであり、生命や身体に対する重大な侵害にさらされた場合とは質的に異なるといわざるを得ない」だろう[79]。その結果、橋爪の見解からは、生命、身体あるいは侵害のための防衛行為の場合か、財産あるいは名誉のための防衛行為の場合かによって、正当防衛の成立要件が異なるという帰結に至ることになる[80]。すなわち、前者の場合には、必要最小限度性要件の充足のみが問題とな

76　橋爪・正当防衛の基礎72頁。
77　この点を指摘するものとして、宮川・東北学院法学65号40頁。また、このことは、この見解の主張者である橋爪・正当防衛の基礎358頁も認めている。
78　橋爪・正当防衛の基礎359頁。
79　橋爪・正当防衛の基礎359頁。

るのに対して、後者の防衛行為の場合には、必要最小限度性要件に加えて、(緩和された形での) 利益の均衡性要件の充足も問題になるというのである。しかしながら、このような主張は、明らかに現行法と整合しておらず、少なくとも解釈論としては展開しえないように思われる。なぜならば、現行法は、生命、身体あるいは自由を防衛しているか、それとも財産、名誉を防衛しているかによって取り扱いを変えていないからである。

(2) 正当化根拠

以上で見たように、現場滞留利益説は、防衛対象の理解からして既に疑問である。しかし、以下では検討を進めるために、一旦これらの疑問点を措き、この見解からは正当防衛権がどのようにして基礎づけられるのかについて検討することとしたい。

この点について、橋爪は、生命・身体にも比肩するような重要な価値を有する制度的・一般的な利益である「現場に滞留する利益」が加算されることにより、被侵害者側の利益の原則的な優越性が認められることから、正当防衛権が正当化されるという主張を行っている[81]。

橋爪によれば、このような理解に依拠すれば、正当防衛と緊急避難との相違を適切に説明することができるという。すなわち、第一に、この立場からは、正当防衛において、原則的に侵害退避義務が課されないことが帰結するという。「なぜなら、現場から退避する行為は、『現場に滞留する利益』の放棄を意味することにほかならないからである」[82]。第二に、この立場からは、緊急避難の場合と異なり、法益均衡性要件が原則的に不要であることも導かれるという[83]。なぜならば、生命・身体に比肩すべき利益とされる「現場に滞留する利益」が加算される限りで、被侵害者の利益が、侵害者の利益に常に優位するからである。また、逆に、「現場に滞留する行為」に要保護性が認められない場合には、違法性阻却が否定され、対抗行為の正当化の範囲は、緊急避難と同様の範囲に限定されることになるとされる[84]。

これに対しては、第一に、「現場に滞留する利益」が制度的・一般的利益だと

---

80 橋爪・正当防衛の基礎359頁。
81 橋爪・正当防衛の基礎75頁。
82 橋爪・正当防衛の基礎73頁。
83 橋爪・正当防衛の基礎85頁以下。
84 橋爪・正当防衛の基礎86頁。

すれば、個別的・具体的な侵害者の利益と比較衡量することは、カテゴリー的誤謬であるという批判をなしうるだろう[85]。相互に差引計算しうる対象は、論理的に同レベルの観点に限定される[86]。それゆえ、制度的・一般的利益である「現場に滞留する利益」は、防衛行為によって侵害された個別的・具体的な侵害者の利益と相互に比較衡量可能な関係にはないのである。したがって、制度的・一般的利益である「現場に滞留する利益」を持ち出すことは、それ自体、論理的に誤りであろう[87]。

第二に、仮に「現場に滞留する利益」と侵害者の利益が相互に差引計算を行いうる関係に還元されたとしても、「現場に滞留する利益」は、正当防衛において、被侵害者の身体を防衛するために侵害者の生命を奪うことすら許容されていることを基礎づけえないという批判をなしうる[88]。つまり、「現場に滞留する利益」が、ときに至高とも評される生命を優越するような価値を有しているようには思われないのである[89]。

二点目の批判に対して、橋爪は、「『現場に滞留する利益』が、単にそこに留まる物理的・場所的な利益に尽きるわけではなく、ここでは不正の侵害に脅えることなく、個人が自由な活動を行うことを保障する一般的・制度的利益を問題にするからこそ、『現場に滞留する利益』には生命・身体に比肩すべき価値が認められるべきなのである」と反論する[90]。この反論からすれば、「現場に滞留する利益」が生命・身体に比肩する理由は、個人が自由な活動を行うことを一般的・制度的に保障する点に求められていることになろう。

しかしながら、かかる反論は、前述したカテゴリー的誤謬を犯すものであるため、およそ説得力を欠く。加えて言えば、「現場に滞留する利益」が生命・身体に比肩するほどの価値を有していることの論証にもなっていない。なぜならば、

---

85 同趣旨の批判を行うものとして、例えば、三代川・立教法学97号131頁、山口・法曹時報61巻2号321頁以下参照。
86 Vgl. *Renzikowski*, FS-Hruschka, S. 662.
87 それにもかかわらず、「現場に滞留する利益」と侵害者の利益を衡量しようとするのであれば、山口・法曹時報61巻2号321頁が指摘するように、「現場に滞留する利益」を、侵害法益、あるいは保全法益と同列の個別的・具体的な利益に還元するほかないだろう。しかし、そのように解するとき、もはや橋爪が述べるような理解は維持できまい。
88 同様の批判を行うものとして、佐伯（仁）・小林＝佐藤古稀103頁。井田・理論構造159頁参照。
89 山口・法曹時報61巻2号321頁。なお、このことは、「現場に滞留する利益」から正当防衛の限界を画そうとする佐伯仁志によっても認められている（佐伯（仁）・総論146頁）。
90 橋爪・正当防衛論101頁。

「現場に滞留する利益」が、個人が自由な活動を行うことを保障する一般的・制度的利益であるとしても、何故、その利益が、実定法上、生命・身体に匹敵するほどの価値を有するのかがさらに問題となるからである[91]。それゆえ、先の批判に対する反論として不適切である。この点に鑑みれば、この見解に対しては、やはり先の批判が妥当するように思われる。

　第三に、この基礎づけが前提としている優越的利益の原則に依拠する場合、被侵害者と侵害者の法的関係性が矮小化されることになってしまうという批判をなしうる[92]。すなわち、この見解によれば、「正」対「不正」という被侵害者と侵害者の法的関係性は、「現場に滞留する利益」という形に還元されて把握されることになるが、それは、被侵害者の権利性を、利益衡量の一対象へと切り下げてしまうことになる。その結果、橋爪の見解からは、「財物の財産的価値がきわめて高いとしても、それによって生命侵害や身体に対する重大な傷害行為が正当化されるわけでない」という結論が導き出されることになってしまう[93]。例えば、防衛者は、彼の財産の大半を奪って逃走する窃盗犯に対して、生命侵害や身体に対する重大な傷害行為以外に防衛手段がない場合には、窃盗犯の逃走を阻止してはならないという帰結に至ることになってしまうのである[94]。

　以上に鑑みれば、現場滞留利益説もまた、現行の正当防衛制度の説明理論として妥当とはいえまい。

第二款　侵害者の事情に着目する基礎づけ

　侵害者の事情に着目する基礎づけは、被侵害者の法益を防衛するために必要な限度で、侵害者の法益の要保護性が欠如する（以下では、法益性の欠如説とする）[95]、あるいは減少する（以下では、法益性の減少説とする）[96]という点に、正当防

91　一般的・制度的利益としての「現場に滞留する利益」が、生命・身体に匹敵するほどの価値を有する実定法上の根拠が示されていないことを指摘するものとして、葛原・正当防衛論211頁。
92　山口・法曹時報61巻2号321頁参照。
93　橋爪・正当防衛の基礎359頁。したがって、橋爪からすれば、「財産や名誉に対する防衛行為一般については、致命的な防衛行為に出ることが認められない」ということになる。
94　あるいは、このような場合には、事後的な民事救済にゆだねられるべきだという立場を前提にしているのかもしれない。しかしながら、そのような立場は、高山・法学教室268号69頁が適切に指摘するように、現実的には、防衛しなければ犯人を特定できず、事後的な民事救済も不可能になる場合があることを度外視しており、不当である。

衛の正当化根拠を求めようとする。以下では、これらの見解について順に検討を加える。

1 法益性の欠如説
（1）防衛対象
　法益性の欠如説は、利益不存在の原則の下で正当防衛を理解する見解である[97]。この説の代表的な論者である平野龍一は、次のように述べて、正当防衛が利益不存在の原則の下で基礎づけられることを説明する。すなわち、「個人が自らその権利の侵害に対して戦うのは、権利であるだけでなく義務でさえある、というのが個人主義の基本思想である。その結果、不正な侵害者の法益は、正当な被侵害法益の防衛に必要な限度では、その法益性が否定される」と説明する[98]。以上のような理解からすれば、防衛対象は、被侵害者の法益（正当な被侵害法益）であることになるだろう。とするならば、この見解からしても、緊急救助を基礎づけることについてはさほどの困難は生じないだろう。

（2）正当化根拠
　先に見たように、法益性の欠如説は、侵害者側の法益の法益性が欠如する、換言すれば、「違法な侵害を加えている者は、その侵害を防ぐのに必要な限度では、法はこれを保護する必要はない」という理由づけから[99]、正当防衛の正当化根拠を説明する。そして、このことから、正当防衛において、原則的に法益衡量が要求されないこと、また補充性が要件とならないことが導かれるとする[100]。
　この見解に対しては、不正な侵害者の法益性が欠如するわけではないという批判がなされている[101]。つまり、仮に不正な侵害者の法益性が欠如するのだとすれ

95　中山・口述総論146頁以下、平野・総論Ⅱ228頁。
96　林・総論187頁、山本・上智法学27巻2号211頁。
97　これに対して、三上正隆は、この説の代表的な論者である平野龍一の見解を「優越的利益の原則の範疇に含めしめることが可能である」と述べている（曽根ほか編・重点課題総論78頁注7〔三上正隆執筆部分〕）。もっとも、平野自身は、正当防衛を優越的利益の原則の下で理解することを批判し、利益不存在の原則の下で理解すべきであるとしていた（刑法ゼミナール・法学教室81号19頁〔平野龍一発言〕参照）。それゆえに、本文中では、利益不存在の原則の下で正当防衛を理解する見解として、法益性の欠如説を位置づけることとした。
98　平野・総論Ⅱ228頁。
99　刑法ゼミナール・法学教室81号19頁〔平野発言〕。
100　平野・総論Ⅱ228頁。さらに、橋爪・正当防衛の基礎20頁、山口・探究総論52頁も参照。
101　このような批判をなすものとして、宿谷・早稲田大学大学院法研論集124号97頁、高橋・総論273頁、照沼・岡山大学法学会雑誌56巻2号150頁、林・総論187頁。

ば、侵害者を刺そうが撃とうが自由であるということになってしまうというのである。しかしながら、この批判はあたらない。なぜならば、法益性の欠如説にあっても、侵害者の法益の要保護性は、防衛に必要な限度で否定されるものの、なお残存するからである[102]。つまり、法益性の欠如説からしても、防衛行為者は、防衛に必要な限度で反撃が認められるのであって、決して、侵害者を刺そうが撃とうが自由であるわけではないのである[103]。

むしろ、この説の問題点は、結論を述べているにすぎず、実質的な説明がなされていない点にある[104]。すなわち、侵害者の法益性が否定するという説明は、違法性が阻却されることの結果であって、その違法阻却の根拠とはなりえない[105]。なぜならば、何故、侵害者の法益性が防衛に必要な限度で否定されるのかが論証されなければ、侵害者を「不正」、被侵害者を「正」としたうえで、正は不正に優越するとしているに等しくなってしまうからである[106]。さらにいえば、この見解に対しては、「過剰防衛の被害者の法益は、不正侵害を開始した時点で一旦保護を失い、防衛行為が過剰にわたった瞬間に保護を回復するのか」というより根本的な疑問を向けることもできるだろう[107]。

したがって、法益性の欠如説は、正当防衛の正当化根拠を適切に基礎づけられていない点で妥当でないといわざるをえない。

2　法益性の減少説
（1）防衛対象

法益性の減少説は、優越的利益の原則の下で正当防衛を理解する見解である[108]。本説の主張者は、正当防衛状況においては、侵害者の法益性が減少するため、被侵害者の法益の要保護性が侵害者のそれに優位するとの説明を行ってい

102　このことを指摘するものとして、曽根ほか編・重点課題総論78頁〔三上執筆部分〕。
103　このことは、平野自身によっても指摘されている（刑法ゼミナール・法学教室81号19頁〔平野発言〕）。
104　内藤・総論（中）329頁。同様の批判をなすものとして、例えば、葛原・犯罪と刑罰22号110頁、高橋・総論274頁、橋爪・正当防衛の基礎19頁、山口・探究総論52頁などがある。
105　内藤・総論（中）329頁。
106　山中・総論482頁。類似の批判を行うものとして、橋爪・正当防衛の基礎20頁。さらに、葛原・犯罪と刑罰22号110頁も、法益性の欠如説の説明は結論の先取りにすぎないことを強調している。
107　葛原・犯罪と刑罰22号110頁。
108　林・総論187頁、山本・上智法学27巻2号211頁。本質的に同様の見解として、曽根ほか編・重点課題総論79頁〔三上執筆部分〕。

る。例えば、林幹人は、「急迫不正の攻撃を行う者については、被攻撃者との関係で、その法益の価値が減少するというものである。すなわち、攻撃者の法益の不法なるが故の価値の減少が、相対的に、被攻撃者の法益の優越性を生ぜしめると考えるのである。」と説明する[109]。また、山本輝之も同様に、「通常の正当防衛状況においては違法に人を攻撃する者の法益の要保護性は法的に低く評価され、その分だけ被攻撃者の法益の要保護性が高く評価されることになる。」と説明する[110]。以上のような説明からすれば、防衛対象は、被攻撃者の法益であるということになるだろう。したがって、この見解からしても、緊急救助の基礎づけは、さほどの困難を伴わないはずである。

ただし、林のように、侵害者の法益性が、被侵害者との関係でのみ減少すると解するのであれば、緊急救助の基礎づけはなしえないことになってしまうだろう[111]。なぜならば、そのように解してしまうと、侵害者の法益性は、緊急救助者との関係では減少しないことになってしまうからである。

（2）正当化根拠

法益性の減少説は、違法に人を攻撃する者の法益の要保護性が減少することにより、被侵害者側の利益の優越性が認められるとの理由づけから、正当防衛の正当化を図っている。また、このような理解からは、正当防衛において、原則として侵害退避義務が課されないこと、および法益均衡性が原則的に要求されないことが帰結するとされる[112]。

しかしながら、本説に対しては、第一に、法益性の欠如説と同様に、結論を述べているにすぎず、実質的な説明を説明していないとの批判を行うことができる[113]。換言すれば、何故、法益性が減少するのかという問いに答えなければ、正当防衛の根拠を説明したことにはならない[114]。

---

109 林・総論187頁（圏点強調は、原著の太字強調による）。
110 山本・上智法学27巻2号211頁。
111 同様の批判をなすものとして、宿谷・早稲田大学大学院法研論集124号96頁。
112 林・総論194頁、山本・上智法学27巻2号211頁。ただし、後述するように、実際には、法益性の減少説からは、補充性が要件とされないことを基礎づけえない。
113 橋爪・正当防衛の基礎64頁。
114 曽根ほか編・重点課題総論79頁〔三上執筆部分〕は、法益性が減弱する根拠として、「侵害者が、自ら『違法』な侵害を惹起し、そのことにつき『帰責性』があ」ることを挙げている。しかしながら、この説明は、侵害者の法益性が減弱する要件を示しただけであり、法益性が減弱する根拠を示しえていない。それゆえ、正当防衛の根拠を示したことにはならないという批判は、三上の見解に対しても妥当する。

第二に、本説は、正当防衛を優越的利益の原則の下で理解する結果として、緊急避難との相違を十分に示すことができていないという批判をなしうる。つまり、この見解によれば、正当防衛の構造は、より要保護性の高い保全法益を防衛するために、より要保護性の低い侵害法益を侵害する場合には違法でないとする緊急避難の構造と同じであるということになってしまうのである[115]。その結果、本説は、実際上の帰結としても、――主張者の意図に反して――補充性要件が課されないこと、より具体的にいえば、被侵害者に侵害退避義務が課されないことを説明できないという不都合を孕むことになってしまう[116]。すなわち、本説の主張者は、侵害者の法益性が減少するため、被侵害者の法益性よりも相対的に価値が低くなることから補充性要件が課されないことを帰結しようとする。しかしながら、仮にこの論理が正しいとすれば、何故、緊急避難においては、相対的に価値が低い法益を侵害する場合であっても補充性要件が課されるのかを説明できないことになってしまうだろう[117]。そもそも、優越的利益の原則に依拠する論者は、緊急避難において補充性が要求されてきた理由を、侵害法益も保護に値する以上、侵害法益を侵害せずに保全法益を守る方法があるならば、その方法を選択するべきである点に求めてきたはずである[118]。そうであるとすれば、本説の論理からは、むしろ、正当防衛においても補充性要件が課されるという帰結になるはずであろう。なぜならば、侵害者の法益の要保護性が減少しているとはいえ、なお残存するのだとすれば、被侵害者は、侵害者の法益を侵害しないに越したことはないからである[119]。

第三に、本説が前提とする優越的利益の原則の論理を徹底すれば、防衛が失敗して優越的利益が守れなかった場合に防衛行為の正当化を否定するという不当な結論に至る恐れがあるという批判をなしうる[120]。例えば、この見解の主張者である山本輝之は、優越的利益の原則の論理を徹底した結果、先に挙げた場合につき、防衛行為の正当化を否定するという帰結に至っている[121]。しかしながら、そ

115　橋爪・正当防衛の基礎64頁。
116　同様の批判をなすものとして、斎藤（信）・刑法雑誌35巻2号222頁、中空・現代刑事法5巻12号32頁、橋爪・正当防衛の基礎64頁。
117　斎藤（信）・刑法雑誌35巻2号222頁、橋爪・正当防衛の基礎64頁。さらに、中空・現代刑事法5巻12号33頁注20も参照。
118　浅田・総論177頁、平野・総論Ⅱ213頁参照。
119　橋爪・正当防衛の基礎64頁。
120　同様の批判をなすものとして、松宮・総論137、144頁。

のように解してしまうと、弱者には防衛が許されないということになってしまう[122]。

以上で確認したように、法益性の欠如説、および法益性の減少説は、いずれも正当防衛の正当化根拠を適切に基礎づけることができておらず、妥当ではない。

第二節　超個人主義的基礎づけ

第一款　防衛対象

以上で検討してきた個人主義的基礎づけとは異なり、法確証、あるいは法の自己保全という超個人主義的な観点だけで正当防衛を根拠づけようとする見解も有力に主張されている[123]。この見解からは、防衛対象は、法秩序であるということになる。また、法秩序が防衛されるのであれば、誰が防衛行為を行うかは重要ではないため、自己防衛と緊急救助を統一的に説明することができるという帰結が導かれることになる。

もっとも、この見解の内部においては、そこでいう法ないし法秩序の意味内容をめぐり、理解が分かれている。そこで、以下では、まず本説において想定されている法ないし法秩序の内実、およびそれが防衛対象の理解として適切であるかについて検討する。

121　山本・刑法雑誌35巻2号213頁。これに対して、同じ法益性の減少説の論者である林は、正当防衛の根拠が優越的利益の保全にあるからといって、行為自体が防衛行為としての相当性を有するときには、事後的な防衛の失敗のみを理由として正当防衛を否定してならないとする（林・総論194頁以下）。しかし、その結果、林の見解は、正当防衛の根拠を優越的利益の原則に求めながら、正当防衛において、同原則に還元できない場面があることを認めるという自己矛盾に陥ってしまっている。

122　松宮・総論144頁。さらに、中山ほか・レヴィジオン③173頁〔松宮孝明発言〕も参照。なお、山本自身も、自説からすれば、正当防衛は勝者の論理であることになると認めている（質疑応答・刑法雑誌35巻2号266頁〔山本輝之発言〕）。

123　この見解を主張するものとして、板倉・総論198頁以下、団藤・総論232頁以下。ドイツにおいて同様の主張を行うものとして、*Bitzilekis*, Einschränkung, S. 53 ff.; *Schmidhäuser*, FS-Honig, S. 185 ff.

第一項　法秩序の経験的妥当

　まず、法確証とは、法秩序の経験的妥当の防衛を意味するとの主張を行う見解が主張されている[124]。この見解の主張者である Schmidhäuser によれば、「国家によって定められたもの（国家機関の行為の基礎にあるもの）としてではなく、社会に息づいていると考えられる法秩序は、各個人が社会的な共同生活の基本秩序に属する価値を精神的に共有することによってのみ存在する」[125]。つまり、法秩序は、規範的妥当ではなく、「法仲間の意識内容における」妥当（経験的妥当性）に依拠するというのである[126]。

　このような理解からは、防衛対象は、法秩序の経験的妥当という意味での法秩序であることになる。この理解から導かれる帰結としては、第一に、容易に緊急救助を基礎づけることができる点を挙げうる。すなわち、この見解からすれば、「いわゆる緊急救助（すなわち、正当防衛の援助（Notwehrhilfe））も、他者の財に対する攻撃から法秩序の妥当性を防衛しており、それゆえに防衛者自身の財への攻撃に対する正当防衛と同様に適法である」ことになるのである[127]。加えて言えば、このような論理構成は、緊急救助者が、公共体、特に国家的秩序に対する攻撃を阻止するために救助を行う場合にもあてはまることから、いわゆる国家的緊急救助も許容されることになる[128]。

　第二に、Schmidhäuser によれば、「違法な攻撃」の解釈についても、次のような重要な帰結が導かれることになる。すなわち、法秩序の規範的妥当を揺るがすにとどまる「違法な攻撃」だけでなく、（法秩序が公然（offen）かつ強度に（nachdrücklich）疑問視されるという意味で[129]）法秩序の経験的妥当をも揺るがす「違法な妥当性攻撃（Geltungsangriff）」が認められる場合に限り、正当防衛状況の存在が認められることになる[130]。より具体的にいえば、まず、責任無能力者（例えば、児童［Kinder］、未熟な少年［Jugendliche］、精神病者、重度の酩酊者）の攻撃は「違法な妥当性攻撃」にあたらないため、かかる攻撃に対する正当防衛は許されないと

124　*Schmidhäuser*, FS-Honig, S. 185 ff.
125　*Schmidhäuser*, FS-Honig, S. 194.
126　*Schmidhäuser*, FS-Honig, S. 194.
127　*Schmidhäuser*, AT, 9/83.
128　*Schmidhäuser*, AT, 9/84.
129　*Schmidhäuser*, FS-Honig, S. 199.
130　Vgl. *Schmidhäuser*, FS-Honig, S. 196.

される[131]。なぜならば、責任無能力者は、社会的な共同生活の基本秩序に属する価値を精神的に共有していないため、法秩序の経験的妥当を侵害することができないからである[132]。次に、たとえ、違法行為であっても、社会において、積極的に反撃されずに甘受されている行為（例えば、バイクの暴走行為）も「違法な妥当性攻撃」にあたらないため、かかる攻撃に対する正当防衛もなしえないとされる[133]。なぜならば、ここでは、法秩序の要請が法仲間の意識の中で真摯に受け止められておらず、社会的な共同生活の価値を公然かつ強度に否定したとは評価できないからである。

　この見解に対しては、まず、防衛対象を法秩序のみに求めることは、ドイツ刑法32条2項の文言と調和しないという批判がなされている[134]。すなわち、この見解からは、ドイツ刑法32条2項が、抽象的なカテゴリーである法秩序への攻撃ではなく、「自己又は他人」への攻撃を要件としていることを説明できないというのである[135]。なお、かかる批判は、日本法に置き換えても妥当する。というのも、わが国の刑法36条1項も、「自己又は他人」という表現を用いているからである。

　この批判に対して、Schmidhäuserは、ドイツ刑法32条とドイツ刑事訴訟法127条1項1文（仮逮捕）[136]との対比という観点から、以下のような反論を行っている。すなわち、万人に認められる介入権限であるドイツ刑事訴訟法127条1項1文は、切迫した行為の必要性（dringlich Handlungsbedarf）を基礎づける事情（例えば、「ある者が現行犯の最中に発見され、または追跡されるとき」など）と結びつけられている。これと同様に、正当防衛も、切迫した行為の必要性を基礎づける事情（「自己又は他人」に対する「現在かつ違法な攻撃」）に結びつけられている[137]。しか

131　Vgl. *Schmidhäuser*, FS-Honig, S. 194, 196.
132　Vgl. *Schmidhäuser*, FS-Honig, S. 194, 196.
133　Vgl. *Schmidhäuser*, FS-Honig, S. 197 f.
134　このような批判を行うものとして、*Engländer*, Nothilfe, S. 19.; *Fuchs*, Grundfragen, S. 43.; *Kroß*, Notwehr, S. 31.; *Roxin*, ZStW 83, S. 75.（振津紹介・商学討究32巻3号118頁以下）; *von Scherenberg*, Einschränkungen , S. 33.; *Seeberg*, Nothilfe, S. 25 f.; *Sengbusch*, Subsidiarität, S. 137. さらに同様の批判を行うものとして、松生・続・例外状態と法に関する諸問題24頁。
135　*Engländer*, Nothilfe, S. 19.; *Kroß*, Notwehr, S. 31.; *Roxin*, ZStW 83, S. 75.（振津紹介・商学討究32巻3号118頁以下）; *Sengbusch*, Nothilfe, S. 137.
136　なお、参考までに以下にドイツ刑事訴訟法127条1項1文の規定内容を挙げておく。ドイツ刑事訴訟法127条「①ある者が現行犯で発見され、または追跡されるとき、その者が逃走する疑いがある、あるいはその者の身元を即座に確認することができない場合には、いかなる者も、裁判官による命令なしにその者を仮に逮捕する権限を有する。（以下略）」

しながら、このような行為の必要性が、実際上ほとんど個人に対する攻撃から生じるという事実的な事情から、正当防衛の場合に、「個人保全」が問題となるということが帰結できるわけではないというのである[138]。

しかし、この反論は説得的でない。なぜならば、この見解からは、何故、切迫した行為の必要性（つまり、法秩序の防衛を行う必要性）が、「自己又は他人」に対する攻撃に限定され、その他の犯罪行為の場合には認められないのかが明らかとされていないからである[139]。換言すれば、この見解のように法秩序だけを防衛対象とするのであれば、切迫した行為の必要性は、ドイツ刑事訴訟法127条1項1文のように、どのような犯罪行為に対しても認められるはずであって、ドイツ刑法32条のように、「自己又は他人」に対する攻撃の場合に限定されるはずがないのである[140]。

この見解に対しては、次に、実際上の帰結として、社会的法益および国家的法益のための正当防衛を認めることになってしまうという批判がなされている[141]。すなわち、Schmidhäuser は、既に述べたとおり、公共的法益のための正当防衛を容認するが、そのように解してしまうと、全ての国民が補助警察官となり、国家の実力独占の効力を失ってしまうことになりかねないのである[142]。

いずれにせよ、その他の批判に鑑みれば、この見解も妥当でないといえるだろう。

第二項　法秩序の規範的妥当

次に、法確証とは、法秩序の規範的妥当の防衛を意味すると解する見解も存在する[143]。このような見解を主張する論者としては、例えば、Bitzilekis を挙げる

137　*Schmidhäuser*, GA 1991, S. 113.
138　*Schmidhäuser*, GA 1991, S. 113 f.
139　*Engländer*, Nothilfe, S. 20.
140　Vgl. *Renzikowski*, Notwehr, S. 95 f. さらに、吉田・刑法理論の基礎186頁も、内容的に同趣旨の批判を行っている。
141　このような批判を行うものとして、*Roxin*, AT, §15 Rn. 1.（山中監訳・総論75頁〔前嶋匠訳〕); *von Scherenberg*, Einschränkungen, S. 32 f.
142　*Roxin*, AT, §15 Rn. 1.（山中監訳・総論75頁〔前嶋匠訳〕); *von Scherenberg*, Einschränkungen, S. 32 f. さらに、類似の批判をおこなうものとして、伊東・総論187頁以下、平野・総論Ⅱ238頁、松宮・総論143頁以下。
143　このような見解を主張するものとして、*Bitzilekis*, Einschränkung, S. 53 ff. 類似の見解として、板倉・総論198頁以下、団藤・総論232頁以下。――二元主義的基礎づけの枠内において――類似の理解を示すものとして、大塚（仁）・総論380頁、川端・正当防衛権の再生7頁以下、葛原ほ

ことができる。Bitzilekis によれば、「法秩序は、保護に値する諸法益が法的に整序された状態に他ならず、またある法益がその存立について違法に攻撃される場合、常に侵害される」という[144]。それゆえ、ある法益が現在の違法な攻撃から防衛される場合、法秩序も同時に防衛されることとなる。というのも、「個別的なもの (Besondere)〔法益――引用者注〕の保全は、普遍的なもの (Allgemeine)〔法秩序――引用者注〕の保全の構成要素である」からである[145]。このような Bitzilekis の見解からは、防衛対象は、法秩序の規範的妥当性という意味での法秩序であることになるだろう[146]。

このような理解からは、防衛対象は、法秩序の規範的妥当という意味での法秩序であることになる。つまり、被攻撃者の法益は防衛対象ではなく、法の自己主張の反射として理解されることになる。また、この見解からすれば、緊急救助の基礎づけは容易になしうることになるだろう。なぜならば、緊急救助の場合、緊急救助者は、他人の法益を防衛することによって、同時に法秩序を防衛するからである[147]。さらに、このような理由づけは、社会的法益および国家的法益を防衛する場合にもあてはまるため、これらの法益のための緊急救助も基本的に認められることとなろう[148]。

この見解に対しても、防衛対象を法秩序のみに求めることは、ドイツ刑法32条の文言と調和しないという批判や[149]、この見解からは、実際上の帰結として、社会的法益および国家的法益のための正当防衛を認めることになってしまうという批判が妥当することになるだろう[150]。

　　　　か・総論127頁〔橋田執筆部分〕、中空・現代刑事法5巻12号32頁、明照・正当防衛権の構造9頁。
144　*Bitzilekis*, Einschränkung, S. 60. なお、圏点部分は、原著のイタリック体による。
145　*Bitzilekis*, Einschränkung, S. 61.
146　*Bitzilekis*, Einschränkung, S. 58.
147　*Bitzilekis*, Einschränkung, S. 61.
148　*Bitzilekis*, Einschränkung, S. 61 f. ただし、Bitzilekis は、国家だけが国家の存立および権能を防衛し、貫徹する権限を有するという外在的な理由づけを持ち出すことによって国家高権のための緊急救助は認められないとしている (*ders.*, Einschränkung, S. 69.)。さらに、同様の主張を行うものとして、板倉・総論201頁、団藤・総論239頁注17。ただし、団藤重光と板倉宏も、濫用の危険が多いという実際的かつ外在的な理由から国家的法益のための正当防衛の成立範囲を制限しようとする (板倉・総論201頁以下、団藤・総論239頁注17)。加えて言えば、最判昭24・8・18刑集3巻9号1465頁も、同様の理由づけを用いて正当防衛の成立範囲を限定しようとしている。
149　このような批判を行うものとして、*Engländer*, Nothilfe, S. 19.; *Fuchs*, Grundfragen, S. 43.; *Kroß*, Notwehr, S. 37.; *Roxin*, ZStW 83, S. 75.（振津紹介・商学討究32巻3号118頁以下）; *von Scherenberg*, Einschränkungen, S. 33.
150　このような批判を行うものとして、*Roxin*, AT, §15 Rn. 1.（山中監訳・総論75頁〔前嶋訳〕）;

第三項　予防効という意味での法確証

前二項で検討した見解とは異なり、特別予防、あるいは（消極的、もしくは積極的）一般予防の観点から法確証の内容を理解する見解も存在する[151]。もっとも、法確証の内実は異なるにせよ、防衛対象を法秩序そのものと解する点では、前二項の見解とは異ならない[152]。それゆえ、この見解にあっても緊急救助を基礎づけうることになるだろう[153]。また社会的法益および国家的法益のための正当防衛についても同様に認められることになるだろう。

とはいえ、この見解は、上でも述べたように、法確証の理解が前二項で取り上げた見解とは異なるので、以下ではこの点について見ていくこととしたい。なお、この見解の内部においても、特別予防、消極的一般予防、積極的一般予防のうちのいずれを法確証概念と結びつけるかによって、理解が異なる。そこで、以下では、それぞれの見解を分けて検討する。

---

von Scherenberg, Einschränkungen, S. 32 f. 類似の批判を行うものとして、伊東・総論187頁以下、平野・総論Ⅱ238頁、松宮・総論143頁以下。ただし、この見解の主張者の多くは、前述したとおり、正当化根拠論から見れば外在的な理由づけを用いて国家的法益のための正当防衛の成立可能性を否定するか、もしくは成立範囲を著しく限定しているため、その限りでかかる批判を回避することができる。しかしながら、その否定もしくは限定の論理構成は、あくまで法確証もしくは法の自己保全原理からみれば外在的な理由づけによるものでしかない以上、これらの原理は、国家的法益のための緊急救助の成立可能性を論理内在的に否定しえない点で、やはり問題が残るといわざるをえないだろう（同様の批判を行うものとして、中山・総論275頁。）。

151 ──二元主義的基礎づけの枠内においてではあるが──このような法確証理解を示すものとして、井田・理論構造160頁、斎藤（信）・刑法雑誌35巻2号218頁、齊藤（誠）・正当防衛権の根拠と展開92頁、曾根・刑法における正当化の理論100頁、山中・正当防衛の限界37頁以下、吉田・刑法理論の基礎164頁以下。さらに、そのようなドイツの文献として、*Kasper*, AT, §5 Rn. 243.; *van Rienen*, Einschränkungen, S. 116.; *Roxin*, AT, §15 Rn. 2.（山中監訳・総論75頁以下〔前嶋訳〕）。

152 ただし、ここでいう法秩序がいかなる意味で理解されるのかが問題となる。少なくとも、特別予防および消極的一般予防的に法確証原理を理解する場合には、法規範の実際上の妥当性が問題とされているため、法確証は、法秩序の経験的妥当性という意味で把握されているように思われる（基本的に、本稿と同様の理解を示すものとして、*Engländer*, Nothilfe, S. 15 ff.）。これに対して、積極的一般予防的に法確証原理を理解する場合には、必ずしもそのようには言えないように思われる。というのも、規範確証を事実的・心理学的に理解する場合には、法秩序の経験的妥当性が問題とされていると言ってもよいであろうが、規範確証の意味を規範的に理解する場合には、むしろ法秩序の規範的妥当性が問題とされているように思われるからである。これは「積極的」一般予防とは何かという問いとも密接に関連するが、この点については、さしあたり中村・立命館法学342号219頁以下を参照。

153 このような帰結を認めるわが国の文献として、斎藤（信）・刑法雑誌35巻2号224頁、山中・総論480頁。ドイツの文献として、*Haas*, Notwehr, S. 356.; *Roxin*, FS-Kühl, S. 394 f.

1　特別予防効という意味での法確証

まず、法確証の内容を特別予防的に理解する場合、法確証は、違法な攻撃に対する防衛行為によって、当該の攻撃者を威嚇し、その結果、当該の攻撃者による将来の規範遵守の蓋然性を高めるという意味で理解されることになる[154]。

しかしながら、正当防衛において、特別予防効が認められるという想定は疑わしい。なぜならば、刑罰による制裁という威嚇によっても、正当防衛によって反撃されるというリスクによっても違法な攻撃を断念しなかった攻撃者が、将来、違法な攻撃を断念するとは考えがたいからである[155]。

2　消極的一般予防効という意味での法確証

次に、法確証の内容を消極的一般予防的に理解する場合、法確証は、違法な攻撃に対する防衛によって、他の潜在的な法侵害者を威嚇し、その結果、それらの者による規範遵守の蓋然性を高めるという意味で理解されることになる[156]。

このような理解に対しても、正当防衛にそのような消極的一般予防効が認められるかは疑わしいと批判を行うことができる。まず、正当防衛に消極的一般予防効が認められるためには、潜在的な攻撃者が、正当防衛規定が広範囲にわたる防衛権限を認めていることを認識している必要があるが、しかし通常、このことは認識されていない[157]。それゆえ、正当防衛において消極的一般予防効は期待できないという批判を行いうる[158]。

加えて言えば、仮に潜在的な攻撃者がこの点を認識していたとしても、その者

154　このような見解を支持するものとして、井田・理論構造160頁、斎藤（信）・刑法雑誌35巻2号218頁、齊藤（誠）・正当防衛権の根拠と限界92頁、山中・正当防衛の限界36頁。さらに、そのようなドイツの文献として、van Rienen, Einschränkungen, S. 116. 類似の見解として、Roxin, ZStW, S. 73.（振津紹介・商学討究32巻3号118頁）。ただし、Roxin は、特別予防効を個人保全原理に結びつけて理解している点に留意を要する。

155　このような批判を行うものとして、Engländer, Nothilfe, S. 15 f. さらに、正当防衛に特別予防効を認めることに対して批判的なものとして、Bitzilekis, Einschränkung, S. 66.; Felber, Rechtswidrigkeit, S. 100. Fn. 25.

156　このような見解を支持するものとして、井田・理論構造160頁、斎藤（信）・刑法雑誌35巻2号218頁、齊藤（誠）・正当防衛権の根拠と展開92頁、曾根・刑法における正当化の理論100頁、中空・現代刑事法5巻12号32頁、山中・正当防衛の限界36頁、吉田・刑法理論の基礎164頁。そのような主張を行うドイツの文献として、Roxin, AT, §15 Rn. 2.（山中監訳・総論75頁以下〔前嶋訳〕）。

157　この点については、Vgl. Amelung/Kilian, FS-Schreiber, S. 3 ff.; Killian, Notwehrstudie.

158　Engländer, Nothilfe, S. 16. さらに同様の批判を行うものとして、Koriath, FS-Müller-Dietz, S. 373.

に対して、「違法な攻撃を行えば、防衛者によって反撃されるぞ」と威嚇を行うことができるほどの確実性が認められるかは疑わしい[159]。なぜならば、被侵害者も事前に防衛態勢を整えているわけではないため、被侵害者自身による正当防衛の可能性はさほど高くないはずだからである[160]。

3 積極的予防効という意味での法確証

さらに、法確証の内容を積極的一般予防的に理解する場合には、違法な攻撃に対する防衛が、国民の法に対する忠誠 (Rechtstreue) を安定させる、あるいは強化するという意味で理解されることになる[161]。このような理解に対しては、少なくとも規範確証の意味を心理学的・事実的に理解する場合、消極的一般予防に対する批判と同様の批判を行うことができる。すなわち、正当防衛に積極的一般予防効が認められるためには、国民が、正当防衛規定が広範囲にわたる防衛権限を認めていることを認識している必要があるが、しかし通常、このことは認識されていない[162]。それゆえ、正当防衛において、積極的一般予防効は期待できないという批判をなしうる[163]。

これに対して、規範確証の意味を規範的に理解する場合には、正当防衛に積極的予防効を認めうるかもしれない。もっとも、このように理解するとしたとしても、結局のところ、防衛対象を法秩序そのものと解する以上、(日独を問わず) 正当防衛規定の文言と調和しないという法確証説そのものに対する批判はなお妥当することになる。加えていえば、実際上の帰結として、社会的法益および国家的法益のための正当防衛を認めることになってしまうという批判も妥当する。

---

159 このような批判を行うわが国の文献として、橋爪・正当防衛権の基礎49頁、明照・正当防衛権の構造12頁。ドイツの文献として、*Renzikowski*, Notwehr, S. 90. この批判に対して懐疑的なものとして、*van Rienen*, Einschränkungen, S. 118 f.
160 橋爪・正当防衛の基礎49頁。
161 このような見解を主張するものとして、吉田・刑法理論の基礎164頁以下。さらに、そのようなドイツの文献として、例えば、*Haas*, Notwehr, S. 354.; *Roxin*, AT, §15 Rn. 2. (山中監訳・総論75頁以下〔前嶋訳〕)。
162 *Amelung/Kilian*, FS-Schreiber, S. 3 ff.
163 このような批判を行うものとして、*Lesch*, FS-Dahs, S. 87.

第二款　正当化根拠

　前款では、法確証原理がどのような意味で理解されているかにつき、何が防衛対象とされているのかという観点から検討を行った。そこでは、正当防衛の正当化根拠を法確証原理に求めた場合、法秩序が防衛対象となるが、法秩序を防衛対象とすることは、（日独を問わず）正当防衛規定の文言と調和しないということを指摘した。

　仮に法秩序を防衛対象とすることが刑法36条1項の文言と調和するとしても、そのことから直ちに法確証原理が正当防衛の正当化根拠であると主張しうるわけではない。すなわち、法秩序を防衛対象とすることが妥当であるとしても、何故、法確証という観点を持ち出すことが、（侵害退避義務および法益均衡性が不要であるという意味で）峻厳な防衛権限を基礎づけうるのかが説明されなければならないのである。この点の回答として考えられるのは、基本的には、以下の三つである。すなわち、第一に、「法は不法に譲歩する必要はない」という命題に依拠する基礎づけ、第二に予防効という刑事政策的な論拠に依拠する基礎づけ、第三に、優越的利益の原則に依拠する基礎づけである。

第一項　正当化根拠としての「法は不法に譲歩する必要はない」

　この基礎づけは、「法は不法に譲歩する必要はない」という命題から正当防衛を基礎づけようとするものである[164]。この命題は、Berner によって定式化されたものであり[165]、また従来的な理解によれば、超個人主義的基礎づけを端的に表すものであるとされている[166]。すなわち、法秩序という抽象的なカテゴリーとしての「法」は、法秩序に違反した態度としての「不法」に屈する必要はないとい

164　このような基礎づけを行うわが国の文献として、葛原ほか・総論127頁〔橋田執筆部分〕、中空・現代刑事法5巻12号32頁、宮川・東北学院法学65号68頁。二元主義的基礎づけの枠組みにおいてではあるが、このような説明を行うドイツの文献として、*Gropp*, AT, §5 Rn. 149.（金＝玄監訳・龍谷法学51巻1号914頁〔冨川雅満訳〕）; *Jescheck/Weigend*, AT, 1996, §32 Rn. 1.（西原監訳・総論253頁〔吉田訳〕）; *Wessels/Beulke/Satzger*, AT, Rn. 518.

165　*Berner*, ArchCrimR NF 1848, S. 557, 562, 578.

166　そのように述べるものとして、例えば、*Krause*, FS-Bruns, S. 74 f.。もっとも、実際には、Berner は、法秩序の防衛という超個人主義的基礎づけを説明する脈絡で、この命題を主張したわけではなかった。この点については、第三章において詳述する。

うのである。

　この基礎づけによれば、被侵害者と侵害者は、「法（正）」対「不法（不正）」の関係にあり、「法は不法に譲歩する必要がない」という原理によって被侵害者が、侵害者に質的に優位しているという事情から、正当防衛権の峻厳さは説明できるとされる[167]。すなわち、不正の侵害から退避すれば正が不正に屈することになってしまうことから[168]、侵害退避義務が原則的に課されないことが導かれる[169]。加えて、正当防衛において財の衡量が原則的に要求されないことが帰結するというのである[170]。

　この基礎づけに対しては、第一に、そもそも、正当防衛を基礎づけることに成功していないという批判をなすことができる[171]。なぜならば、この命題を述べるだけでは、防衛対象が法秩序であるということを述べたことにしかならないからである[172]。

　第二に、正当防衛の成立は、少なくとも「法が不法に譲歩する必要はない」という命題のみから決まっているわけではないという批判をなしうる[173]。すなわち、例えば、不正な侵害であっても急迫性が認められない場合には、正当防衛は認められないことからも明らかなように[174]、正当防衛制度は、決してあらゆる不法に対抗することを認める制度ではないのである。

第二項　正当化根拠としての予防効

　この基礎づけは、一般予防、あるいは特別予防という刑事政策的な観点から正当化根拠を説明しようとするものである。この基礎づけによれば、正当防衛状況において、被侵害者は防衛せずに退避すべきであるとしてしまうと、（当該の、あるいは将来の）侵害者が不正な侵害を行うことを勇気づけることになってしまうという考慮から[175]、侵害退避義務もしくは官憲に救助を求める義務が課されない

167　中空・現代刑事法 5 巻12号32頁参照。
168　葛原ほか・総論127頁〔橋田執筆部分〕、宮川・東北学院法学65号68頁。
169　葛原ほか・総論127頁〔橋田執筆部分〕、宮川・東北学院法学65号68頁。
170　*Wessels/Beulke/Satzger*, AT, Rn. 519.
171　*Bitzilekis*, Einschränkung, S. 43.; *Engländer*, Nothilfe, S. 24.
172　*Engländer*, Nothilfe, S. 24.
173　佐伯（仁）・総論102頁以下。
174　佐伯（仁）・総論102頁。
175　このような主張を行うわが国の文献として、山中・正当防衛の限界36頁以下参照。ドイツの文

こと[176]、または保全法益と侵害法益の均衡に配慮する義務が課されないことが導かれるとされる[177]。

この基礎づけに対しては、第一に、第二章第二節第一款第三項においても前述したように、そもそも正当防衛に予防効果を認めうるのか自体が疑わしいという批判をなすことができる。

第二に、この基礎づけからは、自己または他人を防衛するために必要な限度で正当防衛の成立が認められる理由を説明できないという批判をなすことができる。すなわち、この見解が述べるように、正当防衛の正当化根拠が一般予防、あるいは特別予防という意味での法確証原理に求められるのだとすれば、正当防衛の成立範囲も、潜在的攻撃者を威嚇する、あるいは国民の法に対する忠誠を安定化させるために必要な範囲内ということになるはずである。つまり、この見解による場合、具体的な正当防衛状況において、いかなる行為が自己又は他人の権利を防衛するためにやむを得ずにした行為といえるのかという基準を導くことができないことになってしまうのである[178]。

第三に、正当防衛の正当化根拠を法確証原理に求めることは、私人による国家行為の代行という構成を採用することを意味するため[179]、正当防衛は、必然的に法治国家原理である比例原則に服し、それゆえに厳格な制約のもとにおいて行われなければならないことになってしまう。換言すれば、この見解からは、何故、正当防衛において、法益均衡性が原則として要求されないのかが説明できないように思われる[180]。

第三項　正当化根拠としての優越的利益の原則

この基礎づけは、法確証を、優越的利益の原則の下で、つまり、利益衡量の一要素として把握するものである[181]。

献として、*Roxin*, FS-Kühl, S. 394.
176　*Roxin*, FS-Kühl, S. 394. さらに、齊藤（誠）・正当防衛権の根拠と展開100頁参照。
177　齊藤（誠）・正当防衛権の根拠と展開100頁参照。
178　*Lesch*, FS-Dahs, S. 86.
179　*Renzikowski*, Notwehr, S, 79. さらに、文脈は異なるが、同様の指摘をおこなうものとして、照沼・岡山大学法学会雑誌56巻2号147頁、西田・総論157頁。
180　橋爪・正当防衛の基礎54頁以下参照。
181　かかる見解を主張するものとして、*Schmidhäuser*, FS-Honig, S. 193. さらに、二元主義的基礎づけの枠内においてではあるが、同様の見解を主張するものとして、鈴木・総論69頁、内藤・総

例えば、この見解の主張者である Schmidhäuser は、優越的利益の原則に依拠した上で[182]、正当防衛状況においては、きわめて高い価値が付与される法確証の利益が防衛者の側に加算されることから、防衛者側の利益が、攻撃者側のそれに原則的に優位するという帰結を導こうとしている。すなわち、Schmidhäuser によれば、防衛によって危殆化された利益に対して優位しうるのは、法秩序の経験的妥当性それ自体である。そして、この法秩序の経験的妥当性だけが、ここで問題になっている状況における法秩序の見地から、その他の状況では法秩序内部において最高の価値を有する財すらも相対化することができるというのである[183]。そして、このような論証から、Schmidhäuser は、法秩序の妥当性を防衛する方法が他に可能でないのであれば、防衛者は、攻撃者の身体、生命、所有権およびその他の法益を侵害してもよいという帰結に至るのである[184]。以上のことから明らかなように、この見解は、法確証の利益が侵害者の利益にいわば量的に優位するという事情から、正当防衛における侵害退避義務及び法益均衡への配慮義務の原則的不存在を基礎づけようとしている。

　この見解に対しては、まず、法確証の利益と侵害者の利益を比較衡量することは、カテゴリー的誤謬であるという批判が妥当する[185]。すなわち、「法秩序の確証は、法秩序によって法的に保護された利益に対して、メタレベルに位置づけられる。しかしながら、論理的に同列な衡量の諸観点しか相互に差引することはできないのである」[186]。

　仮に法確証の利益と侵害者の利益が相互に比較可能な関係に還元できたとしても、法確証の利益が、被侵害者の身体を守るために侵害者の生命を奪うことを正当化できるかは疑わしい[187]。そもそも、法確証の利益がどの程度なものかが不明である点を措くとしても[188]、法秩序を防衛する利益が、ときに「至高」とも評される[189]個人の生命という利益を上回るようには思われない[190]。仮に法確証の利益

　　　論（中）329頁以下、曽根・原論183頁以下。
182　*Schmidhäuser*, GA 1991, S. 102.
183　*Schmidhäuser*, FS-Honig, S. 193.
184　*Schmidhäuser*, FS-Honig, S. 193.
185　*Renzikowski*, FS-Hruschka, S. 662. ただし、Renzikowski は、この批判を二元主義的基礎づけの批判という脈絡で行っている。
186　*Renzikowski*, FS-Hruschka, S. 662.
187　井田・理論構造159頁。
188　この点を指摘するものとして、山口・探究総論50頁以下がある。

が侵害者の生命を上回る価値を有していると想定しうるのだとしても、それは、結局のところ、「法秩序の維持」という比較不可能なほど大きな利益を持ち出すことによって、実質的に「法益衡量」を不可能にし、結論を言い換えたことにしかならないように思われる[191]。

また、この基礎づけのように、優越的利益の原則に依拠して正当防衛を基礎づける場合、防衛が失敗して優越的利益を守れなかった場合（失敗した防衛）に防衛行為の正当化を否定するという不当な結論に至る恐れがある[192]。

さらに、この基礎づけに対しては、——主張者の意図に反して——正当防衛の峻厳さを説明することができないという批判をなしうる[193]。なぜならば、この見解からは、私人による国家行為の代行という構成を採用することになるため[194]、正当防衛は比例原則に服し、その結果、厳格な制約のもとにおいて行われなければならないからである[195]。

第三節　二元主義的基礎づけ

第一款　防衛対象——自己保全原理と法確証原理の関係性

以上で確認してきたように、個人主義的基礎づけも、超個人主義的基礎づけも、それだけでは正当防衛の正当化根拠を適切に説明することはできない。そのため、これまでわが国およびドイツにおいて多数説とされてきた見解は、双方の基礎づけを組み合わせることによって正当防衛の正当化根拠を説明しようと試みてきた[196]。すなわち、正当防衛において、防衛者は、被侵害者の法益を防衛する

---

[189] 実際にこのように述べるものとして、生田・行為原理と刑事違法論269頁。
[190] 井田・理論構造159頁、佐伯（仁）・総論103頁。
[191] 松宮・総論137頁。
[192] 松宮・総論137、144頁。
[193] このような批判をなすものとして、例えば、*Kroß*, Notwehr, S. 34.; *Seeberg*, Nothilfe, S. 27 f.; *Sengbusch*, Subsidiarität, S. 139 f.
[194] *Renzikowski*, Notwehr, S. 79.
[195] Vgl. *Kroß*, Notwehr, S. 34.
[196] この見解を主張するわが国の文献として、大谷・判例時報2357＝2358合併号7頁、川端・正当防衛権の再生7頁以下、齊藤（誠）・正当防衛権の根拠と展開54頁以下、曽根・原論186頁以下、内藤・総論（中）329頁以下、山中・総論480頁、吉田・刑法の基礎理論160頁以下。この見解を

だけでなく、法秩序の防衛をも防衛することから正当防衛が認められるとされるのである。

この見解においても、自己保全原理、あるいは法確証原理とは何を意味するのかが問題となるが、これらの点については、既に検討を加えたところであるため、これ以上立ち入らない。本節において問題とするのは、正当防衛の正当化根拠を自己保全原理と法確証原理に求めるとして、両原理はどのような関係性にあるのかということである[197]。すなわち、この見解に依拠する場合、自己保全原理、かつ法確証原理が作用している場合に正当防衛が成立するのか、それとも、自己保全原理、あるいは法確証原理が作用している場合に正当防衛が成立するのかが明らかとされなければならないのである。

従来、この基礎づけの主張者の多くは、この両原理の関係性を明確にすることなしに、単に両原理を並列的に持ち出すことによって正当防衛の根拠を説明しようとしてきた[198]。しかしながら、両原理の関係性が明らかにされなければ、両原理が異なる帰結を導くような場合に具体的な帰結を説明できなくなってしまうだろう[199]。例えば、社会的法益ないし国家的法益のための正当防衛の場合、法確証原理からは正当防衛が認められるのに対して、自己保全原理からは正当防衛が認められないことになろうが、両原理を併用する基礎づけからは、いかなる帰結が論理的に導かれることになるのだろうか。この問いに対する答えは、両原理の関係性を探究することなしに導き出えないように思われる。それにもかかわらず、両原理の関係性を探究することなしに帰結を導き出そうとすれば、それは、結局のところ、論者が妥当だと考える結論を導くために、その結論をより説明しやすい原理を恣意的に用いて基礎づけているにすぎないことになってしまうだろう[200]。

支持するものとして、例えば、*Gropp*, AT, §5 Rn. 149.（金＝玄監訳・龍谷法学51巻1号914頁〔冨川訳〕）; *Haft*, AT, D. III. 4. c); NK-*Herzog*, §32 Rn. 100.; *Jescheck/Weigend*, AT, §32 Rn. 2.（西原編訳・総論253頁〔吉田訳〕）; *Kasper*, AT, §5 Rn. 243.; *Lenckner*, GA 1968, S. 3.; *van Rienen*, Einschränkungen, S. 140.; *Roxin*, AT, §15 Rn. 1 ff.（山中監訳・総論75頁〔前嶋訳〕）; *Wessels/Beulke/Satzger*, AT, Rn. 492., *von Scherenberg*, Einschränkungen, S. 46 ff. 基本的に同様の見解として、*Kühl*, AT, §7 Rn. 19. ただし、Kühl（およびKühlの見解に依拠する吉田敏雄）は、（補充的ではあるが）自己答責性原理も正当防衛の正当化根拠であるとする。
197　この点を指摘するものとして、飯島・自由の普遍的保障154頁。
198　それにもかかわらず、両原理の関係性を明らかにしていないものとして、大塚（仁）・総論380頁以下、大谷・判例時報2357＝2358合併号7頁。
199　類似の指摘を行うものとして、朴・明治大学大学院紀要第28集法学篇261頁。

そのため、この見解による場合、両原理の関係性を明確にすることが、少なくとも理論的には必要不可欠となるのである。そこで、以下では、両原理の関係性について検討を行うこととする。

第一項　重畳的関係

まず、自己保全原理と法確証原理の関係性を重畳的関係として理解することが考えられる[201]。この理解からは、自己保全原理かつ法確証原理が認められる場合に正当防衛が成立するということになる。逆にいえば、両原理のいずれかが認められない場合には、正当防衛が成立しないということになる[202]。

かかる見解を主張する論者としては、例えば、Roxin を挙げることができる。Roxin によれば、「現行の正当防衛法は、二つの原理に依拠する。すなわち、個人保護と法確証である」[203]。そして、「正当防衛によるあらゆる正当化に際して、個人保護及び法確証の原理はともに作用しなければならない」という[204]。この理解によれば、自己保全原理と法確証原理が共に作用することで正当化が認められることになるため、防衛対象は、被侵害者の法益、および法秩序であるということになる。

この見解から導かれる帰結としては、（個人の法益が同時に侵害されていない限り）社会的法益、あるいは国家的法益のための正当防衛は認められないということが挙げられる[205]。なぜならば、この場合、自己（個人）保全原理が作用していないからである[206]。すなわち、この場合、防衛行為を行う私人自身が緊急状況下に置かれているわけではないため、とっさに反撃を行う自己保存本能が働くとは考えがたいし、また、個人の法益が防衛されているわけではないため、自己保全の利

200　Vgl. *Pawlik*, ZStW 114, S. 261.（赤岩＝森永訳・甲南法学53巻1号64頁）
201　このような見解を主張するわが国の文献として、曽根・原論186頁以下、明照・正当防衛権の構造2頁。ドイツの文献として、*Jescheck/Weigend*, AT, §32 Rn. 2.（西原編訳・総論253頁〔吉田訳〕）; *Roxin*, AT, §15 Rn. 3.（山中監訳・総論77頁〔前嶋訳〕）。
202　このことを明確に述べるものとして、明照・正当防衛権の構造22頁。
203　*Roxin*, AT, §15 Rn. 1.（山中監訳・総論75頁〔前嶋訳〕）。ただし、適宜原文より訳出した。なお、圏点強調は、原著の太字強調による。
204　*Roxin*, AT, §15 Rn. 3.（山中監訳・総論77頁〔前嶋訳〕）。ただし、適宜原文より訳出した。
205　このような帰結を導くわが国の文献として、齊藤（誠）・正当防衛権の根拠と展開96頁、山中・総論480頁。ドイツの文献として、*Jescheck/Weigend*, AT, §32 Rn. 2（西原編訳・総論253頁〔吉田訳〕）; *Roxin*, AT, §15 Rn. 1.（山中監訳・総論75頁〔前嶋訳〕）。
206　*Jescheck/Weigend*, AT, §32 Rn. 2.（西原編訳・総論253頁〔吉田訳〕）; *Roxin*, AT, §15 Rn. 1.（山中監訳・総論75頁〔前嶋訳〕）。

益も認めがたいのである。

　この見解に対しては、この見解のように、両原理が共に作用する場合に初めて正当防衛が認められるとする場合、自己保全原理のみによって正当防衛を基礎づける見解と同様の問題を孕むことになってしまうという批判が妥当することになる[207]。

　より具体的にいえば、一方で、この見解に依拠しつつ、自己保全原理を自己保存本能説的に理解する場合、緊急救助を適切に基礎づけることができないことになってしまう。なぜならば、緊急救助者は、自らが緊急状況下に置かれているわけではないため、自己保存本能に従って救助を行っているとは考えがたいからである。つまり、この意味での自己保全原理は、緊急救助の場合に作用しておらず、それゆえに、この見解の理屈からすれば、緊急救助は、自己保全原理が作用しないために認められないことになってしまうのである。

　他方で、この見解に依拠しつつ、自己保全原理を自己保全の利益説的に理解する場合には、侵害退避義務、および官憲に救助を求める義務が、被侵害者に課されないことを適切に説明することができないことになってしまう。なぜならば、侵害者からさらなる反撃を受けるなどして、結果的に自己を保全することができないリスクを常に伴う防衛行為を行うよりも、侵害から退避するか、あるいは官憲に救助を求めた方がより安全に自己を保全することができることが多いからである。換言すれば、侵害からの退避、あるいは官憲に救助を求めた方が自己の法益保全に資する場合、この限りで防衛行為は自己保全に資さないことになる、つまり自己保全の利益という意味での自己保全原理は作用しないことになる。その結果、この見解の理屈からすれば、侵害から退避することができる、もしくは官憲に救助を求めうる場合には、正当防衛の成立が否定されることになってしまうのである[208]。

　もっとも、後者の批判は、被攻撃者に退避可能性が存在する場合であっても、個人保全原理が欠落しないと構成することによって免れることができるかもしれない。この点で注目に値するのが、Roxin が、近時、個人保全原理だけであって

---

[207] このような批判を行うものとして、*Engländer*, Nothilfe, S. 30. なお、Engländer は、自己保全原理の内容を自己保全の利益説的に理解することから、緊急救助を適切に説明できないという批判ではなく、退避義務の不存在を適切に説明できないという批判を行っている。
[208] *Bitzilekis*, Einschränkung, S. 46 も、被侵害者に退避可能性が存在する場合、一般に自己保全原理は欠落するとする。

も、侵害退避義務の原則的不存在を基礎づけうるとして[209]、個人保全原理に対する認識を事実上改めた点である。すなわち、Roxin によれば、「正当にも法確証原理の例として持ち出される退避義務の不存在さえも、なお保全原理によって説明されうる。というのは、退避できたにもかかわらず、攻撃に対して抵抗する被攻撃者は、少なくとも自身の行為自由を防衛するからである。」というのである[210]。

しかしながら、このような論証は、結局のところ成功しない。なぜならば、現に Roxin 自身が認めているように、例えば、強盗による攻撃に対して、鍵がかけられた玄関口の内側へと逃げ込んだ方が、あからさまに抵抗するよりもよりよく生命および財産を防衛できる場合に、保全原理が作用するかは疑わしいからである[211]。このような場合に、Roxin は、保全原理ではなく、法確証原理から退避義務の不存在を導こうとするが[212]、そのように解してしまうとその限りで、保全原理によるだけでは説明できないことがあることを認めることとなり、結果としてなお先の批判が妥当することになるのである。

第二項 択一的関係

前項で述べた問題点を回避する方法として、自己保全原理と法確証原理の関係性を択一的関係として理解することが考えられる。このような見解を主張する論者としては、例えば、Herzog を挙げることができる[213]。Herzog によれば、正当防衛権は、「少なくとも正当防衛の諸利益（Notwehrgüter）〔個人保全の利益及び法確証の利益——引用者注〕の一つが著しく侵害されている」場合に認められるという[214]。

209　*Roxin*, FS-Kühl, S. 398 ff.
210　*Roxin*, FS-Kühl, S. 393.
211　*Roxin*, FS-Kühl, S. 394.
212　*Roxin*, FS-Kühl, S. 394. 本文中で述べた分析に対しては、坂下・法学82巻5号31頁注166の批判がある。それによれば、Roxin は、保全原理から、被侵害者の侵害退避義務の不存在が帰結されることを前提とした上で、本文中で述べた強盗による攻撃のケースにつき、（害の著しい不均衡の議論を踏まえて）正当防衛の制限が生じるように思われるかもしれないが、むしろ法確証原理からしても退避義務は否定されると述べたにすぎないとされる。しかし、Roxin が述べるケースでは、強盗が被侵害者を攻撃し、その結果、被侵害者の生命及び財産が危険にさらされているのであるから、そのような正当防衛の制限は問題にならないだろう（そもそも、同箇所で、Roxin は正当防衛の制限に言及していない）。したがって、坂下の批判は妥当でないと思われる。
213　NK-*Herzog*, §32 Rn. 100.
214　NK-*Herzog*, §32 Rn. 100.

以上のような理解からすれば、防衛対象は、個人の法益、あ̇る̇い̇は̇法秩序であるということになる。したがって、この理解からは、個人の法益、あ̇る̇い̇は̇法秩序のいずれかが防衛対象とされていれば、正当防衛が成立することになる。その結果、この理解からは、緊急救助を難なく説明することができることになるだろう。なぜならば、この場合、少なくとも、法確証原理は作用しているはずだからである。さらに同様の理由から、社会的法益ないし国家的法益のための正当防衛が認められるという帰結に至るはずである[215]。

この理解に対しては、正当防衛の根拠を法確証原理のみに求める見解と全く同様の批判が妥当する。すなわち、この見解からは、法確証原理が認められさえすれば、正当防衛が認められることになるため、結局のところ、法確証原理のみに正当化根拠を求めている場合とほとんど変わらないことになってしまうのである。より具体的にいえば、この見解は、法確証説と全く同様に、少なくとも論理内在的には、社会的法益ないし国家的法益のための正当防衛を肯定しなければならないので[216]、（日独を問わず）正当防衛規定の文言と調和しないことになってしまうのである[217]。

第三項　両原理の動的相互作用？

前二項で検討した見解に加えて、さらに、そもそも個人保全原理と法確証原理の関係性を硬直的に分類して理解する必要がないとする見解も主張されている[218]。この見解の主張者である van Rienen によれば、両原理の関係性は、「自己保全と法確証との相互作用という意味での動的原理」として把握されるべきであり、「さらに、この意味で正当防衛は通常、『個人保護＋法確証』とみなされる」

---

215 それにもかかわらず、Herzog は、「個人の財と並んで国̇家̇の̇法̇益̇も、一般に32条の意味における防衛適格を有するものと見なされるかどうかは疑わしい。」として（NK-*ders.*, §32 Rn. 22.）、国家的法益のための正当防衛を認めることに対して慎重な姿勢を見せている（Vgl. NK-*ders.*, §32 Rn. 22 ff.）。しかしながら、彼の正当防衛の正当化根拠論から、何故、そのような帰結を導きうるのかは明らかではない。

216 *Engländer*, Nothilfe, S. 30. さらにいえば、そのような帰結は、この見解の主張者である Herzog すら容認していない（Vgl. NK-*ders.*, §32 Rn. 22 ff.）。

217 *Engländer*, Nothilfe, S. 30.

218 *van Rienen*, Einschränkungen, S. 140 f. さらに、van Rienen の見解を詳細かつ批判的に検討するものとして、柏﨑・法学研究論集44号73頁以下。なお、この van Rienen の見解は、後述するように、結局のところ、両原理の関係性を重畳的関係であると捉える理解に他ならない。しかしながら、この見解は、本章第三節第一款第一項で説明した重畳的関係とは内容を異にしていることから、本文中では項を分けて検討することとした。

という[219]。その上で、van Rienen は、個人保護原理と法確証原理の共働の合計値が正当防衛を認めるために必要な値に達していれば足り、その合計値がどのように算出されるかは重要ではないとする[220]。例えば、合計値が100に達していれば足りるのだとすれば、個人保護原理と法確証原理のそれぞれの数値が40＋60、30＋70、あるいは１＋99なのかは重要ではないという[221]。ただし、van Rienen によれば、個人保護原理と法確証原理のいずれかだけから、合計値が100に至ることはないという[222]。さもなければ、一元主義的基礎づけを構想することになってしまうからである[223]。

以上のような van Rienen の見解からすれば、防衛対象は、個人の法益および法秩序ということになるだろう[224]。そして、この見解からは、緊急救助が認められることになるとされる[225]。van Rienen によれば、緊急救助は、法確証原理によるだけでは説明できないという[226]。というのも、それでは、緊急救助に、正当防衛に劣らないほどの峻厳さが認められていることを説明できないからである[227]。それゆえ、van Rienen の見解によれば、緊急救助は、個人保護原理をも用いることによってはじめて正当化されるのである[228]。これに対して、（個人の法益が同時に侵害されていない限り）公共的法益のための正当防衛は認められないとされる[229]。なぜならば、この場合、個人保全原理が作用していないからである[230]。

しかしながら、この見解は、既に柏﨑早陽子が正当に指摘しているように、結局のところ両原理の関係性を重畳的関係と捉える見解に他ならない[231]。なぜなら

219　*van Rienen*, Einschränkungen, S. 140.
220　Vgl. *van Rienen*, Einschränkungen, S. 140.
221　Vgl. *van Rienen*, Einschränkungen, S. 140.
222　*van Rienen*, Einschränkungen, S. 140.
223　*van Rienen*, Einschränkungen, S. 140.
224　ただし、van Rienen は、正当防衛において防衛される法秩序を、具体的事案において攻撃にさらされる個別の諸規範と理解している（Vgl. *ders.*, Einschränkungen, S. 142.）。それゆえ、上で挙げている防衛対象としての法秩序も、この意味で理解されることとなる。なお、van Rienen の法確証理解について、詳細には柏﨑・法学研究論集44号81頁以下参照。
225　Vgl. *van Rienen*, Einschränkungen, S. 140 f.
226　*van Rienen*, Einschränkungen, S. 149.
227　*van Rienen*, Einschränkungen, S. 149.
228　*van Rienen*, Einschränkungen, S. 149.
229　*van Rienen*, Einschränkungen, S. 141.
230　*van Rienen*, Einschränkungen, S. 141.
231　柏﨑・法学研究論集44号84頁。

ば、この見解においても、両原理が共に作用することが前提条件とされているからである。それゆえ、この見解に対しては、まず、両原理の関係性を重畳的関係と捉える見解と全く同様の批判が妥当することになるという批判をなしうる[232]。すなわち、例えば、被攻撃者に回避可能性が存在する場合、一般に個人保全原理が欠落するとされるが、そうであるとすれば、この見解からもこの場合を説明することができないことになってしまうだろう。

　もっとも、この批判に対しては、van Rienen の立場からも、一応の反論を行うことができる。すなわち、被攻撃者に回避可能性が存在する場合、個人保全の利益が確かに減少するが、欠落するわけではなく、またそれに加えて法確証の利益が認められる。それゆえ、双方の利益の合計値としては、正当防衛による正当化が認められる値に達しているという反論が考えられる[233]。

　しかしながら、この反論は説得的ではない。すなわち、この場合に、正当防衛による正当化が認められる値に達するためには、個人保全の利益が減少した分だけ、法確証の利益が増大しなければならないが、何故、法確証の利益が増大するのかが明らかでない。それにもかかわらず、法確証の利益が増大するのだと主張するのであれば、それは、法確証の利益を恣意的に増大させて問題の解決を図ることを意味し、結局のところ、結論の先取りにすぎないのである[234]。

第二款　正当化根拠

　以上の検討では、自己保全原理と法確証原理の関係性を重畳的関係、択一的関係、あるいは動的相互作用のいずれに理解しようとも問題が存することが明らかとなった。仮に両原理の関係性を問題なく説明できたとしても、そのことは、あくまでも防衛対象の問題に回答したにすぎない。つまり、何故、両原理を組み合わせることによって、正当防衛において、侵害退避義務及び法益均衡性が原則的に要求されないことを説明することができるのかが、さらに問題となる。

　二元主義的基礎づけの論者は、多くの場合、法確証原理からこの点を説明しようとしている[235]。超個人主義的基礎づけの検討の際に述べたように、法確証原理

232　柏﨑・法学研究論集44号84頁以下。
233　同様の指摘を行うものとして、柏﨑・法学研究論集44号85頁。
234　柏﨑・法学研究論集44号85頁。

から、上述の帰結を説明する方法は複数考えられる。しかしながら、そのいずれもが理論的な難点を孕むことは前述したとおりである。それゆえに、二元主義的基礎づけに依拠したとしても、もっぱら法確証原理のみから先の帰結を説明するのであれば、それはやはり難しいということになるだろう。

　もっとも、先に述べたとおり、近時、Roxin は、二元主義的基礎づけに依拠しつつ、法確証原理を持ち出すまでもなく、個人保全原理から、侵害退避義務の原則的不存在、および法益均衡性が要件とされていないことを説明することができるとの主張を行っている[236]。その際、Roxin は、一方で、被攻撃者が行為自由を防衛しているという事情から、正当防衛における退避義務の原則的不存在を帰結し[237]、他方で、攻撃者の答責性という観点から、法益均衡性要件が課されないことを説明しようとしている[238]。しかしながら、このような説明方法は、正当防衛の基礎づけの際に、自身の結論を導き出すために都合のよい要素をカズイスティックに持ち出していることを意味するため、少なくとも、基礎づけ論としては説得的ではない。

　以上に鑑みれば、二元主義的基礎づけによったとしても、侵害退避義務および法益均衡性が原則的に要求されていないことを説明することは難しく、それゆえに、かかる見解は正当防衛の正当化根拠たりえない。

第四節　個人主義的基礎づけの再評価

　前節の検討からも明らかとなったように、ドイツにおける通説であり、わが国における多数説である二元主義的基礎づけは、基礎づけ論として、多くの問題点を孕んでいる。そのため、近時、特にドイツにおいて個人主義的基礎づけが再評価されるに至っている。しかしながら、そこで主張されている内容は、もはや、被攻撃者の困難な状況に着目する心理主義的な基礎づけでもなければ、被攻撃者の利益状況に着目する法益保護主義的な基礎づけでもない。そこでは、それらとは異なる基礎づけが主張されている。とはいえ、これらの見解も、両当事者のい

235　このことを指摘するものとして、例えば、飯島・自由の普遍的保障154頁。
236　*Roxin*, FS-Kühl, S. 399 ff.
237　*Roxin*, FS-Kühl, S. 393
238　*Roxin*, FS-Kühl, S. 399 f.

ずれかに着目する点では、従来の個人主義的基礎づけと変わりがない。そこで以下では、攻撃者の事情に着目する見解と、被攻撃者の事情に着目する見解に分けて検討する。

第一款　侵害者の事情に着目する基礎づけ

第一項　侵害者の回避可能性に着目する見解

攻撃者の事情に着目する基礎づけとしては、まず、攻撃者の回避可能性に着目する見解が主張されている[239]。この見解は、正当防衛状況においては、攻撃者の利益の要保護性が認められないという理由から、正当防衛において、侵害退避義務および法益均衡性が原則として要求されないことを基礎づけようとするものである[240]。例えば、Fristerは、以下のような論証からこのことを説明しようとしている。すなわち、「攻撃者が、防衛行為の時点に至るまでに、防衛によって生じる自らの法益に対する侵害を自力で回避できたということは事実である。そのため、攻撃者は、いずれにせよ自らが義務づけられていること、つまり攻撃の継続を断念することだけを行う必要がある」[241]。このことからすれば、攻撃者は、自らの財の保全に関して、防衛者に対して何らかの配慮義務を課すことが正当化できるような緊急状況に陥っているわけではない。それゆえ、攻撃者は、被攻撃者に対して連帯に基づく犠牲を要求しえないというのである[242]。

この見解からは、防衛対象は、おそらく防衛者の法益ということになる。また、先のような説明からすれば、正当防衛の場合には、財の均衡性要件が課されないことが帰結することになるだろう。さらに、この見解からは、攻撃者の利益の要保護性が認められないという帰結に至ることからすれば、防衛者の側に退避義務が原則として課されないことも説明可能となるように思われる。

この見解に対しては、攻撃者の回避可能性という事実的な事情から、攻撃者の

239　このような見解を主張するものとして、例えば、Frister, AT, 16. Kap. Rn. 3 f.; Baumann/Weber/Mitsch, AT, §17 Rn. 1.
240　Frister, AT, 16. Kap. Rn. 3.
241　Frister, GA 1988, , S. 301 f.（なお、圏点強調は、原著のイタリック体による）。同様のことを述べるものとして、Baumann/Weber/Mitsch, AT, §17 Rn. 1.
242　Frister, GA 1988, S. 302. なお、このFristerの説明は、防御的緊急避難において課される均衡性要件が人間相互の連帯という思想から導かれることを前提にしている。この点については、さしあたりFrister, AT, 13. Kap. Rn. 15を参照。

答責性を基礎づけることはできないという批判が可能である[243]。なぜならば、攻撃者の回避可能性という事情は、常に攻撃者の要保護性を否定できるわけでもなく、したがって、常に正当防衛の峻厳さを基礎づけることができるわけでもないからである[244]。このことは、例えば、次のような攻撃的緊急避難の例を考えれば明らかとなる[245]。すなわち、Tが自らの財布を無くした。Oは、Tの財布の在りかを知っているが、財布の在りかをTに教えることを拒絶した[246]。そこで、Tは、それでもOに財布の在りかを教えるよう促すために、Oの小指を折ったとする。このとき、Oは、財布の在りかを教えて小指を折られないようにすることもできたので、Oの回避可能性が存在していたことは明らかである。それにもかかわらず、この場合、Tの傷害が正当化されるかは、ドイツ刑法典34条1項のルールに基づき保全利益と侵害利益の衡量によって判断されることになるはずである[247]。つまり、Oの回避可能性が認められることは、Oの要保護性が否定されるという帰結を導かないのである。

第二項　侵害者の義務に着目する見解

　攻撃者に着目する基礎づけとして、次に、攻撃者の回避可能性に着目する見解とは異なり、攻撃者の義務に着目する見解を挙げることができる。この見解によれば、正当防衛の実質的な根拠は、侵害者は無用な対立状況を自らひきおこした以上、対立状況の解決に必要な限度で負担を負わなければならないことに求められる点に存する[248]。もっとも、この点をどのように説明するかについては、論者

243　*Pawlik*, Unrecht, S. 237. Fn. 498.（飯島＝川口監訳・関西大学法学論集65巻5号386頁注498〔山本和輝訳〕）
244　*Renzikowski*, Notwehr, S. 122. 同様の批判を行うものとして、*Engländer*, Nothilfe, S. 56.
245　以下で述べる具体例は、*Engländer*, Nothilfe, S. 56に依拠した。
246　ただし、Oは、Tに対して保障人的地位を有していないこととする。
247　なお、かかる批判は、わが国の刑法典を前提にしたとしても妥当する。というのも、上述の事案においてTの傷害が正当化されるかは、刑法典37条1項緊急避難のルールに基づき、やはり保全法益と侵害法益の比較衡量によって判断されることになるからである。
248　ドイツにおいて、このような見解を主張するものとして、例えば、*Hruschka*, FS-Dreher, S. 198 ff.（恒光紹介・甲南法学23巻1号67頁以下）；*Jakobs*, Rechtszwang, S. 15 ff.（川口＝飯島訳・法的強制15頁以下〔川口浩一訳〕）；*Renzikowski*, Notwehr, S. 275. わが国において同様の見解を主張するものとして、安達・國學院法学40巻4号131頁注75、同・刑法雑誌48巻2号232頁。類似の見解として、小林・千葉大学法学論集23巻1号8頁。法確証説を敷衍する形で述べてはいるものの、本質的には同様の発想に基づくものとして、小田・広島法学20巻3号122頁以下。法益性の欠如ないしは減少説に依拠しながらも、同様の価値判断を示すものとして、高山・法学教室267号83頁、照沼・岡山大学法学雑誌56巻2号150頁、松原・総論150頁以下。さらに、正当防衛の正

によって異なる。

1　Hruschka および Renzikowski の見解

　例えば、Hruschka および Renzikowski は、以下のような義務者と権利者との義務関係に関する考察から、この点を説明しようと試みている。すなわち、「義務者は、権利者に対して、対・等・（Koordination）の関係で義務を負うか、あるいは従・属・（Subordination）の関係で義務を負うかのいずれかである」[249]。このうち、従属関係とは、AがBに対して規範遵守義務を負っているが、BはAに対して規範遵守義務を負わない場合のことを指す。これに対して、対等関係とは、AとBが相互に規範遵守義務を負っている場合のことを指すとされる[250]。そして、正当防衛の場合には、攻撃者は、自らの攻撃によって相互関係にある義務に違反し、それによって、攻撃者と被攻撃者の対等関係を攪乱しているという。そして、このような「攻撃者の対等関係の拒絶（Koordinationsverweigerung）に対して、防衛者は、自らの側で、暫定的な対等関係の中断（Koodrinationsabbruch）で反応する」[251]。換言すれば、攻撃者は、対等関係に由来する自らの義務に違反する限りで、被攻撃者に対して自身に対する義務を履行するよう請求することはできないことになり、逆から言えば、その限りで、被攻撃者は、先のような反応権限が付与されることになるのである[252]。なぜならば、さもなければ、対等関係が、結果的に従属関係に成り下がってしまうからである[253]。ただし、攻撃者による攻撃によって、被攻撃者の規範遵守義務が完全に消失するわけではない。すなわち、被攻撃者の規範遵守義務の中断は、対等関係の攪乱の防衛のために必・要・な・限度で認められるにすぎない。というのも、攻撃者と被攻撃者との間の対等関係を再び回復することが目的だからである[254]。

　　当化根拠を侵害者の危険引き受けに求めることにより、内容的には本説と類似の主張を行うものとして、大越・総論78頁。もっとも、大越は、正当防衛の場合には、何故、侵害者が危険を引き受けていると評価できるのかについては、何らの言明も行っていない。
249　*Hruschka*, FS-Dreher, S. 199.（恒光紹介・甲南法学23巻1号67頁。ただし、適宜原文から訳出した。）
250　*Hruschka*, FS-Dreher, S. 199.（恒光紹介・甲南法学23巻1号67頁。）
251　*Renzikowski*, Notwehr, S. 275.
252　*Hruschka*, FS-Dreher, S. 200.（恒光紹介・甲南法学23巻1号68頁。）; *Renzikowski*, Notwehr, S. 230.
253　*Hruschka*, FS-Dreher, S. 199.（恒光紹介・甲南法学23巻1号67頁。）
254　*Renzikowski*, Notwehr, S. 270.

第二章　日独における議論状況　　*61*

　この見解からすれば、まず防衛対象は、被攻撃者の法益あるいは権利ということになるだろう。また、上のような説明から、防衛行為の成立範囲は、防衛のために必要な限度に限定される[255]。そのため、法益均衡性要件は課されないことになるだろう。加えて、正当防衛において、退避義務が課されないことも帰結する[256]。さもなければ、対等関係の義務が、事実上、従属関係の義務に成り下がってしまうからである[257]。さらに、この見解からは、攻撃者による攻撃は、攻撃者に対して帰属可能なものである、つまり有責的なものでなければならないことが帰結するとされる[258]。

　この見解は、攻撃者の義務違反性からその答責性を基礎づけ、そしてそれによって、正当防衛における侵害退避義務及び法益均衡への配慮義務の原則的不存在を基礎づけようとしている点で優れている。しかしながら、このような義務論的な説明方法からだけでは、緊急救助を適切に説明することができない[259]。すなわち、HruschkaおよびRenzikowskiの説明方法からすれば、緊急救助者は、攻撃の被害者ではないため、緊急救助者と攻撃者との間の対等関係が攪乱されるわけではないということになり、その結果、緊急救助者は、自身の対等関係に基づく規範遵守義務をなお守らなければならないはずである[260]。

　これに対して、HruschkaとRenzikowskiは、それぞれ異なる説明方法に基づいて、自身の立場から緊急救助が説明可能なことを論証しようとしている。すなわち、Hruschkaは、緊急救助者が被攻撃者の権利を援用していると構成することによって緊急救助を説明できるとしている[261]。また、Renzikowskiは、緊急救助制度に一般的利益が認められることから、緊急救助を基礎づけうると主張する。すなわち、あらゆる個人は、違法な攻撃に際して、自らの防衛のために他者による救助を利用できることについて利益関心を有していることから、緊急救助制度には、一般的利益が認められるというのである[262]。

255　*Renzikowski*, Notwehr, S. 299.
256　*Renzikowski*, Notwehr, S. 299.
257　*Renzikowski*, Notwehr, S. 299.
258　*Hruschka*, FS-Dreher, S. 200.（恒光紹介・甲南法学23巻1号68頁。）; *Renzikowski*, Notwehr, S. 283 f.
259　*Engländer*, Nothilfe, S. 61.; *Sengbusch*, Subsidiarität, S. 133.
260　*Engländer*, Nothilfe, S. 61.
261　*Hruschka*, FS-Dreher, S. 207.（恒光紹介・甲南法学23巻1号72頁。）
262　*Renzikowski*, Notwehr, S. 296.

これらの反論に対しては、そのような体系外在的な理由づけからは、何故、緊急救助者は、攻撃者から対等関係に基づく義務を侵害されているわけではないにもかかわらず、自らの規範遵守義務から解放されることになるのかを示すことができないという再批判が妥当するだろう[263]。

2　Jakobsの見解

HruschkaやRenzikowskiとは異なる説明方法を採用するものとして、Jakobsを挙げることができる。Jakobsの見解は、あらゆる緊急権について、社会的コンフリクトの解決のための負担の分配が問題となるという理解を前提とした上で、正当防衛の場合には、攻撃者が違法に攻撃したことから、攻撃者はその解決のために必要な限度で負担を負わなければならないとするものである[264]。

では、何故、攻撃者が被攻撃者に対して違法な攻撃を行った場合に、攻撃者は、必要な限度で負担を負わなければならないのだろうか。Jakobsは、このことを以下のように説明する。「すなわち、攻撃者は、自らその責めを負わなければならない被攻撃者に対する攻撃によって、その防衛を惹き起こしたのである。答責的な行動によって、自分自身に対する法的強制の必要性を生じた者は、人格としてはコレクトでないこの行動によって、自己の非人格化の契機を与えている。完全な人格性は、強制、すなわち他人による管理の必要性がなくなって初めて再び回復される」[265]。

このようにJakobsは、攻撃者の自己非人格化（Selbst-Depersolisierung）という概念を用いることによって、被攻撃者の法的強制権限を基礎づけようとしている。それゆえ、ここでいう自己非人格化とは何を意味するのかが、さらに問題となる。このことは、Jakobsの人格概念から明らかになる。Jakobsの理解によれば、人格とは、権利と——そこから逆に必然的に——義務の担い手のことを指すが、この義務は、他人の人格性から基礎づけられるものである[266]。すなわち、私の権利が、他人に対して、私の権利を侵害しない義務をもたらし、反対に、他人の権利が、私に対して、他人の権利を侵害しない義務をもたらすのである[267]。こ

263　*Engländer*, Nothilfe, S. 61.; *Sengbusch*, Subsidiarität, S. 133.
264　Vgl. *Jakobs*, AT, 12/16.
265　*Jakobs*, Rechtszwang, S. 16.（川口＝飯島訳・法的強制16頁以下〔川口浩一訳〕。）
266　ヤコブス（川口訳）・管轄の段階78頁。
267　ヤコブス（川口訳）・管轄の段階78頁。

のことを正当防衛に即していえば、攻撃者と被攻撃者は、人格として、相互に他人の権利を侵害してはならないという義務を負うのである。それにもかかわらず、攻撃者が、自らその責めを負わなければならない被攻撃者に対する攻撃によって、つまり、人格としてコレクトではない行動によって、被攻撃者の権利を侵害するとき、攻撃者は、この義務に違反している。それゆえに、「理性的なものとして、法的に論証するものとして攻撃者は、必要な反撃に対しては何も異論を唱えることはできない」のである[268]。つまり、自己非人格化とは、本来人格として尊重される法的立場にあるにもかかわらず、人格としてコレクトでない行動をとることによって、自身を人格として尊重するよう要求できない立場に貶めることを言うのである。

ただし、自己非人格化は、人格としてコレクトでない行動によって生じたコンフリクトという脈絡でのみ認められるという点に留意を要する[269]。すなわち、攻撃者は、たとえ、人格としてコレクトでない行動をとったとしても、当該コンフリクトの脈絡を除けば、なお概念上、人格として尊重され続けているのである[270]。それゆえに、攻撃者は、被攻撃者に対して、当該コンフリクトを解決する

---

268 *Jakobs*, Rechtszwang, S. 15.（川口＝飯島訳・法的強制15頁〔川口訳〕）。この意味で、Jakobsは、法的に見れば、間接正犯による自己侵害として正当防衛を捉えることもできると述べている。すなわち、攻撃者は、確かに現象類型学的に見れば、自らの手で自らを侵害しているわけではないが、法的には、攻撃者による攻撃が、必要な防衛行為を自らにもたらしたことになるのである（*ders*, System, S. 45.）。

269 この点を誤解しているものとして、三代川・立教法学97号135頁、143頁注101。三代川は、Jakobsの見解には、「違法かつ有責に侵害する者は、もはや『市民』ではなくなり、殲滅されるべき『敵』であるという発想」が伏在していると指摘する（三代川・前掲143頁注101）。恐らくこのような理解から、Jakobsが「正当防衛は非人格者に対する対抗行為であるから対抗行為はほぼ無制約に認められる」（三代川・前掲135頁）との主張を行っていたと認識するに至ったのであろう。しかしながら、Jakobsは、そもそも、三代川が述べるような発想には依拠していない。Jakobsの見解において、殲滅されるべき「敵」としての取り扱いが許されるのは、自らの行動について、人格としての取り扱いに必要とされる認知的最小限の担保を提供していない者に限られる（ヤコブス（松宮序、平山訳）・立命館法学291号466頁）。逆から言えば、犯罪行為者（つまり違法かつ有責に侵害する者）であっても、当該犯罪行為の脈絡を除き、市民、すなわち法に誠実に行動する人格としてふるまうという担保を提供する場合には、「敵」として取り扱われないのである（ヤコブス・前掲465頁）。そして、既に本文中の記述から窺うことができるように、Jakobsは、明らかに後者の一場面として、つまり市民刑法の枠組みにおいて、正当防衛制度を理解している。だからこそ、Jakobsは、被攻撃者は、侵害された自身の権利を防衛するために必要な限度でのみ防衛行為をなしうるとの帰結を導いているのである（それにもかかわらず、三代川・前掲135頁は、上述したように、Jakobsが対抗行為をほぼ無制限に認めるものと評価するが、坂下・法学82巻3号36頁注84が述べるとおり、それは表現が強すぎであろう。）。

270 *Jakobs*, Rechtszwang, S. 15.（川口＝飯島訳・法的強制15頁〔川口訳〕）。

ために、つまりは被攻撃者の権利を防衛するために必要な限度で人格として尊重するよう主張しえないにすぎない[271]。逆から言えば、防衛者（あるいは緊急救助者）は、攻撃された権利を防衛するために必要な限度で、攻撃者に対して強制権限が認められることになるのである。Jakobsからすれば、正当防衛とは、そのような強制権限の行使に他ならないのである。

この見解からすれば、まず防衛対象は、被攻撃者の権利ということになるだろう。また、Jakobsの見解からすれば、何故、攻撃者は、正当防衛状況を回避する義務を負うのかを適切に説明することができるように思われる。すなわち、攻撃者が、人格として、他人の権利を侵害しない義務を負っているから、攻撃者は、正当防衛状況を回避しなければならないのである。また、何故、攻撃者の義務違反が、被攻撃者の防衛権限を基礎づけるのかという点についても、説明をなしうるように思われる。すなわち、「理性的なものとして、法的に論証するものとして攻撃者は、必要な反撃に対しては何も異論を唱えることはできない」からである。さらに、Jakobsの見解からは、攻撃者による攻撃が答責的であること、つまり従来的な用語法でいえば、有責的である必要があることが帰結する[272]。

このようなJakobsの見解は、基本的に適切なものであるように思われる。しかしながら、この見解に対しても、HruschkaおよびRenzikowskiの見解と同様に、義務論的な説明方法からだけでは、緊急救助を適切に説明することができないのではないかという疑問を投げかけることができる。この点につき、Jakobsが、「正当防衛（とその救助）は、攻撃された権利の一形式であ」ると述べていることに鑑みれば[273]、Jakobsは、おそらく緊急救助権限についても、攻撃された被攻撃者の権利から基礎づけようとするのであろう。確かに、Jakobsの見解からは、自己非人格化によって認められる強制権限の行使は、被攻撃者のみに認められるとする必然性はない。そのため、緊急救助者が強制権限を行使しうるという帰結を導くこと自体は、Jakobsの見解からも論理的には不可能ではない。しかし、そのような帰結を導くためには、いずれにせよ、攻撃者の非人格化という事情だけではなく、被攻撃者（あるいは緊急救助者）の強制権限にも着目した説明

---

271 *Jakobs*, Rechtszwang, S. 15 f.（川口＝飯島訳・法的強制15頁以下〔川口訳〕）。
272 *Jakobs*, AT, 12/17.
273 *Jakobs*, AT, 12/7.

が不可避なものとなるように思われる。それにもかかわらず、Jakobs の見解では、この点の説明がなお不十分であるように思われる。

　つまり、正当防衛という法制度は、何故、被攻撃者が、攻撃者に対して反撃行為をなしうるのかを問題とするものである以上、方法論的には、被攻撃者の事情にも着目して論証されるべきであるように思われるのである。それゆえ、これらの見解は、少なくとも方法論的には適切ではない。

第二款　被侵害者の事情に着目する見解

　被攻撃者の事情に着目する基礎づけとしては、被攻撃者の権利性から正当防衛を基礎づけようとする見解を挙げることができる[274]。この見解は、被攻撃者の権利性から正当防衛を基礎づけようとしていることからも明らかなとおり、被攻撃者の権利を防衛対象とする考え方である。

　では、この権利性を持ち出すことによって、何故、正当防衛権を帰結することができるのであろうか。例えば、この見解の主張者である Engländer は、主観的権利と強制権限の結合からこの点を説明しようとする。すなわち、主観的権利は、権利主体が例えば、生命、身体あるいは移動の自由のような特定の財を他者による侵害から保護することを保障する機能を有しており[275]、また、権利主体に、権利の名宛人に対する個別的な請求権を与えるという[276]。それゆえ、この権利は、権利の名宛人に対して、権利主体を侵害しないよう義務づけるが、この際、

---

[274] この見解を主張するものとして、例えば、*Engländer*, Nothilfe, S. 67 ff.; *Lesch*, FS-Dahs, S. 31 f.; *Neumann*, Begründung, S. 225. わが国において同様の見解を主張するものとして、柏﨑・法学研究論集46号62頁。類似の見解を主張するものとして、安田ほか・ひとりで学ぶ刑法233頁以下〔安田拓人執筆部分〕、松宮・総論137頁。確かに、松宮は、同箇所で法確証の原理を支持する旨を述べるが、しかしそこで述べられているのは、不法な侵害に対して権利を防衛することが、法を防衛することをも意味するということである。それゆえに、松宮の見解は、自身もそのように述べているように、「権利防衛の原理」を支持するものとも評しうるのである（さらに、中山ほか・レヴィジオン③176頁〔松宮発言〕、松宮・法学セミナー763号92頁も参照）。類似の見解として、生田・行為原理と刑事違法論268頁、西田・総論155頁。ただし、両名の見解においては、利益衡量的な観点が取り入れられている結果、「権利性」という観点を押し出す意義が著しく損なわれてしまっている。

[275] Matt/Renzikowski-*Engländer*, §32 Rn. 4. より詳細には、*ders.*, Nothilfe, S. 71 f. さらに、柏﨑・法学研究論集45号（2016年）151頁以下参照。

[276] Matt/Renzikowski-*Engländer*, §32 Rn. 4. より詳細には、*ders.*, Nothilfe, S. 68 ff. さらに、柏﨑・法学研究論集45号150頁以下参照。

かかる義務が無視された場合に貫徹可能性がないとしてしまうと、主観的権利を認めた意義がほとんどなくなってしまう[277]。そのため、この主観的権利は、差し迫っている危険から自身の自由を防衛することができる立場に被攻撃者を置く強制権限と結びつく[278]。そしてこのことから、正当防衛権限が帰結するとされる。

以上のようにEngländerは、主観的権利と強制権限の結合という観点から正当防衛権を帰結した上で、さらにEngländerは、人間の利益関心という観点から、このような帰結が正当であることを説明しようとする。Engländerによれば、規範は、人間の利益関心や欲求をより良い状態に向けて実現可能なものにするという目的を追求する人間の共同生活の手段として理解されるため、当該規範があらゆる関係者の利益になる場合、その規範は、——原理的には主観的な基礎に基づいて——間主観的に正当なものとして理解されるという[279]。それゆえ、主観的権利も、それが妥当することについての利益関心が存することが示されうる場合に正当化されるという[280]。そして、先に述べたような主観的権利（およびその貫徹可能性）は、あらゆる者が実際に、第一にそのような主観的権利を有すること、第二にこの権利がコンフリクトにおいても貫徹することができることについて利益関心を有することによって基礎づけられるという[281]。ただし、そのように基礎づけるためには、このような主観的権利が相互的に認められている必要があるという。すなわち、自身の財について最善の保護を得るためには、いかなる者も、自身と同等の保護が他者にも認められることを受け入れられなければならないとされる[282]。

以上のようなEngländerの見解からは、法益均衡性要件が不要であるという結論を導くことができるとされる[283]。なぜならば、主観的権利と結びつけられた強制権限が法益の均衡性要件によって制約される場合、攻撃された権利主体は、相互的な権利と義務が存在しない状態（相手方から義務づけられないが、しかし自由に財を処分できることを保障されているわけでもない状態）と比べてよりよい状態では

277　Matt/Renzikowski-*Engländer*, §32 Rn. 4.
278　Matt/Renzikowski-*Engländer*, §32 Rn. 4. さらに、Vgl. *ders.*, Nothilfe, S. 84 ff.
279　*Engländer*, Nothilfe, S. 73 ff.
280　*Engländer*, Nothilfe, S. 73 ff.
281　Matt/Renzikowski-*Engländer*, §32 Rn. 4.
282　Matt/Renzikowski-*Engländer*, §32 Rn. 4.
283　Matt/Renzikowski-*Engländer*, §32 Rn. 4.

なく、より悪い状態に置かれてしまうからである[284]。すなわち、先の場合、権利主体である被攻撃者は、場合によっては、攻撃者の義務違反による法益侵害を甘受するよう義務づけられることになる。しかし、それでは、主観的権利を承認する目的（他者の侵害から自身の正当な利益を保護し、自由に処分できるようにするという利益関心が実現されること）が達成されるどころか、むしろそれとは正反対の状態に置かれることになってしまうというのである[285]。また、この見解からは、退避義務の原則的な不存在も帰結することができるとされる[286]。さらに、Engländerによれば、緊急救助は、被攻撃者の権利の援用という構成によって説明することができるという[287]。すなわち、被攻撃者は自身の財の保護をより確実なものにするために他者による援助を受けることについて利益関心を有していることから、被攻撃者は、自身の防衛権限を他者に委託する主観的権利を有するというのである[288]。

　このEngländerの見解は、権利を衡量の対象として理解すべきではなく、人格の自由の領域を保障するための相互的な権利義務関係、および主観的権利と強制権限との結合という観点から理解すべきであることを示している点で重要である[289]。

　しかしながら、この見解に対しては、以下のような二つの疑問を投げかけることができる。まず、Engländerは、個人の利益関心という観点から、正当防衛において法益の均衡性要件が原則的に課されないことを帰結できるとするが、Engländerとは若干異なる想定を行えば、全く逆の帰結を導くことができるように思われる。すなわち、例えば、あらゆる者が自身の生命が保全されることについて最も強い利益関心を有していると想定すれば、あらゆる者は、正当防衛状況において、防衛者あるいは攻撃者のいずれの立場に置かれたとしても、より自身の生命が保全される状態をよりよいと考えるはずである。そしてこのような理解を前提とすれば、法益の均衡性要件を課すことによって、防衛者あるいは攻撃者のいずれの立場に置かれたとしても、より自身の生命が保全されやすい状態に

284　Matt/Renzikowski-*Engländer*, §32 Rn. 4. さらに、Vgl. *ders.*, Nothilfe, S. 89.
285　Matt/Renzikowski/*Engländer*, §32 Rn. 4. さらに、Vgl. *ders.*, Nothilfe, S. 89.
286　Matt/Renzikowski/*Engländer*, Nothilfe, §32 Rn. 22.
287　*Engländer*, Nothilfe, S. 90 f.
288　*Engländer*, Nothilfe, S. 90.
289　同様の認識を示すものとして、飯島・自由の普遍的保障158頁。

置く方が、財産を守るために必要であれば攻撃者の殺害すら許容されるような状態になるよりもよりよい状態に置かれることになるはずである。このように、あらゆる者にとってどのような状態がよりよいかは、どのような人間の利益関心を想定するかによって判断が異なることになるように思われる。

次に飯島が既に指摘しているとおり、こうした法的強制権限を通じた権利の貫徹は、法秩序の存在とは無関係に論じることはできないのではないかという疑問を投げかけることができる[290]。なぜならば、Engländer の見解も、法状態における正当防衛の行使を問題としているが、そうであるとすれば、正当防衛の成立範囲が、刑法上の正当防衛規定を通じた形で法秩序によって画定されることは、当然の前提とされるはずだからである。この意味で、この見解は、なお不十分なものにとどまっているように思われる。

第五節　一元主義的基礎づけ

近時、わが国において、正当防衛の正当化根拠を被侵害者の主観的権利に求める見解を正当としつつも、そのような権利が法秩序との関係でどのような意義を有するのかをも検証しなければならないという問題意識から[291]、個人権的側面と社会権的側面の統合を試みる見解が主張されるに至っている[292]。

第一款　防衛対象

この見解の主張者である飯島暢によれば、正当防衛は、法秩序の規範的効力を維持すると同時に、その保障を受ける具体的な自由の領域をも維持するために行使されるものであるという[293]。このことに鑑みれば、防衛対象は、被侵害者の具体的な自由の領域と法秩序の規範的効力ということになるだろう。

法秩序の規範的効力が防衛対象とされているため、「自己又は他人の権利を防衛するため」という文言と調和する理解なのかが一応問題となる。しかし、「急

290　飯島・自由の普遍的保障158頁以下。
291　飯島・自由の普遍的保障158頁以下。
292　飯島・自由の普遍的保障169頁。
293　飯島・自由の普遍的保障169頁。

迫不正の侵害によって具体的な被害者の自由の領域（法益）が侵害を受け、そして、同時にそれを保障している法秩序の規範的効力が動揺を受ける」とされていることからも窺えるように、飯島は、あくまで具体的な被害者の自由の領域を防衛することが法秩序の規範的効力を防衛することをも意味すると述べているにすぎない[294]。したがって、この点については特に問題ないように思われる。

第二款　正当化根拠

問題となるのは、飯島の見解からは正当防衛の正当性がどのように基礎づけられるかである。飯島は、法における自由の保障という観点からこの点を説明しようと試みている。すなわち、飯島によれば、法秩序において各人の自由の領域は保障を受けることになるため、各人は自由に対する権利を有しており[295]、また、この各人の自由に対する権利は、自由に対する妨害を阻むために強制力を行使する権能（以下、強制権限とする）を含んでいるという[296]。飯島は、次のようなカントの説明方法を持ち出すことによって、主観的権利と強制権限の概念的結合を説明しようとする。すなわち、飯島によれば、「カントは、自由の一定の使用が普遍的法則に基づく自由の保障を妨害する場合、つまり、不法な行為である場合には、当該の自由の使用に対する強制は、自由の妨害を妨げるものとして、普遍的法則に基づいた自由の保障と調和する正当な権限の行使であると主張していた」[297]。つまり、普遍的法則に基づいた自由の保障を法の内容そのものとするカントにとって、法の概念は、必然的に上に述べたような強制権限を含むことになるというのである[298]。このように各人の自由に対する権利は強制権限を含むことになるが、飯島によれば、この強制権限は、法秩序が形成されて以降は国家に譲渡されることになる[299]。ただし、「国家がその任を果たせない場合には、強制権限は、例外的にその本来の持ち主である各人に返還され、これを行使して、自己の自由の領域に対する妨害を排除することが各人には可能となる」[300]。そして、

294　飯島・自由の普遍的保障167頁。
295　飯島・自由の普遍的保障167頁。
296　飯島・自由の普遍的保障167頁。
297　飯島・自由の普遍的保障205頁。
298　飯島・自由の普遍的保障205頁。
299　飯島・自由の普遍的保障167頁。

飯島によれば、「これこそが、正当防衛に他ならない。」という[301]。

以上のように、飯島は、主観的権利と強制権限との概念的結合という観点から正当防衛権という権能を説明する。それゆえに、飯島は、正当防衛の正当化根拠を被侵害者の主観的権利に求める見解を基本的に正当であるとするのである。もっとも、飯島によれば、あくまでも正当防衛は、国家が現存する部分的な自然状態での出来事として法秩序との関係性を前提にして語られなければならないという[302]。それゆえに、先のような見解が正当であるとしても、法秩序との関係性がさらに論じられなければならないのである。

では、飯島の見解からは、正当防衛権は、法秩序との関係でどのような意義を有することになるのであろうか。飯島は、この点を正当防衛と国家刑罰の類似性から説明しようとしている。すなわち、飯島によれば、「(刑) 法の目的を自由の保障として理解する前提の下では、犯罪は、他者の自由の領域の侵害を通じた、他者との法的関係性の破壊であると同時に、そのような関係性を現実の国家的な法秩序において保障している規範の効力の侵害である。そして、刑罰は、具体的な被害者の自由の領域の侵害の程度と法秩序の規範的効力の侵害の程度に価値的に相応した自由の制限として、規範の効力を犯罪以前の状態に回復させ、それによって被害者の自由の領域そのものを回復させる役割を果たす。」という[303]。そして正当防衛は、このような国家刑罰とパラレルに理解することができるという[304]。すなわち、急迫不正の侵害は、犯罪行為とは厳密には異なるが、それによって「具体的な被害者の自由の領域（法益）が侵害を受け、そして、同時にそれを保障している法秩序の規範的効力が動揺を受ける点は否定できない」[305]。そして、正当防衛は、「国家権力による保護がかなわない状況下で、このような動揺に晒された法秩序の規範的効力を維持し、同時に自己の自由の領域を維持するための強制力の行使」であり、「規範の効力に対する侵害の程度及び自由の領域に対する侵害の程度に見合った自由の制限を攻撃者に与えるものである。」とい

300　飯島・自由の普遍的保障168頁。
301　飯島・自由の普遍的保障168頁。
302　飯島・自由の普遍的保障205頁。
303　飯島・自由の普遍的保障168頁。なお、国家刑罰に対する飯島の理解については、同87頁以下を参照。
304　飯島・自由の普遍的保障168頁以下。
305　飯島・自由の普遍的保障169頁。

うのである[306]。

以上のような飯島の見解からすれば、「正当防衛は、刑罰と同様に、法秩序の規範的効力を維持すると同時に、その保障を受ける具体的な自由の領域をも維持するために行使されるから、正当防衛による法確証の意義も、単に法秩序の規範的効力の維持だけに限定されるものではなく、同時に具体的な自由の領域の維持という観点も含んでいる。」ことになる[307]。この意味で、正当防衛の正当化根拠は、法・権利の確証に求められることになるとされる[308]。

この飯島の見解によれば、正当防衛は、刑罰と同様に、規範の効力とそれが保障する自由の領域を維持するための制度であるということから、「均衡性」も正当防衛の要件となるとされる[309]。そして、この「均衡性」は、行為時を基準とした一般人の視点から[310]、「（ⅰ）具体的な法益の形で表される自由の領域に対する侵害の程度と（ⅱ）法秩序の規範的効力の侵害の程度に基づいて判断される」とされる[311]。その結果、例えば、軽微な財産侵害に対する、攻撃者の殺害に至り得るような危険な防衛行為は、均衡性要件を充たさないために正当防衛が認められないことになるという[312]。なお、飯島が述べるところの「均衡性」要件は、従来、理解されてきた法益の均衡性とは別個の要件であることに留意を要する。特に重要な相違点は、「均衡性」の判断にあたって、（ⅱ）法秩序の規範的効力の侵害の程度も考慮されるという点である。すなわち、飯島の述べるところの「均衡性」の判断は、法秩序の規範的効力の侵害の程度をも問題とするので、攻撃者の帰責性の有無・程度にも影響されることになるのである[313]。

以上のような飯島の見解は、一方で、主観的権利と強制権限の概念的結合という観点から、正当防衛の正当化根拠が被侵害者の権利性に根ざしていることを指摘する点で、他方で、正当防衛が侵害者と被侵害者という二者間の関係性にとどまるものではなく、法秩序との関係性をも問題とされなければならないものであ

---

306 飯島・自由の普遍的保障169頁。
307 飯島・自由の普遍的保障169頁。
308 飯島・自由の普遍的保障169頁。
309 飯島・自由の普遍的保障169頁以下。
310 飯島の見解からは、何故、一般人の視点が基準とされることになるのかについては、飯島・自由の普遍的保障211頁注120を参照。
311 飯島・自由の普遍的保障170頁。
312 飯島・自由の普遍的保障170頁注61。
313 飯島・自由の普遍的保障170頁。

ることを示唆する点できわめて重要なものである。

　しかしながら、この飯島の見解も、なお、基礎づけとして不十分な点があるように思われる。第一に、飯島は、先にも述べたとおり、国家刑罰と正当防衛の類似性から正当防衛権と法秩序との関係性を説明しようとしているが、このような説明方法からは国家刑罰と正当防衛の相違を十分に説明できないように思われる。より具体的にいえば、飯島の見解からは、被侵害者が急迫不正の侵害に対する防衛に成功した場合に、急迫不正の侵害を行った侵害者を事後的に処罰することができなくなってしまうのではないかという疑問を投げかけることができるように思われる[314]。なぜならば、正当防衛によって法秩序の規範的効力が維持されるのであるとすれば、そもそも急迫不正の侵害を行った侵害者を処罰することによって、法秩序の規範的効力を事後的に回復する必要がなくなるはずだからである[315]。

　かかる批判に対して、飯島は、正当防衛が成功したとしても、それは国家刑罰による法秩序を必然的に排除するものではないと反論する。すなわち、確かに正当防衛と国家刑罰については、行為主体及び適用場面は異なるが、ともに自由の保障のための法的な制度であり、不法な行為に対する質的及び量的に見合った強制という共通の性質を有しており、正当防衛として被侵害者の権利を保護する上では、十分な法秩序の維持（回復）であったとしても、それが国家刑罰としては不十分な場合がありうるというのである[316]。ただし、その際、飯島は、「正当防衛がなされた場合となされていない場合を比較すれば、やはり前者については、国家刑罰による法秩序の回復の必要性が相対的に低下するのは否定できない」との留保を付している[317]。

　以上のような反論は、確かに論理的には成り立ちうるとは思われるが、しかし先のような留保を付すのであれば、結局のところ、正当防衛と刑罰の質的相違を説明することは困難なものになってしまうように思われる。すなわち、飯島が先のような留保を付す背景には、おそらく、被侵害者の防衛行為が法秩序の規範的

314　刑罰と正当防衛の類似性を強調する場合に、この種の問題が生じることは、――正当防衛を義務であると捉える見解を批判する脈絡ではあるが――既に Berner によって指摘されている。この点については、Vgl. *Berner*, ArchCrimR NF 1848, S. 557.
315　Vgl. *Berner*, ArchCrimR NF 1848, S. 557.
316　飯島・法律時報90巻3号112頁。さらに、同・慶應法学37号245頁注53。
317　飯島・慶應法学37号245頁注53。

効力を維持することに繋がる以上、それに加えて侵害者の行為に対する制裁をも行うことは、いわば「二重処罰」になるから、量刑で解決するとの発想があるのだろう。しかしながら、そうなると、正当防衛と国家刑罰に共通する法・権利確証の必要性の程度は量的問題となり、後は、正当防衛で考慮するのか、量刑で考慮するのかという配分問題になってしまうように思われる。とするならば、ここではまさに、刑罰と正当防衛の質的相違は説明しがたいものとなってしまっているのではなかろうか。

第二に、飯島は、正当防衛が規範の効力とそれが保障する自由の領域を維持するための制度であるということから、「均衡性」要件を導くに至っているが、そのような論理構成から「均衡性」要件を導きうるのかは疑問である。すなわち、飯島の見解によれば、軽微な財産侵害に対する、攻撃者の殺害に至り得るような防衛行為は、「均衡性」要件を充たさないため、正当防衛として認められないことになるとされる。しかしながら、そのような帰結を容認してしまうと、例えば、軽微な財産侵害を防ぐためには、攻撃者の殺害以外の防衛手段が存在しないような場合に、被侵害者は、規範の効力とそれが保障する自由の領域を維持することができなくなってしまうように思われる。換言すれば、その限りで、被侵害者は、侵害者による不法の格率の貫徹を防ぐ手段を講じえなくなるため、自身の自由の基盤である法益を侵害されるだけでなく、法秩序における自由の普遍的保障が否定されることになるように思われるのである[318]。

第六節　間人格的基礎づけ

間人格的な基礎づけは、人格間の法的関係性に着目することによって、正当防衛を基礎づけようとするものである[319]。このような見解を主張する論者としては、Pawlik を挙げることができる。

318　類似の批判を行うものとして、坂下・法学82巻3号26頁。坂下が指摘するように、正当防衛は被侵害者の権利・利益を防衛するための制度であるとするならば、侵害者に当該衝突状況を解消するために必要な程度を超える負担を負わせることを正当化する理由はないように思われる。
319　*Pawlik*, Unrecht, S. 237 ff.（飯島＝川口監訳・関西大学法学論集65巻5号386頁以下〔山本訳〕。）。わが国において同様の見解を主張するものとして、坂下・法学論叢178巻5号70頁以下、同・法学82巻3号20頁以下。

第一款　防衛対象

Pawlik によれば、「被攻撃者は、自らの法的空間をその不尊重に対して防衛して」おり、また「被攻撃者は、自らの法的空間を防衛することによって、必然的に、その標準となるものを防衛している」という[320]。このような Pawlik の説明からは、防衛対象は、被攻撃者の法的空間とその標準となるものということになるであろう。

第二款　正当化根拠

では、何故、被攻撃者の法的空間を防衛する場合には、正当防衛が基礎づけられることになるのだろうか。この基礎づけにあたり、Pawlik は、「他の人格を尊重する義務」（尊重義務）の存在を出発点としている。それゆえ、まずもって何故、各人格は、尊重義務を負うのか、また尊重義務とはいかなる内容の義務なのかを明らかにする必要がある。そこで、以下では、Pawlik の正当防衛の基礎づけの検討に先立ち、この点を確認する。

　Pawlik によれば、「法、特に刑法の主な任務は、自らの洞察に従って自らの生活を送ることを市民に可能にすることにある」[321]。そして、そのことを可能にするためには、市民が、「自らの権利領域の不可侵性が他の人格によって尊重されるということを信頼できなければならない」[322]。このことから、権利領域の不可侵性が他の人格によって尊重されることが帰結するが、その裏面として、尊重義務が課せられることになる。この尊重義務は、他の人格の権利領域への介入を行わない義務（介入禁止）だけでなく[323]、自身の権利領域から帰属可能な態様で生じた他の人格に対する危険を積極的に中和する義務（中和義務）も内容とするという[324]。そして、Pawlik によれば、正当防衛の場合には、攻撃者は、被攻撃者

320　*Pawlik*, ZStW 114, S. 265.（赤岩＝森永訳・甲南法学53巻 1 号66頁以下）
321　*Pawlik*, Unrecht, S. 174.（飯島＝川口監訳・関西大学法学論集65巻 1 号176頁〔山下訳〕）。
322　*Pawlik*, Unrecht, S. 174.（飯島＝川口監訳・関西大学法学論集65巻 1 号176頁〔山下訳〕。ただし、適宜原文から訳出した）。
323　*Pawlik*, Unrecht, S. 180.（飯島＝川口監訳・関西大学法学論集65巻 1 号183頁〔山下訳〕）。
324　*Pawlik*, Unrecht, S. 180 ff.（飯島＝川口監訳・関西大学法学論集65巻 1 号183頁以下〔山下訳〕）。

の権利領域への受忍義務なき介入によって、被攻撃者の財を危険にさらしているにもかかわらず、その危険を中和する義務を履行していない。それゆえ、被攻撃者は、防衛するために必要な手段を講じることによって、本来、攻撃者がなすべき中和義務を代わりに行うことが許されるというのである[325]。

以上のように、Pawlik は、攻撃者の義務に着目した基礎づけを行っているが、さらに被攻撃者の防御権にも着目した基礎づけを行っている。その際、Pawlik は、Kant の見解に依拠して、主観的権利と強制権限の概念的な結合から正当防衛権限を説明しようとする。すなわち、Kant によれば、「ある行為が、あるいは、ある行為の格率から見てその者の選択意志の自由が、いかなる者の自由とも普遍的法則に従って両立できる」場合、その行為は正しい[326]。そして、「自由の一定の行使自体が普遍的法則に従う自由の妨害（すなわち、不正）である場合、この行使に対置される強制は、自由の妨害を阻むものであり、普遍的法則に従う自由と調和する、すなわち、正しい」[327]。Pawlik によれば、この Kant の説明は、二重否定、正当防衛に即していえば、被攻撃者は、自身の法的地位に対する否定を否定することによって自身の法的地位を取り戻すという構成を採用するものである[328]。したがって、正当防衛行為者の強制権限は、被攻撃者の法的地位にその源泉を有することになり、この意味で、正当防衛権限は、「第二段階」の権限、つまり一定の場合に攻撃された個別的な権利が行使される形式にすぎない[329]。つまり、正当防衛権限は、被攻撃者の法的地位に内在する権限なのである。また、こうした権限が内在していなければ、違法な攻撃に対して暴力によって対抗することができないことになるが、それでは、あらゆる財は何ら価値を有さないことになってしまうというのである[330]。

---

325 *Pawlik*, Unrecht, S. 237.（飯島＝川口監訳・関西大学法学論集65巻5号386頁〔山本訳〕）。この際、攻撃者の中和義務は受忍義務へと変容することになるが、その本質は何ら変更されていない（*ders*., Unrecht, S. 237.（飯島＝川口監訳・関西大学法学論集65巻5号386頁〔山本訳〕））。
326 *Kant*, MdS, S. 337.（樽井＝池尾訳・『人倫の形而上学』48頁以下〔樽井訳〕ただし、適宜原文より訳出した。）
327 *Kant*, MdS, S. 338 f.（樽井＝池尾訳・人倫の形而上学50頁〔樽井訳〕。ただし、適宜原文より訳出した。なお、圏点強調は、原文の隔字体による。）
328 *Pawlik*, Unrecht, S. 239.（飯島＝川口監訳・・関西大学法学論集65巻5号389頁〔山本訳〕）。
329 *Pawlik*, Unrecht, S. 239.（飯島＝川口監訳・関西大学法学論集65巻5号389頁〔山本訳〕）。付言すると、このように理解されるからこそ、Pawlik の見解からは、防衛対象が、法的地位、すなわち被攻撃者の法的空間とその標準となるものということになるのである。
330 *Pawlik*, Unrecht, S. 240 f.（飯島＝川口監訳・関西大学法学論集65巻5号389頁以下〔山本訳〕）。

以上のようにして、Pawlik は、主観的権利と強制権限の結合を説明し、また、その帰結として、「攻撃者は、自らに属する法的自由の領域をこえ、そして他者の法的空間へと侵入しようとしているのであるから、強制的な態様で排斥されてもよい」ことを導いている[331]。ただし、「攻撃者は法的人格であり、また法的人格であり続ける」ので[332]、攻撃者による攻撃は、攻撃者と被攻撃者を自然状態に連れ戻すのではなく、あくまでも法状態における事象として論じられることになるのである[333]。

上記の理解からは、正当防衛の成立範囲が必要性要件に基づいて判断されることが帰結する[334]。すなわち、正当防衛行為者は、同程度の効果を有する複数の手段を用いることができる場合には、その中から最小限度の手段を選択しなければならない[335]。なぜならば、正当防衛行為者は、攻撃者と防衛者との間の継続した法関係（つまり、当該コンフリクト以外の場面では、なお相互に法的人格として尊重しあう関係にあること）に基づいて、不必要に峻厳な手段を講じてはならないからである[336]。また、こうした理解からは、法益の均衡性要件が原則的に課されないことも帰結することができる。なぜならば、法益の均衡性要件を課すことは、被攻撃者の正当防衛権限を後退させることを意味するが、それでは、被攻撃者の主観的権利を効果的に防衛することを不可能にしてしまうからである[337]。また、Pawlik は、緊急救助について自身の見解を明言してはいない。しかし、Pawlik の正当防衛構想が、先に述べたような Kant の説明に依拠していることに鑑みれば、おそらく、この点も Kant 的に理解されることになるであろう。すなわち、緊急救助者は、法的地位——代替できない普遍的なもの（Kant の表現に即していえば、普遍的法則）——を防衛していることから、被攻撃者と同等の権限を有することになると解するのである[338]。

以上のような Pawlik の基礎づけは、尊重思想に基づく相互的な権利義務関係を、攻撃者の義務と被攻撃者の権利の両面から描き出すものであり、また、この

---

331 *Pawlik*, Unrecht, S. 238.（飯島＝川口監訳・関西大学法学論集65巻5号388頁〔山本訳〕）。
332 *Pawlik*, Unrecht, S. 238.（飯島＝川口監訳・関西大学法学論集65巻5号388頁〔山本訳〕）。
333 *Pawlik*, Unrecht, S. 238 f.（飯島＝川口監訳・関西大学法学論集65巻5号388頁〔山本訳〕）。
334 *Pawlik*, Unrecht, S. 242.（飯島＝川口監訳・関西大学法学論集65巻5号393頁〔山本訳〕）。
335 *Pawlik*, Unrecht, S. 242 f.（飯島＝川口監訳・関西大学法学論集65巻5号393頁〔山本訳〕）。
336 *Pawlik*, Unrecht, S. 242.（飯島＝川口監訳・関西大学法学論集65巻5号393頁〔山本訳〕）。
337 *Pawlik*, Unrecht, S. 245.（飯島＝川口監訳・関西大学法学論集65巻5号396頁〔山本訳〕）。
338 Vgl. *Pawlik*, ZStW 114, S. 272.（赤岩＝森永訳・甲南法学53巻1号71頁以下）。

意味で個人主義を超えた間人格的な基礎づけを展開している点で優れたものとなっている。これによって、Pawlikは、正当防衛における侵害退避義務及び法益均衡への配慮義務の原則的不存在や、緊急救助が正当防衛の枠組みにおいて正当化されることを説明することに成功するのである。

　もっとも、以上の基礎づけは、なお当該コンフリクトにおける攻撃者と被攻撃者の二者間の関係性を描き出したものにとどまる。それゆえ、Pawlikは、正当防衛の基礎づけではなく、正当防衛の制限という段階では、先のような二者間の関係性だけでなく、それを超えた関係性からも考察されなければならないとする。この点を考察するにあたって重要となるのは、「自らの洞察に従って自らの生活を送ることを市民に可能にする」ことは、尊重思想からだけでなく、「人格的存在の基本的現実条件の保証」という思想からも基礎づけられなければならないという事情である。すなわち、Pawlikによれば、「自ら決定して生活を送ることは、非常に多くの前提を必要とするプロジェクトであ」り、「他者の尊重」によって実現される安定した外部的関係だけではなく、そのような生活を送ることを可能にする条件をなすインフラ的な枠組み条件を整備しなければならない[339]。それゆえ、市民は、具体的現実的に自由であることの状態を維持するコストを自身の負担を負うことを義務づけられることになるというのである。

　Pawlikによれば、このような義務の第一義的な現れは、国家的に組織化された法の貫徹の優位を尊重しなければならないとする点にあるが、このことは、正当防衛の脈絡においても、正当防衛の「補充的性格」を基礎づけるという。すなわち、国家が裁判的、あるいは警察的手続において、コンフリクトを解決するための道筋をつけている場合には、緊急権を終わらせるのである[340]。さらにかかる義務は、一方の市民が、公共の代表者として他方の市民に配慮しなければならないという形でも現れるという[341]。この公共の代表者としての配慮義務という構成からは、攻撃者の態度が、法共同体に対する攻撃者の協働義務の無視として現れない場合（攻撃者が責任なく攻撃した場合、あるいは社会的に相当な範囲を非本質的にしか逸脱していない場合）には、正当防衛の成立が制限されることが帰結するとい

339　*Pawlik*, Unrecht, S. 186 f.（飯島＝川口監訳・関西大学法学論集65巻1号190頁以下〔山下訳〕）。
340　*Pawlik*, Unrecht, S. 244.（飯島＝川口監訳・関西大学法学論集65巻5号395頁以下〔山本訳〕）。なお、この点については、第二部第四章第三節第二款において詳細に論じる。
341　かかる義務の基礎づけに関して詳細には、*Pawlik*, Unrecht, S. 190 ff.（飯島＝川口監訳・関西大学法学論集65巻1号195頁以下〔山下訳〕）。

う³⁴²。また、同様の構成から、著しい不均衡がある場合にも正当防衛の成立が制限されることが帰結するという³⁴³。なぜならば、「攻撃者は、この場合、過去における推定された自らの法への忠誠（Rechtstreue）に対する一種の報奨およびいわばその者に将来期待される法忠誠的な態度に関する前払いを受け取る」からである³⁴⁴。

以上のようなPawlikの構想は、当該コンフリクト状況における攻撃者と被攻撃者の関係性に正当防衛の基礎づけを求めつつ、正当防衛の成立範囲を画定するにあたっては、それを超えた関係性、すなわち、攻撃者と防衛者の継続した法関係や法秩序との関係性までを考慮に入れなければならないことを説得的に示しているといえる。

第七節　小　括

ドイツにおいて従来、通説とされてきたのは、二元主義的基礎づけであった。その背景には、個人主義的基礎づけ、あるいは超個人主義的基礎づけによるだけでは、正当防衛の正当化根拠を適切に基礎づけえないという事情があった。すなわち、一方で個人主義的基礎づけによるだけでは、緊急救助を説明することができない、あるいは被攻撃者が原則的に侵害退避義務又は官憲に救助を求める義務を負わないことを説明できない。他方で、超個人主義的基礎づけによるだけでは、第一次的には、個人の法益の保護が問題になっていることを捉え損なってしまう。そこで、ドイツの通説、およびわが国の多数説は、双方の基礎づけを組み合わせることによって問題の解決を図ろうとした。しかしながら、その試みは、基礎づけとしては成功していない。なぜならば、双方の基礎づけを重畳的関係として理解する場合には、個人主義的基礎づけのみによる場合と同様の問題を抱えることになり、また択一的関係として理解する場合には、超個人主義的基礎づけによる場合と同様の問題を抱えることになるからである。

このような事情から、近時、個人主義的な基礎づけが再評価されるに至った。

342　*Pawlik*, Unrecht, S. 245 f.（飯島＝川口監訳・関西大学法学論集65巻5号397頁以下〔山本訳〕）。
343　*Pawlik*, Unrecht, S. 246 f.（飯島＝川口監訳・関西大学法学論集65巻5号398頁〔山本訳〕）。
344　*Pawlik*, Unrecht, S. 246.（飯島＝川口監訳・関西大学法学論集65巻5号398頁〔山本訳〕ただし、適宜原文より訳出した。）。

ただし、そこで主張されている個人主義的基礎づけは、従前の個人主義的基礎づけとは異なり、被攻撃者の心理状況もしくは利益状況、あるいは攻撃者の利益状況に着目するものではなく、攻撃者の答責性、あるいは被攻撃者の権利性に着目するものとなっている。この近時の個人主義的基礎づけは、従来の見解とは異なり、正当防衛において財の均衡性要件が原則的に課されないこと、また侵害退避義務が原則的に課されないことを示すことができる点で優れている。もっとも、このうちの攻撃者の答責性に着目する基礎づけは、その論理内在的には緊急救助を説明することができないという難点を孕んでおり、また被攻撃者の権利性に着目する基礎づけは、法秩序との関係性を十分に明らかにすることができていない点で不十分なものであった。

　近時の個人主義的基礎づけが有するメリットを継承しつつ、他方でその問題点を克服するのが、間人格的基礎づけである。すなわち、間人格的な基礎づけは、攻撃者と被攻撃者の法的関係性に着目し、攻撃者の義務と被攻撃者の権利性の両面から正当防衛を基礎づけることによって、正当防衛において侵害退避義務が原則的に存在せず、また法益均衡性が要件とされないこと、および緊急救助権を適切に基礎づけることができる。また、この基礎づけは、当該コンフリクトにおける攻撃者と被攻撃者の法的関係性のみに着目するだけでなく、それを超えた法的関係性にも着目することによって、法秩序との関係性をも明らかにするものである。

　とはいえ、これまでの考察においては、間人格的基礎づけが、他の基礎づけに比して、正当防衛論においてほぼ争いなく認められている帰結をよりよく説明することができることを示したにすぎない。その意味でいえば、いまだ近時のドイツにおける議論に対する理解は、表層的なものにとどまっているとさえいえる。しかしながら、このような表層的な理解によっては、わが国への示唆を十分に抽出することができない恐れがある上、場合によっては思いがけない誤解をしてしまい、結果としてわが国の議論状況をかえって混迷させかねない。

　それゆえ、近時のドイツにおける議論からわが国への示唆を十全に得ようと欲するならば、まずもって近時のドイツの議論状況を正確に理解することが必要であり、そしてそのためには、その理論的背景まで探求しておく必要があるだろう。この理論的背景を探求する上で参考となり得るのが、個人主義的基礎づけを再評価する見解、あるいは間人格的基礎づけの論者が、理論史的観点からしても、正当防衛の根拠を個人主義的あるいは間人格的に基礎づけるべきであると主

張している点である。すなわち、この見解の主張者によれば、「法は不法に譲歩する必要はない」というBernerのテーゼは、個人主義的基礎づけ、あるいは間主観的基礎づけを表すものであると主張するのである。ところが、従来、Bernerの見解は、超個人主義的基礎づけを基礎づけるものとして位置づけられてきた。そのため、果たして、Bernerの見解が、個人主義的基礎づけを支持するものとして評価できるのかが問題となる。そこで、次章では、Bernerの正当防衛理論を確認していくこととしたい。

第三章　Berner の正当防衛論

第一節　「法は不法に譲歩する必要はない」という命題の意味内容

　本章では、Berner の正当防衛の正当化根拠論の検討を行う。その際、まずもって検討されなければならないのが、「法は不法に譲歩する必要はない」という Berner の命題の意味内容、とりわけこの命題における「法」の意味内容である[1]。というのも、ここでいう「法」が客観法、つまり法秩序そのものを意味するのだとすれば、Berner は、（現在でいうところの）超個人主義的基礎づけの主張者であったことになるが、これに対して、ここでいう「法」が主観法、つまり被攻撃者の権利を意味するのであれば、Berner は、（現在でいうところの）個人主義的基礎づけ、あるいは間人格的基礎づけの主張者であったことになるからである。そこで以下では、まずこの点について検討することとしたい[2]。

　周知のとおり、「法は不法に譲歩する必要はない」という Berner の命題は、正当防衛の正当化根拠と関係させる形で、ドイツおよびわが国において頻繁に引用されてきた。そして従来の理解によれば、この命題における「法」とは、客観法、つまり法秩序全体を意味し、それゆえにこの命題は、正当防衛の正当化根拠として、超個人主義的基礎づけを擁護するものとして理解されてきた[3]。例え

---

[1] もちろん、この命題でいうところの「不法」、あるいは「譲歩する必要はない」の意味内容も検討する必要はある。しかしながら、これらの点については、Berner の正当防衛の正当化根拠論を明らかにした上で検討を行う方が Berner 説の含意を明確に示すことができる。そのため、これらの意味内容は、本節ではなく、本章第三節において検討することとした。

[2] ただし、この検討によって、Berner が超個人主義的基礎づけ、あるいは個人主義的基礎づけもしくは間人格的基礎づけのいずれを主張していたかは明らかになるが、だからといって、Berner が正当防衛の正当化根拠をどのように考えていたかが明らかとなるわけではない。というのも、超個人主義的基礎づけか個人主義的基礎づけ（あるいは、間人格的基礎づけ）かという区分は防衛対象に応じて判断されるため、前者は、防衛対象さえ明らかになればおのずと明らかになるのに対して、後者は、それを超えて、正当防衛の正当化根拠（つまり、何故、防衛行為者（ないし緊急救助者）が侵害者に対して防衛することが許されるのか）の検討をも要するからである。なお、防衛対象と正当防衛の正当化根拠の区別に関しては、第一部第一章第二節を参照。

[3] このような理解を示すものとして、例えば、*Haas*, Notwehr, S. 113 f.; *Jescheck/Weigend*, AT,

ば、Haas によれば、「この法格言〔「法は不法に譲歩する必要はない」——引用者注〕は、まさしく文字通り、法（„das" Recht）と不法（„das" Unrecht）が問題となっているのであって、具体的に脅かされた正当な個人の利益が問題となっているわけではないというように理解される。」という[4]。

これに対して、近時、ドイツで有力に主張されているのが、先の Berner の命題にいう「法」とは、主観法、つまり権利、具体的な法的地位を意味するという理解である[5]。この理解によれば、先の命題は、正当防衛の正当化根拠として、——前述した従来の理解とは異なり——個人主義的基礎づけ、あるいは間人格的基礎づけを擁護するものとして理解されることになる。

では、いずれの理解が正当であろうか。この点を明らかにするためには、序章でも述べたとおり、Berner が、「法は不法に譲歩する必要はない」と述べた文脈を確認する必要がある。この点につき、Berner は、以下のように述べている。すなわち、「正当防衛権の根拠が、法が不法に譲歩する必要はない点に存在するのだとすれば、そのことから明らかに、単に自分自身のためだけではなく、権利が攻撃されている全ての他者のためであっても、正当防衛権が生じる」[6]。この記述からは、緊急救助の場合、緊急救助者には、「権利が攻撃されている」他者を救助する権限が認められるということを窺うことはできるが、法秩序の防衛が問題となっていると読み取ることは難しい[7]。また Berner は、先の記述の数行後に、「私の権利を攻撃するあらゆる者に対して、私は、私の拳によって反撃する権利を有する。」と述べているが[8]、この記述からも、被攻撃者が、自身の権利を攻撃されている場合には防衛権限が認められる以上のことを読み取ることはできない。これらの記述から明らかなように、Berner は、普遍的な法、つまり法秩序全体の防衛を問題としているのではなく、実際に攻撃されている個別的・具体

---

§32 Rn. 1. さらに、わが国において同様の理解を示すものとして、例えば、橋爪・正当防衛の基礎35頁以下、山中・正当防衛の限界26頁など。
4 *Haas*, Notwehr, S. 145.
5 このような主張を行うものとして、例えば、*Engländer*, Nothilfe, S. 67 f.; *Kindhäuser*, FS-Frisch, S. 495 f.; *Pawlik*, ZStW 114, S. 292 f.（赤岩＝森永訳・甲南法学53巻4号154頁）, *Lesch*, FS-Dahs, S. 82 ff.
6 *Berner*, ArchCrimR NF 1848, S. 562. なお、圏点強調は、原著の隔字体による。
7 同様の指摘を行うものとして、*Pawlik*, ZStW 114, S. 292.（赤岩＝森永訳・甲南法学53巻4号154頁）。
8 *Berner*, ArchCrimR NF 1848, S. 562.

的な権利、つまり具体的な法的地位の保護を問題としている[9]。

このことは、Bernerの別の記述に着目したとしても同様である。Bernerは、別の箇所で次のように述べている。すなわち、「緊急避難においては、対立しているより小さな権利の犠牲によって維持されてもよいという、より広く、より大きな権利が存在する。正当防衛においては、あらゆる不法（jedes Unrecht）に対して、無条件に防衛してもよいというあらゆる権利（jedes Recht）が存在する」[10]。このあらゆる権利（jedes Recht）という記述からも明らかなように、Bernerは、決して、（単一の存在として想定される）普遍的なものとしての法ではなく、（複数の存在を観念することができる）個別的かつ具体的な権利を問題としているのである[11]。

以上に鑑みれば、Bernerは、「法は不法に譲歩する必要はない」という命題にいう「法」とは主観法、つまり権利、具体的な法的地位を意味すると理解していたと考えられる。つまり、Bernerは、先の命題を、「（被攻撃者の）主観的法（権利）は、（攻撃者の）不法に譲歩する必要ない」という意味で理解していたのである。したがって、Bernerの見解からすれば、防衛対象は、被攻撃者の主観的権利ということになる。またこの意味で、Bernerの見解は、正当防衛の正当化根拠として、現在でいうところの超個人主義的基礎づけを主張するものではなく、個人主義的基礎づけ、あるいは間人格的基礎づけを主張するものであったといえよう。

もっとも、以上の検討からは、Bernerがこの命題を持ち出すことによって何を論証しようとしたのかが明らかとなるわけでもなければ、Bernerが正当防衛の正当化根拠をどのように理解していたかが明らかとなるわけでもない。そこで、次節以降ではこれらの点について検討することとしたい。

---

9 *Kindhäuser*, FS-Frisch, S. 496.
10 *Berner*, ArchCrimR NF 1848, S. 554. なお、圏点強調は、原著の隔字体による。
11 *Engländer*, Nothilfe, S. 68; *Lesch*, FS-Dahs, S. 83 f; *Pawlik*, ZStW 114, S. 292 f.（赤岩＝森永訳・甲南法学53巻4号153頁）。わが国の文献において同様の理解を示すものとして、朴・明治大学大学院紀要第27集法学篇260頁、村井・一橋研究年報・法学研究8号445頁。なお、村井は、この限りでBernerの自由主義者としての側面を高く評価している。

第二節　Bernerの正当防衛論

第一款　Berner説における正当防衛概念

1　Berner説の出発点——正当防衛と緊急避難の区別

　Bernerは、「法（権利）は不法に譲歩する必要はない」という命題を持ち出すことによって何を述べようとしていたのか。この点を検討する上で注目に値するのは、Bernerが、緊急避難との区別から正当防衛概念を明らかにしようと試みている点である。そこで、以下では、まず、Bernerが正当防衛と緊急避難をどのように区別しているかについて確認することとしたい。

　Bernerは、正当防衛と緊急避難の区別を論じるにあたり、「対照をなすところの法的緊急（Rechtsnoth）と自然的緊急（Naturnoth）が、正当防衛と緊急避難の区別メルクマールに含まれている」という言明を行っている[12]。この言明によって、Bernerが述べようとしているのは、以下のようなことである。すなわち、何かしらの権利が自然の暴力（Naturgewalt）によって危殆化される場合、つまり権利が法的にではなく、事実的に危殆化されるにすぎない場合、緊急避難の成否が問題となる。これに対して、何かしらの権利が、（法［権利］を侵害することができる）思考している存在（denkenden Wesen）によって危殆化される場合、換言すれば権利が法的に侵害されている場合には、正当防衛の成否が問題となるというのである[13]。Bernerによれば、この理解からは、対物防衛の場合には、正当防衛ではなく、緊急避難が成立するという帰結が導かれる。「というのは、襲いかかってくる動物は、自然の暴力のカテゴリーに属して」いるからである[14]。

　ただし、Bernerによれば、緊急避難は自然の暴力によって危殆化される場合に限って認められるわけではない。Bernerは、その具体例として強要緊急避難を挙げる[15]。すなわち、「例えば、ある人間の脅迫によって、他人の権利を攻撃

12　*Berner*, ArchCrimR NF 1848, S. 552. なお、圏点強調は、原著の隔字体による。
13　*Berner*, ArchCrimR NF 1848, S. 552 f.
14　*Berner*, ArchCrimR NF 1848, S. 553. なお、圏点強調は、原著の隔字体による。
15　*Berner*, ArchCrimR NF 1848, S. 553 f.

するか、あるいはより高い自らの権利、場合によっては自らの生命すらも放棄しなければならない状況に置かれる場合」[16]、被脅迫者は、自由意思がなかったという理由では不可罰とならない。なぜならば、「その脅迫が、死ぬかその他の可罰的な行為を行うかの選択を被脅迫者に委ねる場合、被脅迫者は、なお死ぬことをも選択で・き・る・」からである[17]。それにもかかわらず、この場合に、被攻撃者の不可罰を導こうとするならば、緊急避難によって不可罰とするほかないというのである[18]。したがって、Berner は、緊急避難と正当防衛の関係性を自然的緊急と法的緊急の対置として捉えるが、思考している存在の攻撃によって惹起された緊急避難をも肯定するのである。

　このように、法的緊急と自然的緊急という区別は、正当防衛の区別メルクマールとしては完全なものではない。そのため、Berner は、Abegg の見解に依拠して[19]、緊急避難の場合には権利と別の権利が対立するのに対して、正当防衛の場合には権利と不法が対立するという区別をも承認する[20]。すなわち、「緊急避難においては、対立してい・る・よ・り・小・さ・な・権利を犠牲にすることによって維持することが許される、よ・り・広・く・、よ・り・大・き・な・権利が存在する。正当防衛においては、あ・ら・ゆ・る・不・法・ (jedes Unrecht) に対して無条件に防衛することが許される、あ・ら・ゆ・る・権・利・ (jedes Unrecht) が存在する」というのである[21]。Berner によれば、この区別からしても、対物防衛の場合には緊急避難が成立しうるにすぎないことになるという[22]。なぜならば、「動物は、私を侵害することができるが、その侵害によって不・法・が私に差し迫るわけではない」からである[23]。「この場合、動物は、他・人・の・所・有・物・ (fremde Eigenthumobjekt) として、つまり、他人の権利として問題になるにすぎない」[24]。

　以上で確認してきたように、Berner は、緊急避難と正当防衛の区別について、二つの異なる区別を承認していた。第一の区別は、緊急避難が自然的緊急で

16　*Berner*, ArchCrimR NF 1848, S. 553.
17　*Berner*, ArchCrimR NF 1848, S. 554. なお、圏点強調は、原著の隔字体による。
18　*Berner*, ArchCrimR NF 1848, S. 554.
19　*Abegg*, Lehrbuch, §107 ff.
20　*Berner*, ArchCrimR NF 1848, S. 554.
21　*Berner*, ArchCrimR NF 1848, S. 554. なお、圏点強調は、原著の隔字体による。
22　*Berner*, ArchCrimR NF 1848, S. 554.
23　*Berner*, ArchCrimR NF 1848, S. 554.
24　*Berner*, ArchCrimR NF 1848, S. 554. なお、圏点強調は、原著の隔字体による。

あるのに対して、正当防衛は法的緊急であるとするものである。これに対して、第二の区別は、緊急避難の場合には、ある権利と別の権利が対立しているのに対して、正当防衛の場合には、権利と不法が対立しているとするものである。

2　法的コンフリクトの解決策としての正当防衛

では、Berner は、これらの区別を持ち出すことによって、正当防衛概念をどのようなものとして理解したのであろうか。この点についての Kindhäuser の分析によれば、Berner は、これらの区別から、(例えば、自己保存本能のような心理学的要素を持ち出す場合のように事実的にではなく) 純粋に法的に正当防衛の構造を把握されることを示そうとしたという[25]。このような Kindhäuser の理解が適切であることは、先の二つの区別を確認することによって明らかになる。先にも述べたとおり、第一の区別は、何かしらの権利が、(自然災害などによって) 事実的に危殆化されただけではなく、(思考している存在の攻撃によって) 法的に危殆化された場合にはじめて、正当防衛の成否が問題となるとするものであった。つまり、この第一の区別は、明らかに正当防衛状況を自然的・事実的なコンフリクトではなく、法的なコンフリクトと理解しているのである。また第二の区別も、緊急避難の構造を権利と別の権利の対立と捉え、正当防衛の構造を権利と不法の対立と捉えるものであることからすれば、正当防衛状況は、権利と不法が衝突する法的コンフリクトとして捉えられているといえるのである。このように、Berner は、正当防衛を権利と不法が対立する法的コンフリクトと理解することによって、正当防衛の構造が純粋に法的に把握されることを示したのであった。

では、このような法的コンフリクトは、どのように解決されるべきなのだろうか。この問いに対する Berner の答えは、既に第二の区別に関する言明の中で示されている。それによれば、緊急避難の場合には、より大きな利益を守るために、より小さな利益を犠牲にすることが許されるという法的ルールが妥当するが、これに対して、正当防衛の場合には、権利の側が不法の側に対して無条件に防衛を行うことが許されるというルールが妥当する[26]。このことが意味するのは、緊急避難と正当防衛では、コンフリクトの構造に相違があるため、異なる法的ルールによって解決されなければならないということである[27]。そして、正当

25　*Kindhäuser*, FS-Frisch, S. 496.
26　*Berner*, ArchCrimR NF 1848, S. 554. なお、圏点強調は、原著の隔字体による。

防衛が問題となる場面において妥当するルールこそが、「あらゆる不法に対して無条件に防衛することが許される、あらゆる権利が存在する」というものであり、また「法（権利）は不法に譲歩する必要はない」という命題なのである。

　以上の検討からは、第一に、Bernerが、正当防衛と緊急避難との区別のために、「法（権利）は不法に譲歩する必要はない」という命題を持ち出していたことが明らかとなった。第二に、この命題は、権利と不法が対立する法的コンフリクトの解決のために妥当する法的ルールを含意するものであることが明らかとなった。つまり、Bernerは、この命題を持ち出すことによって、（例えば、自己保全本能という観点を持ち出す場合のように）心理的・事実的にではなく、純粋に法的に正当防衛の構造を把握すべきであることを示そうとしていたのであった[28]。

　もっとも、ここまでの検討においては、何故、正当防衛の場合には、「あらゆる不法に対して無条件に防衛することが許される、あらゆる権利が存在する」、あるいは「法（権利）は不法に譲歩する必要はない」という法的ルールが妥当するのかが未だ明らかにされていない[29]。そこで、次款では、Bernerがどのような正当防衛の正当化根拠論を展開しているのかを確認することとしたい。

第二款　Berner説における正当防衛の正当化根拠

　前款で明らかにしたのは、Bernerは、正当防衛が問題となる場面において妥当する法的ルールとして、「法（権利）は不法に譲歩する必要はない」という命題を提示したということであった。本款では、何故、Bernerが、正当防衛状況において妥当する法的ルールとして、先の命題を提示したのかについて検討を加える。

　Bernerは、正当防衛権の基礎づけに際して、以下のような説明を行っている。すなわち、「正当防衛は、不法が無（Nichtig）であるのに対して、法（権利）が実体（Subtantielle）であるという点で基礎づけられる。もし法（権利）が不法に譲歩しなければならないのだとすれば、それは不法であろう。ただし、それは、

27　同趣旨の分析を行うものとして、*Kindhäuser*, FS-Frisch, S. 496.
28　このように理解するからこそ、Bernerは、「正当防衛は、自己防衛（Selbstverteidigung）ではなく、権利防衛（Rechtsverteidigung）である。」と述べた上で、自己の防衛だけでなく、他人の防衛（救助）のためであっても正当防衛が成立すると述べるのである（*ders.*, Lehrbuch[18], S. 109.
29　*Berner*, ArchCrimR NF 1848, S. 554. なお、圏点強調は、原著の隔字体による。

国家が保護しない場合において自力による保護の権限を欠くのであれば譲歩しなければならないだろう」とする[30]。

しかし、この記述は正当防衛の正当化根拠の論証にしてはあまりにも短いため、この記述から、Berner の考え方を読み取ることは難しい。そこで、先の記述の背景に遡ることにより、補助線を引く必要がある。その際に参考となるのが、上述の論述の背景には、「国家的な法（権利）の現実性（Wirklichkeit）と不法の非現実性（Unwirklichkeit）という認識可能な Hegel の対置が潜んでいる。」という指摘である[31]。問題は、Berner は、このような Hegel の対置を持ち出すことによって何を述べようとしていたかである。この点に関する Pawlik の分析によれば、Berner は、先のような Hegel の対置を持ち出すことによって、Kant（および Hegel）の主観的権利と強制権限の結合という主張と実質的に同じことを述べようとしていたという[32]。では、Berner が依拠するとされる Kant（および Hegel の）主観的権利と強制権限の結合という理解からは、正当防衛権はどのように基礎づけられることになるのだろうか。以下では、この点について敷衍することとする。

1　Berner 説の思想的背景

（1）Kant における正当防衛の正当化根拠論

Kant は、『人倫の形而上学』において、緊急権（Notrecht）を説明する脈絡で正当防衛に言及している。すなわち、「ここで権利だと思い込まれているものは、私自身の生命が喪失する危険がある場合において、私に何ら危害を加えなかった他者の生命を奪う権限であるとされている。ここでは、法論の自己矛盾が含まれざるをえないということは明白である。──というのも、私の生命に対する不正な攻撃者に、私がその者の生命を奪うことによって防衛すること（正当防衛権（ius inculpatae tutelae））、つまり節度をわきまえる（moderamen）よう忠告することが、法ではなく、もっぱら倫理に属する場合が問題となるのではなく、私に対して何も行っていない者に対する暴力が許されるということが問題となるからである」[33]。

30　*Berner*, ArchCrimR NF 1848, S. 557. なお、圏点強調は、原著の隔字体による。
31　*Kindhäuser*, FS-Frisch, S. 499.
32　*Pawlik*, ZStW 114, S. 293.（赤岩＝森永訳・甲南法学53巻 4 号154頁。）。

この記述によって、Kant は、緊急避難に権利性を認めてしまうと、法論が自己矛盾を孕むことになってしまうことを論証しており、その理由づけとして、不正な攻撃者に対する防衛である正当防衛が問題になっているわけではないことを挙げている。逆からいえば、Kant の見解からすれば、正当防衛に権利性を認めることは、法論に自己矛盾をひきおこさないのである。つまり、Kant は、緊急避難との対比という形で間接的にではあるが、自身の法論、つまり自身の法概念から正当防衛を（自己矛盾をひきおこすことなく）説明できることを示していたのである。

では、Kant の法概念からは、正当防衛はどのように説明されることになるのだろうか。Kant によれば、「法とは、そのもとで一方の選択意志が他方の選択意志と自由の普遍的法則に従って統合されることを可能にする諸条件の総体である」[34]。この定式化によって、Kant が示そうとしているのは、法とは、すべての人々に対して平等に外的自由（他者の強制的な選択意志に左右されないこと）を認めることができるような条件の総体であるということである[35]。それゆえ、Kant の法概念は、他者から干渉されない権利、いわゆる「消極的」自由に関する問題を取り扱うものであるが、このような法概念は強制権限と結びつくとされる。そして Kant は、このことを、「外的自由をもった共同生活を矛盾なく可能にするという法の課題から直接に、どんな補助的な仮定もなしに」帰結する[36]。すなわち、「ある行為が、あるいはある行為の格率から見てその者の選択意志の自由が、いかなる者の自由とも普遍的法則に従って両立できる」場合、その行為は正しい[37]。そして、「自由の一定の行使自体が普遍的法則に従う自由の妨害（すなわち、不正）である場合、この行使に対置される強制は、自由の妨害を阻むものであり、普遍的法則に従う自由と調和する、すなわち、正しい」[38]。

33　*Kant*, MdS, S. 343.（樽井＝池尾訳・人倫の形而上学54頁〔樽井訳〕。ただし、適宜原著より訳出した。なお、圏点強調は、原著の隔字体による。）。
34　*Kant*, MdS, S. 337.（樽井＝池尾訳・人倫の形而上学48頁以下〔樽井訳〕。）。
35　*Höffe*, Kant, S. 212 f.（薮木訳・イマヌエル・カント226頁); *Kersting*, Freiheit, S. 81.（舟場＝寺田監訳・自由の秩序60頁〔桐原隆弘訳〕。
36　*Höffe*, Kant, S. 217.（薮木訳・イマヌエル・カント231頁。）
37　*Kant*, MdS, S. 337.（樽井＝池尾訳・人倫の形而上学49頁〔樽井訳〕。ただし、適宜原著より訳出した。なお、圏点強調は、原文の隔字体による。）
38　*Kant*, MdS, S. 338 f.（樽井＝池尾訳・人倫の形而上学50頁〔樽井訳〕。ただし、適宜原著より訳出した。なお、圏点強調は、原文の隔字体による。）

このように Kant は、二重否定という思考方法を用いて、自由の妨害を阻むような強制を正当化する。つまり、Kant の見解からすれば、正当防衛は、このような正当化された強制の行使の一態様に他ならない[39]。かかる理解からは、「強制は、それが不正を退ける限りにおいて正当であり、それを越える強制はすべて不当である」という帰結が導かれることになる[40]。それゆえに、Kant の見解からは、正当防衛権の行使の範囲も、不法の侵害を退けるために必要な限度で認められることになる[41]。また、一般に、侵害退避義務が課されないことも帰結する[42]。なぜならば、退避は、自らの権利領域の防衛ではなく、その放棄を意味するからである[43]。

(2) Hegel における正当防衛の正当化根拠論

一応のところ、正当防衛に言及を行っている Kant と異なり、Hegel は、既に多くの論者によって指摘されているように直接的には正当防衛に言及していない[44]。それにもかかわらず、多くの論者が指摘しているように、Hegel の考え方からすれば、法（権利）の現実性と不法の非現実性という対置が正当防衛の出発点をなす[45]。では、この対置から、正当防衛権はいかにして基礎づけられるのであろうか。

この点を検討するに先立ち、まずもって Hegel が述べる「法（権利）の現実性」とは何を意味するのかを確認しておくこととする。Hegel によれば、「法

---

39 同様の理解を示すものとして、例えば、*Kindhäuser*, FS-Frisch, S. 500 f.; *Pawlik*, ZStW 114, S. 267 f.（赤岩＝森永訳・甲南法学53巻1号68頁以下）。さらに、わが国の文献において同様の理解を示すものとして、飯島・自由の普遍的保障205頁、朴・明治大学大学院紀要第27集法学篇253頁以下、村井・一橋研究年報・法学研究8号429頁以下。これに対して、「自己（ないし個人）保存の原則」の支持者として Kant を理解するものとして、*Krause*, FS-Bruns, S. 74 ff. わが国で同様の理解を示すものとして、津田・緊急救助の研究258頁、山中・正当防衛の限界24頁。この理解によれば、Kant は、Hobbes をはじめとした社会契約説的な構成と全く異ならない理解を行っていたことになる。しかし、本文中で述べたような法概念と強制権限の結合という Kant の正当防衛論で最も核心をなすポイントを看過することになってしまうだろう。
40 *Höffe*, Kant, S. 217.（藪木訳・イマヌエル・カント232頁。）
41 *Pawlik*, ZStW 114, S. 273.（赤岩＝森永訳・甲南法学53巻1号73頁）。
42 *Pawlik*, ZStW 114, S. 273.（赤岩＝森永訳・甲南法学53巻1号73頁）。
43 *Pawlik*, ZStW 114, S. 273.（赤岩＝森永訳・甲南法学53巻1号73頁）。
44 このような指摘を行うものとして、*Bitzilekis*, Einschränkung, S. 38. さらに、わが国の文献において同様の指摘を行うものとして、例えば、津田・正当防衛の研究110頁注20、朴・明治大学大学院紀要第27集法学篇258頁、橋爪・正当防衛の基礎35頁、村井・一橋研究年報・法学研究8号439頁。
45 同様の認識を示すものとして、*Bitzilekis*, Einschränkung, S. 37.; *Haas*, Notwehr, S. 111 ff.; *Krause*, FS-Bruns, S. 74 f.; *Pawlik*, ZStW 114, S. 285.（赤岩＝森永訳・甲南法学53巻3号56頁。）

（権利）」とは、「自由な意志の定在（Dasein）」を意味する[46]。ただし、この「自由な意志の定在」は、抽象法（権利）、道徳、人倫（つまり、家族、市民社会、国家）の各段階で内容を異にすることに留意を要する[47]。ここでは、Hegel が、止揚——保存しつつ、廃棄する——という思考方法を採用しているという事情が重要である。すなわち、抽象法（権利）において認められた法（権利）は、原則的には保存されつつも、より上位の段階である道徳、人倫——家族、市民社会、国家——の規範的重要性によって廃棄される、つまり限定されるのである[48]。

次に「現実性」とは、Hegel の定義によれば、「本質と現実存在（Existenz）との統一、あるいは内的なものと外的なものの統一が直接的になったもの」[49]、換言すれば、「内的なものとしての本質が外的なものとして現れ出たもの」[50]を意味する[51]。これらを踏まえると、Hegel の理解によれば、「法（権利）の現実性」とは、内的なものである法（権利）という概念が、外的なもの、つまり現実に存在するものとしても現れている状態を意味することになる。

では、法（権利）の概念は、どのようにして現実に存在するものとして現れることになるのだろうか。この点につき、Hegel は、『法哲学要綱』第97節において、以下のような説明を行っている。すなわち、「法としての権利の侵害が生じた場合、この侵害は、確かに現実の（positive）、外的な現実存在であるが、しかしそれ自体においては無である。この現実存在が無であることを顕現すること（Manifestation）は、同じく現実存在に表れてくる先の侵害の否定である。——それが法（権利）の現実性、すなわち、法（権利）がその侵害の止揚によって自らを自らと媒介する必然性である」[52]。

46　*Hegel*, Grundlinien, §29.（藤野＝赤沢訳・法の哲学Ⅰ122頁。
47　Vgl. *Honneth*, Leiden, S. 38.（島崎ほか訳・自由であることの苦しみ44頁〔大河内泰樹訳〕）; *Pawlik*, ZStW 114, S. 283.（赤岩＝森永訳・甲南法学53巻3号54頁以下）
48　Vgl. *Pawlik*, ZStW 114, S. 283 f.（赤岩＝森永訳・甲南法学53巻3号55頁。）
49　*Hegel*, Enzyklopädie I, §142.（真下＝宮本訳・小論理学366頁。ただし、適宜原著から訳出した。）。
50　加藤ほか編・縮刷版ヘーゲル辞典145頁以下〔奥谷浩一執筆部分〕。
51　それゆえ、Hegel が述べるところの「現実性（Wirklichkeit）」は、形容詞 wirklich の一つ目の意味である「現実の、実際の、実在している」よりも、二つ目の意味である「本当の、真の、まことの、本物の」というニュアンスを強調するものである点に留意を要する（加藤ほか編・縮刷版ヘーゲル辞典145頁〔奥谷執筆部分〕）。このことは、Hegel が、「偶然的な現実存在（Existenz）は現実的なものといった力のこもった名称にはあたいしない」と述べていることからも窺うことができる（*Hegel*, Enzyklopädie I, S. 48.〔真下＝宮本訳・小論理学67頁。〕）。
52　*Hegel*, Grundlinien, §97（藤野＝赤沢訳・法の哲学Ⅰ270頁。圏点強調は、原著のイタリック体

この記述において、Hegel が示そうとしているのは、以下のとおりである。ま
ず、先の記述は、抽象法の章におけるものであるため、ここでいう「法（権利）」
は、抽象法の段階に即したものである。抽象法の根本規範は、「一個の人格であ
れ、そしてもろもろの他人を人格として尊重せよ」である[53]。この規範の後半部
分は、相互尊重義務、つまり他者を人格として尊重する義務を述べたものであ
り、内容的には他者の権利領域、つまり「消極的」自由を侵害してはならないこ
とを意味する[54]。このような意味で「法（権利）」が理解されるのだとすれば、
「法としての権利の侵害」は、個別的な他者の権利領域の侵害を通じて、普遍的
な法（権利）、つまり人格間の相互尊重関係そのものを侵害することとして捉え
られることになる[55]。したがって、Hegel の理解によれば、侵害者によって、先
の意味での「法としての権利の侵害」が行われた場合、侵害者は、人格間の相互
尊重関係そのものを侵害することになる。そしてその結果として、侵害者は、相
互尊重によって承認される自らの人格としての地位をも侵害するという矛盾を犯
すことになる。Hegel の表現にならっていえば、「法としての権利の侵害」は、
「それ自体においては無である」ことになる[56]。しかしながら、先の侵害は、外
的な領域において実際に存在するものであることには変わりがない。そのため、
不法がそれ自体において無であることを外部に向けて明示（Hegel の用語法では、
「顕現（Manifestation）」）する必要がある。それによってはじめて、内的なもので
ある法（権利）の概念が外的な現実存在としても現れる、つまり、相互尊重関係
が現実においても妥当していることが示されるのである[57]。

　このような不法の無効性の「顕現」は、強制を通じて行われる。すなわち、不
適法な強制（Hegel の表現では、第一の強制）である犯罪、つまり不法の侵害がなさ

　　による。ただし、訳語は適宜原著から訳出した。）。
53　*Hegel*, Grundlinien, §36（藤野＝赤沢訳・法の哲学Ⅰ145頁。圏点強調は、原著のイタリック体
　　による。）。
54　本稿と同様の理解を示すものとして、*Pawlik*, ZStW 114, S. 285.（赤岩＝森永訳・甲南法学53巻
　　3号56頁）。わが国において同様の理解を示すものとして、山下・法の理論㉝114頁。
55　「法としての権利の侵害」が、個別的な権利の侵害だけではなく、普遍的な法そのものをも侵害
　　すること（Hegel の用語法では、犯罪）を意味することについては、*Seelmann*, Straftheorie, S.
　　18 ff.（飯島＝川口監訳・関西大学法学論集61巻3号97頁以下〔中村悠人訳〕参照。
56　「それ自体においては無である」という表現が、このような「矛盾」という意味で理解されるこ
　　とについては、*Seelmann*, Straftheorie, S. 20 f.（飯島＝川口監訳・関西大学法学論集61巻3号98
　　頁以下〔中村訳〕）を参照。
57　*Pawlik*, ZStW 114, S. 284.（赤岩＝森永訳・甲南法学53巻3号55頁）。

れた場合には、その強制は、それを廃棄するような強制（Hegelの表現では、第二の強制）によって止揚される[58]。そして、この法的強制（第二の強制）の一つが、周知のとおり刑罰であるが[59]、これと並んで、正当防衛もまたそのような法的強制に該当する。このことは、Hegelの法哲学の講義録の一つにおける記述からも明らかである。すなわち、「人格は、たとえば所有をもつという権利をもっている。そのことによって意志の自由は外的な定在を獲得する。この定在が攻撃されるとすれば、私の意志がそこで攻撃される。それは暴力、強制である。ここには直接に第二の強制のための権限がある」[60]。この記述は、所有権が不法に攻撃される場合には、それは強制であるため、それに対抗するための強制権限が認められるということを示すものであり、明らかに正当防衛にもあてはまるものである[61]。

このようにHegelもまた、Kantと同様に、他者の権利領域に対する侵害を阻害するような強制を正当化している。また、このような抽象法段階におけるHegelの見解からも、Kantの見解と同様に、不法の侵害を退けるために必要な限度で正当防衛権の行使が認められることになり、また侵害が不法なものである限り、被攻撃者は、侵害退避義務を負わないことになる。

2　Berner説における正当防衛の正当化根拠

以上のように、Kantと（抽象法段階での）Hegelの見解は共に主観的権利と強制権限の概念的結合という観点から正当防衛の正当化根拠を基礎づけるものであった。この基礎づけにおいて、最も重要なのは、攻撃者と被攻撃者との間の「消極的」自由の維持をめざす法的関係性から正当防衛権限が帰結するという事情である。すなわち、前述したKantの理解からすれば、正当防衛権限は、被攻撃者の権利（より正確には、人格という法的地位）と同時にその権利の承認の基盤となっている普遍的法則が侵害されることによって作動するのである。またHegelの理解からも同様に、正当防衛権限は、被攻撃者の権利（より正確には、人格）と

58　*Hegel*, Grundlinien, §93（藤野＝赤沢訳・法の哲学Ⅰ263頁。）。
59　本稿は考察対象を正当防衛に限定しているため、国家刑罰権の基礎づけそのものについて詳細に立ち入ることはしない。なお、Hegelの刑罰論の詳細については、さしあたり中村・立命館法学343号169頁以下を参照。
60　*Hegel*, Vorlesungen, S. 296 f.（尼寺訳・ヘーゲル教授殿の講義による法の哲学Ⅰ164頁）。
61　*Pawlik*, ZStW 114, S. 286.（赤岩＝森永訳・甲南法学53巻3号57頁）。

同時に、その権利の承認の基盤となっている人格間の相互尊重関係が侵害されることによって作動するのである。そして、これらの基礎づけからは、被攻撃者は、不法の侵害を退けるために必要な限度で強制権限が認められることになるため、その限りで、被攻撃者は侵害退避義務を負わないことになるのである。

先にも述べたとおり、Berner の見解は、法（権利）の現実性と不法の非現実性の対置という Hegel の構想に従って、正当防衛を基礎づけるものである。それゆえに、Berner もまた、上に述べたような Hegel の論理構成にならうことによって、内容的には、Kant および（抽象法段階での）Hegel の見解と同様の観点から正当防衛の正当化根拠を基礎づけている。すなわち「法（権利）が不法に譲歩しなければならないとすれば、それは不法であろう」という Berner の記述は、いわば裏側からの記述となっているにせよ、まさしく主観的権利と強制権限の概念的結合のことを表しているのである。そして、このように主観的権利には不法の侵害を排除するための強制権限が認められることからこそ、「正当防衛においては、あらゆる不法に対して、無条件に防衛することが許される、あらゆる権利が存在する」ことになるのである[62]。

本款において示したことは、Berner は、正当防衛の正当化根拠を、主観的権利と強制権限の概念的結合から基礎づけようとしていたということである。また、このような主観的権利と強制権限の概念的結合という理解は、Pawlik が指摘しているように、従来議論されてきたような個人主義的基礎づけか、それとも超個人主義的基礎づけかという対立を超えるものである[63]。すなわち、正当防衛の基礎づけが、（Kant にせよ、Hegel にせよ、さらには Hegel に依拠する Berner にせよ）攻撃者と被攻撃者との間の「消極的」自由の維持をめざす法的関係性から行われている点で、このような理解は、むしろ間人格的（interpersonal）と名づける

---

[62] ただし、Berner の見解は、不法の侵害を排除するためには何をしてもよい、つまり無制限に防衛してもよいとするものではない。すなわち、第一に、Berner の見解においても、本文中で述べた Kant および Hegel の見解と同様に、正当防衛権の行使は、不法の克服のために必要な限度で認められる（この点については、第三章第三節においても言及する）。第二に、Berner の見解からは、不法の侵害に対する権利の防衛は、単に事実的に財を保護する行為であるだけでは足りず、不法を規範的に否定する性質を含む行為でなければならない。なぜならば、その防衛行為が不法を規範的に否定する性質を有するものでないのであれば、その行為は、不法を否定するだけの法（権利）の現実性を有していないことになるからである。同様の理解を示すものとして、*Kindhäuser*, FS-Frisch, S. 499.

[63] *Pawlik*, ZStW 114, S. 287.（赤岩＝森永訳・甲南法学53巻3号57頁）。

ことができる基礎づけなのである[64]。

第三款　Berner の正当防衛論の意義——同時代の他説との比較検討

　前款までで確認してきたように、Berner の正当防衛論は、正当防衛を権利対不法の法的コンフリクトとして捉えた上で、その法的コンフリクトに妥当する法的ルールを用いて解決を図るものであった。そして、このような理解は、主観的権利と強制権限の概念的結合から基礎づけられるものであった。

　では、以上のような Berner の正当防衛論は、どのような意義を有しているといえるのであろうか。この問題について、本款は、Berner と同時代の論者によって主張されていた二つの見解との比較を通じてこの点を明らかにすることとしたい。一つは、いわゆる社会契約論に依拠して、正当防衛を根拠づける見解であり、もう一つは、(Berner からすれば、誤った) Hegel 理解に依拠して、正当防衛を「不法の否定」のための防衛義務と理解する見解である。

第一項　社会契約説的構成との相違

　まず、社会契約説的構成を採用する見解との相違を検討する。Berner の同時代の論者の中で、社会契約説的構成を採用する論者としては、例えば、Grävell を挙げることができる。Grävell によれば、正当防衛の正当化根拠は、以下のような点に求められるという。すなわち、「人間(Mensch)は、国家権力の保護下に入ることによって、自然法に基づいて自身に帰属する自分の裁判官(eigenes Richteramt)に対する欲望を抑え、また自らが国家から保護されうる限りで、国家のあらゆる保護を期待する。しかしながら、国家の保護が維持されない限りにおいて、国家の完全な法関係は、事実上、そしておのずから発生したのと同様におのずから中断する。……保護の喪失は自然状態へと後退するのであり、また国家が再び保護に来ることができるようになるまで、自分自身を自らの力(Kraft)と暴力(Gewalt)によって防衛することが完全に正当化される。そして、自然法によれば、あらゆる者は、周知のように、暴力によって自らの法状態に対するあらゆる侵害を排除する権限を与えられるのであり、またあらゆる者は、どの程

---
[64] *Pawlik*, ZStW 114, S. 287. (赤岩＝森永訳・甲南法学53巻3号57頁)。

度、またどのような態様で自らの法状態がなされうるのかに関して、自分自身の唯一の裁判官である。しかし、あらゆる者は、他者に対して害の回避のために必要である以上に大きな暴力を必要としないという制限の下にある。そして、このような制限の範囲内で、自らの目的のためのあらゆる手段が許容される」[65]。

　Berner は、以上のような社会契約説的構成の受け入れを明確に拒絶しているが、しかしその根拠を提示していない[66]。そのため、何故、Berner が、かかる構成を妥当でないと考えたのかについては、判然としない。しかし、Berner の見解は、少なくとも、以下のような点で、社会契約説的構成に対して理論的優位性を主張することができる。すなわち、社会契約説的構成によれば、正当防衛権は、国家が市民を保護することが出来ない場合に市民に対して再び認められる、自らの権利を自力で防衛するという自然法上の権利である。つまり、正当防衛権は、法状態が成立する以前の自然状態の下における権利として理解されることになる。しかしながら、自然状態では、すべての者がすべての者に対する権利を持つことになるため[67]、現実には何も権利を有していないのと同じような状態になってしまう[68]。その結果、Köstlin が適切に指摘するとおり、「この考察は、不正な攻撃者がより高い身体能力を有している場合には、その者にあまりにも有利」な帰結をひきおこしてしまうのである[69]。

　これに対して、権利対不法という法的コンフリクトとして正当防衛を捉える Berner の見解は、あくまで法状態が存在する状況下で行われる権利行使として正当防衛権を理解している。すなわち、Kindhäuser が指摘するように、「Berner にとっては、正当防衛状況においても、法状態が依拠している共存（Koexistenz）の可能性は廃棄されてはならないのであり、それどころかむしろ正当防衛は権利の行使であるということは疑う余地のないことなのである」[70]。そして

65　*Grävell*, NArchCrimR Bd. 3, S. 280 f. 本質的には同様の理解を示すものとして、*Wecker*, Annalen Bd. 14, S. 52. なお、Berner は、社会契約説的な構成に言及した後に、先の Welcker の見解に言及している（*ders.*, ArchCrimR NF 1848, S. 556.)。

66　同様の指摘を行うものとして、*Koriath*, FS-Müller-Dietz, S. 364.

67　ホッブズ（水田訳）・リヴァイアサン（一）217頁において、Hobbes は、このような自然状態においては、「各人は、あらゆるものに、相互の身体に対してさえ、権利をもつのである」と述べている。

68　*Pawlik*, ZStW 114, S. 279.（赤岩＝森永訳・甲南法学53巻3号52頁）。

69　*Köstlin*, System, S. 76.

70　*Kindhäuser*, FS-Frisch, S. 498 f.

Bernerは、このように自然状態ではなく、あくまでも法状態における権利行使として正当防衛を理解する結果、先に述べたような自然状態への還帰という構成に内在する問題点を孕まずに済むのである。

本款で示したことは、以下の通りである。すなわち、社会契約説的な構成が正当防衛を自然状態における権利行使と捉える結果、そこから生じる多くの問題を孕むことになるのに対して、Bernerの見解は、法状態における権利行使と捉えるために、社会契約説的な構成が抱える問題点とは無関係でいることができるのである。

第二項　防衛義務構成との相違

次いで、(Bernerからすれば、誤った) Hegel理解に依拠して、正当防衛を不法の否定のための防衛義務と理解する見解について検討する。Bernerは、1848年の論文において、この見解の主張者としてRichter[71]とMichelet[72]を挙げた上で、彼らの見解に対して批判を行っている。そこで、以下では、RichterとMicheletの見解を確認した上で、彼らの見解に対するBernerの批判を確認することによって両者の見解の相違を明らかにすることとしたい。

まず、Richterの見解の内容から確認する。正当防衛を基礎づけるにあたり、Richterの出発点をなすのは、理性に反すること (Unvernünftige)、理性を欠くもの (Vernunftlose) は絶対的ではなく、そしてそれゆえに理性によって否定されるべきであり、また理性のために支配されるべきであるという理解である[73]。Richterによれば、このような理解からすれば、あらゆる犯罪的な攻撃は絶対的に理性に違反しているがゆえに、そのような攻撃に対して防衛を行うことは必然的である (nothwendig) ことになるとされる[74]。それゆえに、Richterの見解からは、「攻撃をしかけてくる犯罪者に対する侵害は、法 (権利) の侵害ではなく、つま

71　Richterは、ドイツの哲学者であり、ライプツィヒ大学で1822年に博士学位を取得し、1824年に教授資格を得、1827年には哲学員外教授となり、またライプツィヒのトマス校でも教鞭をとったとされている (Vgl. *von Prantl*, ADB Bd. 28, S. 464 f.)。

72　Micheletは、Hegel中央派に位置づけられるドイツの哲学者であり、1824年にHegelの指導の下で教授資格を得、1829年にはベルリン大学で哲学員外教授となり、また1825年以来フランス系ギムナジウムの教師であったとされている (加藤ほか編・縮刷版ヘーゲル辞典478頁〔杉山吉弘執筆部分〕)。

73　*Richter*, Strafrecht, S. 136.

74　*Richter*, Strafrecht, S. 136.

り重罪でも軽罪でもなく、その侵害は、違法な理性に反するものに対抗する理性の完全かつ良き法（権利）である。」と理解されることになる[75]。

次に、Micheletの見解の内容を確認する。Micheletによれば、正当防衛の場合、（例えば、生命対生命といったような）権利衝突は存在しない[76]。「というのも、自らの邪魔はされなかったが、自らは他者の生命をためらうことなく侵害するであろうという形で他者の生命を攻撃する者は、自らの生命が不可侵ではないとする法則をみずから与えていたからである」[77]。つまり、Micheletによれば、他者の権利を不法に攻撃する者は、「自分自身の行為（Tat）によって自らの権利を放棄した」ことになり、そしてそれゆえに、被攻撃者による防衛行為は、攻撃によってまさに侵害されようとしている権利の保全を意味することになるのである。この意味で、正当防衛は、法（権利）の侵害ではなく、むしろ攻撃によってまさに侵害されようとしている法（権利）の回復（Wiederherstellung）である[78]。

上述したような記述は、一見すると、Micheletが、現代的にいえば、攻撃者の答責性から正当防衛の正当化根拠を基礎づけているようにみえるが、Micheletは、上で述べたような内容の基礎づけを応報理論と結びつけて理解している。すなわち、「正当防衛は、応報理論から導かれるのであって、予防理論から導かれるのではない」というのである[79]。

以上では、RichterとMicheletの見解の内容を確認してきたが、Bernerは、彼らの見解を次のように評価している。すなわち、彼らの見解は、「理性に反すること（Unvernünftige）、つまり不法は、絶対的ではなく、それゆえに、理性（Vernunft）によって否定され、あるいは、理性の働きによって制圧されるべきであるということから、正当防衛を導く」ものである[80]。換言すれば、「あらゆる犯罪的な攻撃は、絶対的に理性に反している」ので、「正当防衛は、必要不可欠（notwendig）である」[81]。つまり、この見解によれば、正当防衛は、市民の権利で

75　*Richter*, Strafrecht, S. 136.
76　*Michelet*, System, 1828, S. 161. 付言すると、Micheletは、このように述べることによって、正当防衛がHegelの『法哲学要綱』第127節における緊急権のカテゴリーに含まれないことを論証しようとしている。
77　*Michelet*, System, S. 161.
78　*Michelet*, System, S. 161.
79　*Michelet*, System, S. 161.
80　*Berner*, ArchCrimR NF 1848, S. 556.
81　*Berner*, ArchCrimR NF 1848, S. 557. なお、圏点強調は、原著の隔字体による。

あるばかりでなく、市民の義務である。

このような評価を踏まえて、Bernerは、次のような三つの批判を加えている。第一の批判は、「このような理論は、あ̇ま̇り̇に̇も̇多くを論証しており、それゆえに、何̇も̇論証していない。」とするものである[82]。なぜならば、「私が、ある財を道徳的態様で贈与することができるとき、私は、それを奪わせてやることもできる」ので[83]、正当防衛は、「市̇民̇の̇義̇務̇ではなく、市民の権̇利̇であるにすぎない」からである[84]。第二の批判は、この見解からは、盗品を置き去りにして逃げ去る盗人も、逃がしてしまえば、彼が不処罰になる場合には、追跡されなければならないことになってしまうというものである[85]。なぜならば、追跡しなければ、不法が否定されないことになるからである。第三の批判は、第二の批判の場合とは反対に、正当防衛において、既に理性的に反することの否定が行われた場合には、正当防衛によって侵害された攻撃者は、もはや処罰されてはならないことになってしまうということである[86]。なぜならば、既に、正当防衛によって、攻撃者の不法は否定されたので、さらに、刑罰によって、不法を否定することはなしえないからである。

以上のようなBernerの評価は、明らかにRichterの見解を念頭に置いたものであり、また批判の内容も先のような評価を踏まえて行ったものであるから、Richterの見解に対しては妥当するように思われる。これに対して、先のBernerの評価は、Micheletの見解に対しては妥当しえないように思われる。というのも、上で見た限り、Micheletの見解は、他人の権利を攻撃する者は自分自身の行為によって自らの権利を放棄したことになるので、被攻撃者による防衛行為は権利の保全として許容されると述べるにとどまっているからである。つまり、Micheletの見解は、正当防衛を義務と捉える見解ではないと考えられ、この意味で、Bernerの第一の批判は、Micheletの見解に対してはあたらない。

それにもかかわらず、BernerがMicheletの見解をRichterと同様の見解と位置づけた上で批判を行う理由は、Micheletが自らの正当防衛理論を刑罰論と結びつけている点にある。つまり、Bernerは、RichterおよびMicheletの見解に

---

82 *Berner*, ArchCrimR NF 1848, S. 557. なお、圏点強調は、原著の隔字体による。
83 *Berner*, ArchCrimR NF 1848, S. 557.
84 *Berner*, ArchCrimR NF 1848, S. 557. なお、圏点強調は、原著の隔字体による。
85 *Berner*, ArchCrimR NF 1848, S. 557.
86 *Berner*, ArchCrimR NF 1848, S. 557.

おいては、「不法に対して維持する（防衛する）法（権利）と不法を無効にする法（権利）」[87]を区別することができていないと批判しようとしていたのである[88]。このような意図は、Berner の第二、第三の批判がいずれも刑罰と正当防衛の関係性を念頭に置いたものであることからも窺うことができる。

このように、Berner は国家刑罰と正当防衛との相違を強調するが、それにもかかわらず、両者がどのように区別されるかについては、直接的な言明を行っていない。そのため、Berner の見解に対しては、Berner の見解からしても刑罰と正当防衛の相違は説明しえないのではないという批判を行うことができるかもしれない[89]。例えば、村井敏邦は、「ヘーゲリアーナーのように、『不法の否定』というところに正当防衛の本質があるとすれば、この点では正当防衛と刑罰の区別はな」いと批判している[90]。この批判は、Hegel の『法哲学要綱』97節の記述に依拠して正当防衛を基礎づける場合、97節の記述は刑罰にも正当防衛にもあてはまることになることを指摘するものである。仮に、このような批判が正しいのだとすれば、Berner の見解は、先に挙げた Richter や Michelet のような見解に対して理論的優位性を主張しえないことになってしまう。

しかしながら、このような批判に対しては、Berner が依拠する Hegel の見解からして既に反論が可能である。ここで重要となるのは、Pawlik が指摘するように、Hegel の見解からすれば、正当防衛が抽象法（権利）に根ざすという所見は中間結論にすぎないという事情である[91]。すなわち、前款でも指摘したように、Hegel の見解によれば、抽象法（権利）において認められた法形象は、道徳および人倫の段階で「止揚」されなければならないのである。そして、人倫の段階で初めて、その法形象は、最も具体的な形態を獲得することに成功するのである。それゆえ、たとえ刑罰と正当防衛が抽象法の段階で同じ根拠に根ざしていた

87　*Berner*, ArchCrim NF 1848, S. 557.
88　本稿と同様の理解を示すものとして、*Kindhäuser*, FS-Frisch, S. 499.
89　実際に、このような疑問を投げかけるものとして、村井・一橋研究年報・法学研究 8 号441頁及び443頁以下。また、類似の疑問を提起するものとして、*Koriath*, FS-Müller-Dietz, S. 365.
90　村井・一橋研究年報．法学研究 8 号443頁以下。
91　*Pawlik*, ZStW 114, S. 292.（赤岩＝森永訳・甲南法学53巻 4 号149頁）。それにもかかわらず、本書が、前款において、抽象法の段階に限定して Hegel の見解を紹介したのは、正当防衛権の発生根拠の説明としてはそれで十分であるという事情による。以下の本文中の考察でも示す通り、Hegel の見解からすれば、正当防衛の根拠は、あくまで抽象法における人格の法（権利）にあり、人倫の段階では、その法（権利）の行使範囲が限定されるにすぎない。

としても、人倫の段階まで考察すれば、両者は、異なる法形象であることが明らかとなる。

　Hegelの見解によれば、刑罰は、人倫の段階においては完全に脱人格化された法（権利）として立ち現れる。このことは、Hegel自身の記述からも窺うことができる。すなわち、「侵害された当事者の代わりに侵害された普遍者が立ち現われ、そして裁判において固有の現実性をもつこの普̇遍̇者̇が、犯罪の訴追と処罰を引き受けるのである。これによって犯罪の訴追と処罰は、復讐によるたんに主̇観̇的̇で̇偶̇然̇的̇な̇報復であることをやめ、権利のおのれ自身との真実の宥和、すなわち刑罰に転じる」[92]。これに対して、Pawlikによれば、Hegelの見解からは、正当防衛権をそのような脱人格化された法（権利）として理解することはできないという。というのも、正当防衛においては、急迫する不法の克服が問題になっているのに対して、刑罰においては、既に生じた不法の処罰が問題になっているという点で、正当防衛状況と刑罰における状況は大きく異なるからである[93]。つまり、刑罰は、正当防衛状況に典型的にみられるような「個々の市民の積極的行動に基づく不法の排除か、不法の断念」という二者択一の状況にないために、人倫の段階で認められる「裁判」制度の優先が妥当する。これに対して、正当防衛は、先に述べたような二者択一の状況にあるために、「裁判」制度を優先することができない状況にあるのである[94]。

　それゆえに、正当防衛は、刑罰のように脱人格化された法（権利）に至るわけではなく、各人格に認められる主観的権利でありつづける[95]。もちろん、このことは、正当防衛権が人倫の観点による修正を全く受けないということを意味しない。そうではなく、Pawlikが述べるように、「人倫の観点によって正当防衛権に付加されるものは、国家の諸制度の優先性を尊重する義務を防衛行為者に課すこ

92　*Hegel*, Grundlinien, §220（藤野＝赤沢訳・法の哲学Ⅱ165頁以下。ただし、適宜原著より訳出した。なお、圏点強調は、原著のイタリック体による。）。
93　同旨の見解として、*Pawlik*, ZStW 114, S. 287.（赤岩＝森永訳・甲南法学53巻4号150頁）。これに対して、Hegelの見解からは国家刑罰と正当防衛を区別できないと批判するものとして、*Bitzilekis*, Einschränkung, S. 38. さらに、わが国の文献において同様の批判を行うものとして、津田・緊急救助の研究268頁、朴・明治大学大学院紀要第27集法学篇259頁。しかしながら、かかる批判は、Pawlikも指摘しているように、本文中で述べたような正当防衛状況と刑罰における状況の相違を見誤っている点で妥当でない（*Pawlik*, a. a. O., S. 287. Fn. 135.（赤岩＝森永訳・前掲159頁注135。）。
94　*Pawlik*, ZStW 114, S. 287 f.（赤岩＝森永訳・甲南法学53巻4号150頁）。
95　*Pawlik*, ZStW 114, S. 287 f.（赤岩＝森永訳・甲南法学53巻4号150頁）。

とに尽きる」ことを意味する[96]。以上のように、Hegel の見解が理解される限りで、Hegel の見解に依拠する Berner の見解からも、刑罰と正当防衛の相違を説明することが可能となるように思われる[97]。

本項で示したことは、Richter や Michelet の見解と Berner の見解の相違点が次のような点に求められるということであった。すなわち、Richter や Michelet の見解が刑罰と正当防衛の相違を説明できないのに対して、Berner の見解は、刑罰と正当防衛の相違を説明できるという点である（なお、Richter の見解と Berner の見解の相違に限っていえば、正当防衛を義務として捉えるか、権利として捉えるかという相違も指摘できる）。

第三節　Berner 説の帰結

本章第二節第一款で確認したように、Berner は、正当防衛と緊急避難との区別を説明するにあたり、二つの区別を承認している。第一の区別は、正当防衛を法的緊急と捉えるに対して、緊急避難を自然的緊急と捉えるものである。第二の区別は、正当防衛を「不法」対「権利」のコンフリクトとして捉えるのに対して、緊急避難を「権利」対「権利」のコンフリクトとして捉えるものである。そして本章第二節第二款においても示したように、このような区別から導かれたルールが、「あらゆる不法に対して無条件に防衛してもよいというあらゆる権利が存在する」、あるいは「法（権利）は不法に譲歩する必要はない」であり、そして、これらの法的ルールを基礎づけるのが、主観的権利と強制権限の結合という理解であった。本節では、上記のような Berner の正当防衛理論からは、いかなる帰結が導き出されるのかについて検討を行う。

「法（権利）は不法に譲歩する必要はない」というテーゼに即していえば、まず先のテーゼに言う「法（権利）」は、以下に述べる二つの帰結を含意する。第一に、あらゆる権利が正当防衛適格を有することになる[98]。というのも、本章第

96　*Pawlik*, ZStW 114, S. 289.（赤岩＝森永訳・甲南法学53巻4号150頁）。
97　もちろん、これは、Berner 自身がそのように述べていたと主張する趣旨ではなく、あくまで本文中のように解すれば、Berner の見解を整合的に説明することができると述べるものにすぎない。
98　*Berner*, ArchCrimR NF 1848, S. 562 f., *ders.*, Lehrbuch[18], S. 110. なお、Berner 自身は、自身の1848年の論文においてこの帰結を最も強調している。その背景には、当時の立法の多くが生命、身体、財、名誉に対する正当防衛しか認めていなかったこと、および（Berner によれば）少なか

一節で指摘したように、Bernerの見解における防衛対象は主観的権利と理解されるからである。第二に、緊急救助が正当防衛の枠組みで理解されることになる[99]。なぜならば、Bernerの見解からは、正当防衛権は、例えば、自己保存本能のような個体の心理学的な素質ではなく、各人格に認められる権利（つまり、人格という法的地位[100]）から基礎づけられるからである。つまり、緊急救助も、（他者の）権利防衛として正当化されるのである。

次いで、Bernerの見解からすれば、「不法」とは、以下のような三つの帰結を含意することになる。第一に、Bernerの見解は、本章第二節第二款でも述べたとおり正当防衛の構造を法的に把握するものであるため、不法の侵害の有無も事実的な意味で財が侵害されたかどうかではなく、被攻撃者の法的地位が侵害されたか否かで判断される[101]。このことは、Bernerが「攻撃者は、彼らに制定法によって示された限界の内側にとどまる限り、子どもは、その両親に対して、弟子（Lehrlinge）は、その師（Meister）に対して、臣民（Unterthanen）は、官憲（Obrigkeit）に対して、また裁判官や警察官に対して正当防衛できない」と述べていることからも明らかである[102]。つまり、Bernerによれば、たとえ財の侵害があったとしても、法的に許される限界内の行為であるために、被攻撃者の法的地位を侵害するに至らない場合には、不法な攻撃と評価されないのである。

なお、Kindhäuserは、このようなBernerの理解からすれば、「その限りで、法的限界を線引きする際に、いわゆる正当防衛の社会倫理的制限の一部を考慮することが可能であるように思われる」と述べる[103]。すなわち、「例えば、最小連帯（Mindestsoridarität）という法的原理は、とるに足らない侵害や社会的慣習の軽度の超過による迷惑行為につき、攻撃者の財に対して、容赦なく害を加える侵害によって防衛する権限を廃棄しうるだろう」というのである[104]。このKind-

---

らぬ論者が生命、身体に対する正当防衛しか認めようとしなかったという事情がある。なお、*Kindhäuser*, FS-Frisch, S. 500も、Bernerがこの帰結を強調していたことを指摘している。
99　Berner自身も、「正当防衛権は、単に自分自身のためにだけ生じるのではなく、権利が攻撃されている全ての他者のためであっても生じる。」と述べており、このような帰結を承認している（*ders.*, ArchCrimR NF 1848, S. 562.）。
100　この点については、本章第二節第二款の記述も参照。
101　*Kindhäuser*, FS-Frisch, S. 505 f.
102　*Berner*, ArchCrimR NF 1848, S. 558.
103　*Kindhäuser*, FS-Frisch, S. 506.
104　*Kindhäuser*, FS-Frisch, S. 506.

häuser の主張は、最小連帯原理を読み込んだ上で、法的に許される範囲を画定しようとするものである。仮に最小連帯原理を読む込むことができるのであれば、この主張は、明らかに Berner 自身の主張ではないものの[105]、この帰結から導かれうるものと評価できることになるだろう。

ただし、ここに最小連帯原理が読み込まれるべきか否かは、なお、検討の余地がある。確かに、Kindhäuser が述べるように、「連帯に対する配慮は、今日の法的要求の自明の構成要素といってよい」[106]。しかしながら、そのことは、最小連帯原理の射程が取るに足らない侵害や社会的慣習の軽度の超過による迷惑行為を受忍することにまで及ぶことを必ずしも意味しない。

第二に、先ほど述べた第一の帰結と同様の理由から、不法の侵害は思考している存在による攻撃でなければならないこと（そして、それゆえに対物防衛の場合は正当防衛とならないこと）が導かれる[107]。Kindhäuser が述べるように、これは、不法の侵害と評価するためには、攻撃者の答責性が存することを要する、つまり攻撃者に帰責可能であることを要するとするものであり[108]、またこのような帰結は、権利と不法の衝突を問題とするだけでなく、管轄（Zuständigkeit）の分配をも問題にするものである[109]。Kindhäuser は、Berner の見解において、このような管轄分配の観点が考慮されている点を高く評価している[110]。Kindhäuser がこのような観点を重要視する背景には、防御的緊急避難および攻撃的緊急避難と比較して、より大きな権限（例えば、退避義務の欠如など）が正当防衛に認められる根拠は、攻撃者の答責性に求められるという洞察がある[111]。このような洞察に鑑

---

105 Berner 自身は、取るに足らない財物の侵害に対して不均衡な結果をもたらす防衛行為を制限することに対して否定的である。Vgl. *Berner*, ArchCrimR NF 1848, S. 579 ff.
106 *Kindhäuser*, FS-Frisch, S. 506 Fn. 70.
107 Berner 自身は、正当防衛と緊急避難の構造比較からこのような帰結を承認するに至っている。この点については、第一部第三章第二節第一款を参照。
108 *Kindhäuser*, FS-Frisch, S. 506. これに対して、孫・立命館法学378号147頁注139は、Berner が教科書において責任無能力者の侵害には言及していないという事実だけを捉えて、「責任なき不法」を承認する余地を残したとの分析を行う。しかしながら、このような分析は、「思考している存在に対してしか、法は存在しない」と明言する Berner の立場とは整合せず（*Berner*, ArchCrimR NF 1848, S. 552 f.）、それゆえに説得力を欠く。
109 *Kindhäuser*, FS-Frisch, S. 506 f.
110 このことは、今日的な見地に基づいて、コンフリクトに対する攻撃者の管轄の要件によって正当防衛を制限する Berner のアプローチを再構成することは困難ではないと述べるところからも窺うことができる（*Kindhäuser*, FS-Frisch, S. 509.）
111 Vgl. *Kindhäuser*, FS-Frisch, S. 509. なお、Kindhäuser 自身は、Berner の見解の再構成をした結果、（責任能力ある）人間による攻撃と動物による攻撃の決定的な相違を「意図的な回避可能

みれば、Bernerの見解のように正当防衛を認めるにあたり攻撃者の答責性を要求する発想は、侵害退避義務が課されないという原則が掘りくずされかねない状況を生み出してしまったわが国の従来的な議論にとっても示唆的であるように思われる[112]。

　第三に、不法の侵害は、現在の危険でなければならない。この帰結は、Hegelに依拠するBernerの見解からは、防衛行為者は国家機関の諸制度の優先性を尊重する義務を負うという事情から基礎づけられる。すなわち、正当防衛権限は、国家機関が事実的な理由から被攻撃者に対する不法な侵害を克服できない場合、つまり被攻撃者に対する現在の危険である場合に限り認められるのである。

　最後に、「譲歩する必要はない」とは、次のような帰結を含意する。第一に、正当防衛の場合には、衡量が要求されないという帰結を含意する[113]。というのも、Hegelの基礎づけに依拠するBernerの見解からすれば、不法の攻撃者は、被攻撃者の権利を侵害し、そして同時に相互尊重関係を侵害したがゆえに、法の側からの強制権限の行使を甘受しなければならないことになるからである。つまり、ここでは、均衡性の考慮が問題とならないのである[114]。この意味で、Bernerは、「正当防衛においては、あらゆる不法に対して、無条件に防衛してもよいというあらゆる権利が存在する」[115]とも述べているが、この記述は、権利の防衛のためであれば不法に対して何をしてもよいという趣旨のものではないことに留意を要する。このことは、例えば、Bernerの過剰防衛に対する記述に照らしても明らかである。すなわち、「彼〔被攻撃者——引用者注〕が防衛のために必要（erforderlich）であるよりも暴力的に（gewaltsam）振る舞う場合、彼は正当防衛を超過している」[116]。「例えば、私が、盗人をきわめて十分、取り押さえることがで

　　性」（つまり、責任能力ある人間は、意図的にナイフで突き刺すことをやめることができるのに対して、動物は、意図的にかみつくことをやめることができない点）に求めるに至っている。しかしながら、回避可能性という事実的な要素は、攻撃者の答責性を基礎づける上で決定的な要素となりえない。この点については、第一部第二章第四節第一款第一項も参照。
112　侵害退避義務が課されないという原則が掘りくずされかねない状況を生み出してしまった背景については、第一章第一節を参照。
113　*Berner*, ArchCrimR NF 1848, S. 570, 579.
114　ただし、*Pawlik*, ZStW 114, S. 290 f.（赤岩＝森永訳・甲南法学53巻4号151頁以下）によれば、このような帰結は、Hegelの見解としては、抽象法（権利）段階での中間的結論にすぎず、人倫の段階では異なる結論に至ることになるという。すなわち、Hegelは、道徳段階で福祉（Wohl）というカテゴリーが導入しているため、防衛者が抽象法（権利）で認められた自己の法的地位の周辺領域を攻撃者のために犠牲にする義務を負うことを基礎づけることができるとされる。
115　*Berner*, ArchCrimR NF 1848, S. 554. なお、圏点強調は、原著の隔字体による。

きるが、それにもかかわらず、彼を権利の闘争（Rechtskampf）において、殺害する場合である」[117]。つまり、ここでは、明らかに、正当防衛の場合にも、権利の防衛のために必要であることという制限がかかることが述べられているのである[118]。

　第二に、防衛者に対して、侵害退避義務は課されないことになる。なぜならば、このような義務を認めてしまうと、被攻撃者は、文字通り不法に譲歩しなければならないことになってしまうからである。このような帰結が、Bernerの構想にとって受け入れがたいものであることは言うまでもない。実際、Bernerは、1898年の教科書において、「法（権利）は不法に譲歩する必要はない」というテーゼから、このことを結論づけている。すなわち、「カロリーナ刑法典は、危険がなく、不名誉ではない退避（Flucht）によって避難することができる場合に、正当防衛を排除する（140条）。しかしながら、これは、法は不法に譲歩する必要はないという正当防衛の根本命題と合わない。真の正当防衛の概念によれば、退避の可能性は、防衛権を廃棄しない」[119]。

　ただし、Bernerは、1848年の段階では、限られた場合ではあるが、人身に対する攻撃から退避する義務が課されうることを認めていた[120]。すなわち、「普通法上の法律は、その適用可能性が正当防衛を排除する手段として、退避を挙げる。それにもかかわらず、退避は、明らかに、それが人身の完全な安全を伴っており、かつ良い評判を危険にさらすことなしに可能である場合に限って要求される。しかしながら、退避は、人身に対する攻撃の場合にのみ役立ちうる。というのも、私の所有権が攻撃される場合には、私は、退避によって、正当防衛によって防衛することができる私の権利を放棄することになるだろうからである。しかしながら、人身への攻撃の場合であっても、退避は、それが可能である場合でさ

116　*Berner*, Lehrbuch[18], S. 112. なお、圏点強調は、原著の隔字体による。*ders.*, ArchCrimR NF 1848, S. 554. も、同様のことを述べている。
117　*Berner*, ArchCrimR NF 1848, S. 554.
118　このことに鑑みれば、Bernerの見解は、例えば、*Geyer*, Begriff, S. 94が「人殺しの道徳（Totsschlagmoral）」と批判するほど、峻厳な正当防衛権の行使を容認するものではないように思われる。
119　*Berner*, Lehrbuch[18], S. 108. なお、Bernerの退避義務に対する見解に関しては、宮川・東北学院法学65号76頁以下注102も参照。
120　もちろん、以下の本文での記述からも明らかなように、Bernerは、一般的に退避義務を認めることに対しては否定的である。

え、きわめてしばしば全く許されない。というのは、それによって、確かに、名誉が侵害されているからである。つまり、退避には、それ自体、既に、カロリーナ刑法典が規定する良い評判に対する危殆化が存在するのである」[121]。

　Bitzilekis が指摘するように、この記述において、「この公式〔「法は不法に譲歩する必要はない」という公式——引用者注〕を展開し、正当防衛ルールの根拠について説明した Berner は、被攻撃者が、危険がなく、不名誉でない退避によってわが身を救うことができる場合、正当防衛は認められないという結論に至っている」[122]。このように、Berner は、1848年の段階では限定的ではあるにせよ、侵害退避義務が認められうることを肯定していたが、その後、前述のとおり1898年の段階までには侵害退避義務を完全に否定するに至っている[123]。

　ここで問題となるのは、何故、1848年の論文の段階で、「退避は、人身に対する攻撃の場合にのみ役立ちうる」と述べたかである。この点を考える上で重要なのは、Berner 自身が、「私の所有権が攻撃される場合には、私は、退避によって、正当防衛によって防衛することができる私の権利を放棄することになる」と述べている点である。つまり、Berner がここで問題としているのは、被攻撃者の権利を放棄することになるか否かであるということである。このような観点に即して考えてみると、1848年段階での記述は、次のように説明することができる。すなわち、被攻撃者が、人身に対する攻撃から危険にさらされることなく、かつ名誉を損なうことなく退避できる場合、被攻撃者は、人身に対する権利も名誉に対する権利も放棄せずに済むことになり、それゆえに被攻撃者は退避によっていかなる権利も放棄しないで済むことになる。したがって、このような場合に退避義務を課すことは、「法（権利）は不法に譲歩する必要はない」というテーゼに抵触しないことになるのである。

　もっとも、そのように理解することができるとしても、さらに、何故、Berner は、1898年の段階で退避義務を否定する見解へと転じたのかが問題となるだ

121　*Berner*, ArchCrimR NF 1848, S. 576.
122　*Bitzilekis*, Einschränkung, S. 79.
123　宮川・東北学院法学65号78頁注102も、同様のことを述べる。なお、付言すると、Berner は、教科書の初版の段階で既に本文中で述べたような理解に対して懐疑的な見解に達していた。「カロリーナ刑法典は、危険がなく、不名誉でない退避によって我が身を救うことができる場合には正当防衛を認めていなかった（140条）。しかし、このことは、法は不法に譲歩する必要はないという根本命題とどのように調和するのか？」(*ders.*, Lehrbuch[1], S. 131 Fn. 4. なお、圏点強調は、原著の隔字体による。)。

ろう。この点について、Berner自身は何も語っていないため、必ずしも明らかではないが、一つの説明としては、次のようなものが考えられる。すなわち、被攻撃者が、人身に対する攻撃から危険にさらされることなく、かつ名誉を損なうことなく退避できる場合、被攻撃者は、退避によって人身に対する権利も名誉に対する権利も放棄しないで済む。しかしだからといって、被攻撃者が、退避によって何の権利も放棄していないと評価することはできない。例えば、被攻撃者は、退避によって、その場で何かをなすことができなくなるという意味で行動の自由を放棄することになってしまう、という理解である。もちろん、Berner自身が、この場合に、被攻撃者が退避によってどのような権利を放棄することになると想定していたかは定かではない。しかしながら、被攻撃者が退避によって何かしらの権利の放棄を強いられていると評価できる限りにおいて、「法は、不法に譲歩する必要がない」というテーゼに抵触することになるのである。

第四節　小　括

　以上で確認したように、Bernerの正当防衛理論は、防衛対象を被攻撃者の具体的な法的地位、つまり権利と捉えるものであり、また正当防衛の構造を「権利」対「不法」という法的コンフリクトとして理解し、「法（権利）は不法に譲歩する必要はない」という、その法的コンフリクトに対して妥当する法的ルールによって解決を図るものである。そして、Bernerは、このような法的ルールの正当化根拠を主観的権利と強制権限の結合という観点に求めていた。このような主観的権利と強制権限の概念的結合が攻撃者と被攻撃者との間の「消極的」自由の維持をめざす法的関係性に根ざすものであることからすれば、Bernerの見解は、従来的な理解のように法秩序の防衛という超個人主義的基礎づけとして理解されるのではなく、各人格間の法的関係性に根ざす間人格的な基礎づけとして理解されることになる。

　このようなBernerの正当防衛理論の意義は、同時代の他説と比較したとき、以下の二点に認められることになる。一つ目の意義は、正当防衛権を法状態における権利行使と捉える結果、自然状態における権利行使と捉える社会契約説的な構成が孕む難点を負わないということである。二つ目の意義は、正当防衛権を義務、あるいは完全に脱人格化された法（権利）として捉えず、あくまで各人格に

認められる権利と捉える結果、刑罰と正当防衛の相違を適切に説明できるという点にある。

　また、Bernerの正当防衛理論は、次のような帰結を導くものであった。まず防衛対象は、あらゆる権利であり、また自己の権利であるか、他人の権利であるかを問わない。次に、不法の侵害は、第一に、事実的な財の侵害では足りず、被攻撃者の法的地位を侵害するものであること、第二に、思考している存在による攻撃であること、第三に、現在の危険であることを要するということが帰結する。最後に、防衛行為についていえば、財の衡量の余地が排斥されること、および退避が防衛手段に含まれないことが帰結する。

　もっとも、以上のようなBernerの正当防衛論が、従前の理論に対してどのような意味を持っていたのか、あるいはいかなる問題を解決できるようになったのかについては、なお十分な検討ができていない。そこで次章では、Berner前後の立法の変遷を追うことによって、この点についての検討を行うこととしたい。

第四章　Berner 前後の立法の展開

　本章では、Berner 前後の立法の展開を検討するが、その目的は、Berner の正当防衛論が主張された時代的背景を明らかにすることによって、Berner の正当防衛論の意義をより明確にすることにある。次いで検討方法であるが、重要な規定の変更が確認されるごとに各立法ないし草案の規定内容を検討することとした。これにより、Berner 前後の立法の変遷が概観できるものと思われる。さらに、当該立法ないし草案が基礎とする考え方の分析を容易にするために、規定内容の検討に先立ち、あらかじめ立法過程ないし草案の起草過程を確認することとした。これによって、誰が、いつ、どのようにして規定の内容に影響を与えたのかを踏まえながら、各立法・草案の内容を分析することができるようになると思われる。

第一節　プロイセン一般ラント法（1794年）

第一款　プロイセン一般法典草案（1786年）

第一項　起草過程

　プロイセン一般ラント法（以下、一般ラント法と略称する）成立以前のプロイセンは、慣習法を基礎としていたため、各州が中世以来の固有のラント法を有しており、それを超えた普通法はローマ法しかないという状況にあった[1]。また普通法であるローマ法では実情に合わない場合が多かったという事情もあり、当時のプロイセンにおいては、州の垣根を超えた統一的な法典を編纂する必要が生じていた[2]。そこで、プロイセン国王 Friedrich II 世は、1780年4月14日の内閣令によって、大法官 von Carmer に対し、統一的な法典編纂作業を委託した[3]。

1　成瀬ほか編・ドイツ史②80頁〔阪口修平執筆部分〕。
2　成瀬ほか編・ドイツ史②80頁〔阪口執筆部分〕。

第四章　Berner 前後の立法の展開　*111*

　この作業に先立ち、von Carmer は、新法典の起草作業の補佐役として、Svarez、Klein らを選び、法典編纂者グループを形成した[4]。その上で、法典編纂作業が開始され、はじめに複雑な現行法を整理する作業が行われた[5]。この整理作業の後、Klein が草案の起草作業を行い、その後、この草案は、von Carmer の監督の下、Svarez による修正を受けた[6]。これが、いわゆる第一草案である[7]。第一草案は、法律委員会の5名の委員[8]、同委員会の金融部門の若干名の委員、マークデブルク県知事 von Tevenar に送付された[9]。そして、これらの者から提出された意見書を受けた後、Svarez は報告書を作成し、von Carmer に提出した。また、その結論に従って、草案の内容が修正された[10]。これが、プロイセン一般法典草案第1部「人の法」の起草過程である（以下では、一般法典草案と略称する）[11]。この一般法典草案第1部「人の法」は、第1編から第3編に分冊し、1784年から1786年にかけて公表された[12]。刑法典は、このうちの第3編第8章に収録されている。

　以上では、1786年の一般法典草案に至るまでの過程を概観した。その過程から明らかになるのは、第一に、同草案の起草に際しては、起草者である Klein および Svarez をはじめとした法律委員会の委員しか関与していないこと、第二に、同草案は、法律委員会の委員の中でも特に Klein および Svarez の影響を大幅に受けていると考えられることである。そこで次項においては、特に Klein および Svarez の見解を参考にしながら、一般法典草案における正当防衛規定の内容を分析することとする。

3　*von Bitter*, Strafrecht, S. 20.
4　*Simon*, Mathis's MS 11, S. 199. なお、本文中で挙げた Svarez、Klein のほか、Baumgarten、Goßler、Kircheisen、Pachaly、Volkmar が補佐役として選ばれたとされる（*Simon*, a. a. O., S. 199. さらに、石部・啓蒙的絶対主義の法構造98頁も参照。）。
5　成瀬ほか編・ドイツ史②80頁〔阪口執筆部分〕。この現行法の整理作業の詳細については、さしあたり石部・啓蒙絶対主義の法構造185頁以下を参照。
6　*von Bitter*, Strafrecht, S. 20.
7　*Simon*, Mathis's MS 11, S. 209.
8　この5名の委員は、具体的には、Scherer、Könen、Scholz、Heidenreich、Lamprecht のことを指すとされる（*Simon*, Mathis's MS 11, S. 209.）。
9　*Simon*, Mathis's MS 11, S. 209.
10　*Simon*, Mathis's MS 11, S. 209.
11　これに対して、第2部「物の法」の成立過程は若干異なるが、本稿の研究対象である正当防衛とは関係しないため、本稿では取り上げない。なお、第2部「物の法」の成立過程については、さしあたり石部・刑法絶対主義の法構造186頁参照。
12　*Simon*, Mathis's MS 11, S. 207.

第二項　内容の検討

内容の検討に先立ち、一般法典草案において、どのような正当防衛規定が置かれていたかを確認する[13]。正当防衛に関する規定は、同草案第3編第8章第8節「個人に対する犯罪（Privatverbrechen）一般に関して」の423条から427条にかけて定められている。その内容は、以下の通りである。

423条　いかなる者も、自己に差し迫っている不適法な侵害の危険を事案に相応した救助手段によって回避する権限を有する。

（§423. Jeder hat die Befugniß, die ihm drohende Gefahr einer unrechtmäßigen Beschädigung, durch der Sache angemeßne Hülfsmittel abzuwenden.）

424条　ただし、かかる正当防衛は、攻撃を行う当事者が暴行を開始しており、かつ官憲による救助が損害の回避、もしくは損害の完全な補償には至りえない場合に限り、行われる。

（§424. Diese Notwehr finden aber nur statt, wenn der angreifende Theil mit Thätlichkeiten den Anfang gemacht hat, und die obrigkeitliche Hülfe, zur Abwendung, oder völliger Vergütung des Schadens, nicht erlangt werden kann.）

425条　正当防衛の行使は、差し迫っている害悪を回避するために必要である以上に行われてはならない。

（§425. Die Ausübung der Notwehr darf nicht weiter getrieben werden, als die Nothdurft, zur Abwendung des drohenden Uebels erfordert.）

426条　同様に損害を回避するために選択した手段は、正当防衛によって回避される損害それ自体と均衡していなければならない。

（§426. Auch muß das zur Abwendung des Schadens gewählte Mittel, mit dem Schaden selbst, welcher durch die Nothwehr abgewendet werden soll, in Verhältniß stehen.）

427条　いかなる者も、生命、健康、名誉及び自らの財産の全部若しくは少なからぬ部分の防衛のためにのみ、攻撃者の致死的な毀損に至るまでの正当防衛を行うことが許される。

（§427. Nur zur Vertheidigung des Lebens, der Gesundheit, der Ehre, und des ganzen, oder doch eines beträchtlichen Theils seines Vermögens, darf jemand die Nothwehr, bis zur lebensgefährlichen Beschädigung des Angreifenden, ausüben.）

13　なお、条文の原文は、Entwurf eines allgemeinen Gesetzbuchs für Preußischen Staaten, Th. I Ab. 3, 1786, S. 287 f. による。

一般法典草案の特徴として、第一に正当防衛規定の総則化が図られている点を挙げることができる。すなわち、それ以前の刑法典では、正当防衛規定が生命・身体侵害犯との関連で規定されていたのに対して、一般法典草案では、個人に対する犯罪に関する節の中に正当防衛が規定されるに至ったのである[14]。その結果、一般法典草案においては、防衛対象が拡大しただけでなく、とりうる防衛手段の範囲も拡張した。すなわち、正当防衛規定の総則化は、防衛手段が殺人および傷害以外の手段（例えば、逮捕・監禁のように行動の自由を制約する行為など）にも、正当防衛の成立可能性を認めるという意味も有するのである[15]。

　同草案に見られる正当防衛の総則的位置づけは、同草案の起草者である Klein および Svarez の見解とも合致するものであり[16]、この意味で、同草案における正当防衛規定からは両起草者の影響を看取することができる。仮にそうだとすれば、同草案において正当防衛規定が総則化した理論的背景は、Klein および Svarez が依拠していた国家契約説に求めることができる。というのも、Klein にせよ、Svarez にせよ、国家契約説に依拠しながら正当防衛権を基礎づけているからである。

　まず、Svarez は、国家契約説に基づいて臣民の正当防衛権を基礎づける。すなわち、国家契約に基づいて、臣民は、国家が自身を保護しうる限りにおいて自己防衛権を放棄する。しかしながら、国家が臣民を保護できない場合には自然状態へと還帰し、またそれに伴い、──実定法による制限の範囲内ではあるものの[17]──臣民の自己防衛権が再び蘇るとするのである[18]。また、Klein も、──

14　*von Bitter*, Strafrecht, S. 178 f. なお、参考までに一般法典以前の立法の一例として、カロリーナ刑法典139、140条を挙げておく。その規定内容は以下の通りである（訳文は、上口・南山法学37巻3＝4号317頁に依拠した。）。カロリーナ刑法典139条「同じく、自己の身体、生命を守るため正当防衛（recht notweer）を行い、侵害を加えた者を防衛に際し殺害した者は、何人に対してもこの点につき責めを負わない。」、同140条「同じく、ある者が生命に危険のある武器をもって急襲、攻撃し、打撃を加え、被侵害者が、その身体、生命、名誉、良き世評を危険又は侵害に曝すことなく適切に回避することができないときは、罰せられることなく、正当な反撃により自己の身体、生命を防衛することができる。そして、被侵害者が侵害者を殺害するときは、この点につき何らの責めをも負わない。また、それが成文法及び慣習に反するか否かにかかわらず、被侵害者は打撃を受けるまで反撃を思いとどまるべき責めを負わない。」

15　このことは、それ以前の刑法典、例えば、カロリーナ刑法典139条が「防衛に際し殺害した者」にしか言及しないのに対し、一般法典草案においてはより包括的な言明となっていることからも想起されるだろう。

16　*Klein*, Grundsätze, S. 30 ff.; *Svarez*, Vorträge, S. 375.

17　なお補足すると、自己防衛権の復活は実定法の範囲内に限定されるとする Svarez の理解の背景には、実定法は自然法に優位するとする彼の洞察が存する。すなわち、立法権は、「自然的権

Svarez とは説明方法が異なるにせよ——国家契約説に基づいて個人の正当防衛権を基礎づける。すなわち、国家契約によって、個人は自己防衛権および刑罰権を国家に委譲する代わりに国家による保護を受けることができるようになるとした上で、国家による保護が得られない場合には、被攻撃者ないし第三者が国家の代わりに刑罰権を行使することができるとされる[19]。

このように両起草者の見解は、細部を異にするが、正当防衛の基礎づけの際に国家契約説を持ち出す点で共通している。この国家契約説からすれば、正当防衛権は、生命・身体侵害だけでなく、その他の権利侵害の場面においても認められるはずである。なぜならば、国家契約説的理解からすれば、生命・身体侵害の場面であるか、それともそれ以外の権利侵害の場面であるかにかかわらず、国家が臣民を保護できない場合には、自己防衛権の復活（ないし刑罰権の代行）が認められるはずだからである。

もっとも、仮にこのような理解が正しいとすれば、正当防衛権は、あらゆる権利侵害に対して認められることになるため、正当防衛規定は、個人に対する犯罪の節ではなく、総則に規定されなければならないはずである。それにもかかわらず、何故、一般法典草案は、総則ではなく、個人に対する犯罪一般の節、いわば各則の総則の節の中に正当防衛を規定したのであろうか。この点に関して、von Bitter によれば、次のような指摘を行っている。すなわち、Svarez は、公的権力に対する犯罪の場合には正当防衛の成立可能性が排除されるべきであるという理由から、Klein に対して、正当防衛を個人に対する犯罪の節に規定することを認めさせたというのである[20]。仮に von Bitter の指摘が正しいとすれば、Svarez は、正当防衛の成立可能性が公的権力に対する犯罪の場合にまで拡張することを懸念したがために、正当防衛を総則に規定しなかったということになるだろう[21]。

第二の特徴として、一般法典草案においては緊急救助条項が存在しないことを

利と義務を変更することができ、またこれらを異なる形で規定することができる」のである（*ders.*, Vorträge, S. 216.)。同様の分析を行うものとして、*Kuhli*, Svarez, S. 74.
18 *Svarez*, Vorträge, S. 217. なお、本稿と同様の理解を行うものとして、*Kuhli*, Svarez, S. 74.
19 Vgl. *Klein*, Grundsätze, S. 29 f. 本稿と同様の理解を行うものとして、*von Bitter*, Strafrecht, S. 182. なお付言すると、Klein と Svarez のこのような基礎づけの相違は、本文中でも後述するように緊急救助の脈絡で顕在化する。
20 *von Bitter*, Strafrecht, S. 179.
21 類似の分析を行うものとして、*Kleinheyer*, Staat, S. 95 Fn. 123.

挙げることができる[22]。この同草案の第二の特徴は、Kleinの見解とは明らかに合致しない[23]。というのも、Kleinは、(おそらく国家刑罰権の代理行使という構成から[24]) 緊急救助権を認めるからである[25]。これに対して、Svarezの見解とは符合しうる[26]。というのも、Svarezは、自らの論稿において緊急救助に全く言及しておらず[27]、また正当防衛の根拠を自然法上認められる自己防衛権に求めるからである[28]。それゆえに、一般法典草案における緊急救助規定の不存在は、Svarezの見解の影響を受けたものと推察される。

第三の特徴として、同草案が正当防衛の成立範囲を限定する規定を設けていた点を挙げることができる。より具体的にいえば、まず424条において、官憲による救助が不可能である場合に限り正当防衛の成立可能性を認める規定が設けられた。これは、正当防衛の成立要件として官憲による救助が間に合わないことを挙げる両起草者の見解と整合するものである[29]。また424条は、両起草者が依拠する国家契約説的理解からしても正当化可能であろう。というのも、国家契約説的理解からは、国家による保護（官憲による救助）が得られない場合に限り正当防衛の成立が認められると説明されることになるからである[30]。

次いで、正当防衛の成立要件として、防衛行為の必要性要件を課す規定（425条）が設けられた。これも、正当防衛の要件として必要性を挙げる両起草者の見解と整合する[31]。また両起草者が依拠する国家契約説的理解からしても、同規定は説明可能である。なぜならば、国家契約説からすれば、自己防衛権の復活（ないし刑罰権の代行）は、損害の回避という目的を達するために必要な限りでのみ認められるからである。

さらに、均衡性要件を課す規定（426条）も設けられた。この規定は、少なくとも均衡性要件の存在を明確に肯定するSvarezの見解と符合する[32]。ただし、

22　同様の指摘を行うものとして、*von Bitter*, Strafrecht, S. 182.
23　同旨の見解として、*von Bitter*, Strafrecht, S. 183.
24　同様の理解を示すものとして、*von Bitter*, Strafrecht, S. 183.
25　*Klein*, Grundsätze, S. 30.
26　同様の理解を示すものとして、*von Bitter*, Strafrecht, S. 183.
27　Vgl. *Svarez*, Kronprinzenvorlesungen, S. 77, 84, 86, 783.
28　*Svarez*, Vorträge, S. 22.
29　*Klein*, Grundsätze, S. 30.; *Svarez*, Vorträge, S. 583, 621.
30　Vgl. *Klein*, Grundsätze, S. 30.; *Svarez*, Vorträge, S. 217.
31　*Klein*, Grundsätze, S. 30 f.; *Svarez*, Vorträge, S. 244, 621.
32　*Svarez*, Vorträge, S. 621.

Svarez は、この均衡性要件が「自然的衡平（natürliche Billigkeit）」に基づくものであるとしており、均衡性要件が、（国家契約説の論理からは導出されないという意味で）外在的制約であることを示唆している[33]。とはいえ、実定法の範囲内でのみ自然権の行使を認める Svarez の見解からすれば、そのような外在的制約も正当化できるだろう。

　これに対して、Klein の見解とはおそらく符合しない。その理由としては、まず、Klein が均衡性要件に関する言及を全く行っていないことを挙げることができる[34]。このことからは、Klein が均衡性要件を正当防衛の成立要件と想定していなかった可能性が想起される。次いで、Klein が前提としている理解からは、均衡性要件を正当化することができないと考えられることが挙げられる。すなわち、Klein の見解は、先述したように刑罰権の代理行使構成に依拠するものであるため、正当防衛権の限界は刑罰論に類似した形で説明されることになると思われる。そしてその刑罰論の説明に際し、Klein は、予防論を採用し[35]、刑罰の威嚇効を重視するがために[36]、威嚇目的を達するために必要である範囲内でのみ刑罰を科すことができるという結論に至っている[37]。それゆえ、Klein の見解からすれば、防衛目的、つまり損害の回避という目的を達するために必要な範囲内でのみ正当防衛を行うことができるという帰結に至るはずである。したがって、Klein の見解からは、426条の規定内容を説明することはできないように思われる。仮にこれらの理解が正しいとすれば、426条は、Svarez の影響を受けて起草されたと解することができる。

　最後に、427条において、生命、健康、名誉および財産の少なからない部分に対する攻撃があった場合に限り致死的な防衛を行いうるとする規定が設けられているが、この規定も、実定法の範囲内でのみ自然権の行使を認める Svarez の見解からは説明可能であろう。ただし、426条において、防衛手段が正当防衛によって回避されるであろう損害と均衡していなければならないとする規定がある

33　*Svarez*, Vorträge, S. 621.
34　Vgl. *Klein*, Grundsätze, S. 30 f.
35　*Klein*, ArchCrimR 2, St. 1, S. 112.
36　ただし、Klein は、刑罰を科す際には、威嚇目的だけでなく、犯罪者を道徳的に改善するという目的を達するために最も適した刑罰を選択するべきであるとしており（Vgl. *ders.*, ArchCrimR 1, St. 3, S. 43.)、予防目的の中でも威嚇目的だけを重視しているわけではない。
37　杉藤・青山法学論集13巻1号113頁参照。

以上、427条の存在は、実際上ほとんど意味を失っていたのではないかと思われる。なぜならば、致死的な防衛手段が、（当時の見地からしても）名誉、財産と均衡しているとは考えがたいからである。実際、427条は、後述するプロイセン一般法典（以下、一般法典と略称する。）ないし一般ラント法の段階では削除されている。

以上の検討を通じて明らかになることは、一般法典草案における正当防衛規定は、両起草者の中でも、特に Svarez の影響を強く受けていたと考えられるということである。換言すれば、Svarez の見解に依拠すれば、一般法典草案における正当防衛規定の内容をよりよく説明することができる。それゆえ、一般法典草案における正当防衛規定の背景には、国家契約説的理解を前提とする自己防衛権構成に基づく正当防衛理解が存したものと推察することができるだろう。

第二款　プロイセン一般ラント法（1794年）

第一項　成立過程

前款第一項において確認したように、一般法典草案は、1784年以降、順次公表されるに至った。この公表と同時に、大法官 von Carmer は、同草案に対する意見（とりわけ専門知識に関する意見）を広く求めるために以下のようなことを行った[38]。

第一に、各編が公表されるたびに、法実務家、法学者、学識経験者、さらに専門知識が問題となる場合にはその専門知識を有する者らに送付し、同草案に対する評価を行うよう要請した[39]。この要請を受けて、52の意見書が提出された[40]。

第二に、同草案の内容の検討を求めるために、懸賞論文の募集も行った[41]。その結果、62本の論文が提出されたが[42]、このうち刑法に関する検討を行っているものは、11本であった[43]。なお、Hälschner によれば、この11本の懸賞論文の中でも、特に von Hippel[44] の論文と Globig[45] の論文がその後の草案の改訂作業にお

38　*Simon*, Mathis's MS 11, S. 212.
39　*Simon*, Mathis's MS 11, S. 212.
40　石部・啓蒙絶対主義の法構造187頁。
41　石部・啓蒙絶対主義の法構造187頁。
42　石部・啓蒙絶対主義の法構造188頁。
43　*Hälschner*, Strafrecht, Bd. 1, S. 191.
44　von Hippel は、1780年までケーニヒスベルク刑事裁判所長官、後にケーニヒスベルク市長を務めた人物であるとされる（*von Bitter*, Strafrecht, S. 53.）。

いて参考にされたという[46]。

　第三に、等族に対して一般法典草案に対する意見を求めるよう通達を行った[47]。その結果、各州の等族からも意見書が提出された[48]。1787年から1790年にかけて、その間に提出された意見書の抜粋作業が行われた[49]。Svarezは、意見書の抜粋を検討する作業を行うと同時に草案の改訂作業を行った[50]。ただし、例外的に商人法などに関してはGoßler、また犯罪と刑罰に関してはKleinが草案の改訂作業を担当した[51]。この改訂作業の後、最後に法律委員会による審議が行われ、また一部の箇所については、Svarezによる改訂が再度行われた[52]。

　1791年5月20日、以上のような改訂作業を経た草案は、プロイセン一般法典として公表された。なお、一般法典における正当防衛規定は、後述する一般ラント法におけるものと同一である。一般法典の公表後、フランス革命の影響に伴うプロイセン国内の反動化とともに施行延期派による批判を受けたため、一般法典は、1792年5月5日の内閣令により施行延期されることとなった[53]。その後、1793年1月に、プロイセンがポーランド第二次分割によりポーランド地方を領有したことを契機に、一般法典の一部採用の必要性が生じた[54]。そのため、同法典は、国法条項の削除などの改訂がなされた後[55]、1794年6月1日にプロイセン一般ラント法と名称を変えて施行されることとなった[56]。

　以上の成立過程から明らかになるのは、一般ラント法の起草に際しては、前項

45　Globigは、ザクセン公国ドレースデン控訴裁判所の判事を務めたとされる。またGlobigは、1783年にHusterとの共著で、『刑事立法に関する論考（Abhandlung von der Criminal-Gesetzgebung）』を執筆していたため、既に刑法の専門家として認知されていたようである（*von Bitter*, Strafrecht, S. 53.）。

46　*Hälschner*, Strafrecht, Bd. 1, S. 191.

47　*Simon*, Mathis's MS 11, S. 224 f.

48　石部・啓蒙絶対主義の法構造193頁以下参照。

49　Vgl. *Simon*, Mathis's MS 11, S. 227. なお、この抜粋作業の詳細については、さしあたり石部・啓蒙絶対主義の法構造196頁以下参照。

50　*Simon*, Mathis's MS 11, S. 228. なお、*von Bitter*, Strafrecht, S. 21によれば、意見書の検討作業において優れていると評価された箇所は、草案の改正作業に取り入れられたという。それゆえに、本文中でも言及したvon HippelおよびGlobigらの意見書は、この段階で草案の改訂作業に影響を与えたと推測される。

51　*Simon*, Mathis's MS 11, S. 228.

52　*von Bitter*, Strafrecht, S. 21.

53　詳細には、石部・啓蒙絶対主義の法構造218頁以下参照。

54　詳細には、石部・啓蒙絶対主義の法構造238頁以下参照。

55　詳細には、石部・啓蒙絶対主義の法構造249頁以下参照。

56　*von Bitter*, Strafrecht, S. 21.

で検討を行った一般法典草案の段階とは異なり、意見書や懸賞論文などを通じて、起草者をはじめとした法律委員会の委員以外の第三者の意見も参考にされているということである。それゆえに、正当防衛規定の内容が一般法典草案と一般ラント法で異なる場合、その変更は、起草者をはじめとした法律委員会委員ではなく、第三者の意見の影響を受けた可能性も考えられる。したがって、内容の検討にあたっては、この点に留意する必要がある。

　他方、一般ラント法における正当防衛規定は、一般法典におけるものと全く異ならないため、一般法典から一般ラント法に至るまでの事情は、正当防衛規定の分析に際しては考慮する必要がない。以上を踏まえて、次項においては一般ラント法における正当防衛規定の内容の検討を行う。

第二項　内容の検討

　内容の検討に先立ち、一般ラント法における正当防衛規定を確認する。一般ラント法は、第２編第20章第９節「個人に対する犯罪に関して」の517条から524条にかけて正当防衛規定を置いている。その内容は、以下の通りである[57]。

　517条　いかなる者も、自己、自己の家族（Seinige）若しくは同胞たる市民に差し迫っている不適法な侵害の危険を、事案に相応した救済手段によって回避する権限を有する。

　　（§517. Jeder hat die Befugniß, die ihm, oder den Seinigen, oder seinen Mitbürgern drohende Gefahr einer unrechtmäßigen Beschädigung, durch der Sache angemessene Hülfsmittel abzuwenden.）

　518条　ただし、正当防衛は、自力による暴力（eigenmächtige Gewalt）に対してのみ、しかも官憲による救助が侵害を回避することも、原状を回復することもできない場合に限り、これに対して行われる。

　　（§518. Die Nothwehr findet aber nur gegen eigenmächtige Gewalt, und auch gegen diese nur alsdann statt, wenn die obrigkeitliche Hülfe die Beleidigung weder abwenden, noch den vorigen Zustand wieder herstellen kann.）

---

[57] 訳出にあたり、曾根・刑法における正当化の理論37頁以下、村井・一橋研究年報. 法学研究８号417頁以下、足立監修・関東学院法学23巻１号160頁以下〔齊藤由紀訳〕を参照した。なお、一般ラント法519条及び520条は、一般法典草案425条及び426条と同一の内容であることから、原文の記載を省略した。

519条　正当防衛の行使は、急迫している害悪を回避するために必要である以上に行われてはならない。

520条　同様に、損害の回避のために選択した手段は、正当防衛によって回避される損害それ自体と均衡していなければならない。

521条　攻撃者の生命の危険にかかわる侵害は、他の方法によっては攻撃者の侵害から被攻撃者の人身（Person）を守ることができない場合に限り許される。
　　（§521. Lebensgefährliche Beschädigungen des Angreifenden sind nur erlaubt, wenn gegen dessen Beleidigung die Person des Angegriffenen anders nicht geschützt werden kann.)

522条　このことは、さもなければ損害が代替不可能である場合には、占有（Besitz）の防衛のためであっても行われる。
　　（§522. Dies findet auch zu Vertheidigung des Besitzes statt, wenn sonst der Schade unersetzlich seyn würde.)

523条　被攻撃者は、危険なく他人の攻撃を回避することができる限り、攻撃者の生命の危険にかかわる損傷を加える権利を持たない。
　　（§523. So lange der Angegriffene sich ohne seine Gefahr dem Angriffe des Andern zu entziehen vermag, ist er zu dessen lebensgefährlicher Beschädigung nicht berechtigt.)

　同法の特徴としては、第一に、一般法典草案と同じく、正当防衛規定が個人に対する犯罪一般に関する節に位置づけられている点を指摘することができる。この限りで、前項で示した理解が、一般ラント法の正当防衛規定に対しても同様に妥当する。すなわち、同法が正当防衛規定を個人に対する犯罪の節に置いた理由は、同法の起草者が、一方で国家契約説を背景に正当防衛規定の総則化を図りつつ、他方で公権力に対する抵抗権の存在を否定しようとした点に求められる。

　第二の特徴として、一般ラント法が、一般法典草案と異なり、緊急救助規定（517条）を置いていることを指摘することができる[58]。それゆえに、この点は、一見すると、一般法典草案の場合とは逆に Svarez の見解とは合致しないが、Klein の見解とは一致するようにも見える。しかしながら、この推論は、いずれも即断にすぎるといわざるをえない。

　まず Svarez の見解に関していえば、確かに von Bitter が指摘するように、彼

58　同様の指摘を行うものとして、*von Bitter*, Strafrecht, S. 182.

の見解は、自己防衛権構成を基礎としており、それゆえに517条と調和しないようにも見える[59]。しかしながら、注意しなければならないのは、517条は、「他者（Anderen）」ではなく、「自己の家族、もしくは同胞たる市民」としか規定していないということである[60]。仮に、自己に近しいというニュアンスを含めるために、あえて「他者」ではなく、「家族ないし同胞たる市民」という表現が用いられているとすれば[61]、Svarezが依拠する自己防衛権構成からも、517条の規定内容は、自己防衛という概念を広く解し、自己に近しい家族もしくは同胞たる市民の防衛も自己防衛にあたるとしたものと説明することができるのである。

このように考えると、517条の規定内容は、むしろKleinの見解と整合しない。なぜならば、Kleinの見解からすれば、あらゆる「他者」のための正当防衛が認められることになるはずだからである。実際、Kleinは、自らの見解を述べる場面と、517条の説明を行う場面とでは異なる説明を行っている。すなわち、Kleinは、自らの教科書においては、「正当防衛は、自己の権限によって、あるいは他者の権限（fremde Gewalt）によっても行うことができる。」と述べ、端的に緊急救助を肯定するのに対して[62]、517条の説明に際しては、517条は「自己の家族と同胞たる市民の防衛しか考えていなかった」と述べ、517条が包括的な緊急救助規定ではなかったことを示唆していたのである[63]。

以上に鑑みれば、一般ラント法における緊急救助規定に関しても、なおSvarezの影響力が大きかったのではないかと思われる。もっとも、このように考える場合、何故、一般法典草案から一般ラント法にかけて規定の変更が生じたのかがさらに問題となるが、この点は、本研究では解明することができなかった。ただし、前項でみた成立過程を踏まえれば、規定の変更は、おそらく懸賞論文ないし意見書をはじめとした第三者の影響に起因するものと推測される。ただし、この点は、あくまで仮説にとどまるものでしかない。いずれにせよ、重要なのは、一般ラント法における緊急救助規定は、Svarezの見解からもなお説明可能であったということである。

59　*von Bitter*, Strafrecht, S. 183.
60　本文中で後述するとおり、起草者であるKleinも同様の理解を示す（*Quistorp/Klein*, Grundsätze, §245 Anmerkung.）。
61　このような可能性を示唆するものとして、津田・緊急救助の基本構造7頁。
62　*Klein*, Grundsätze, S. 30.
63　*Quistorp/Klein*, Grundsätze, §245 Anmerkung. なお、圏点強調は引用者による。

第三の特徴として、一般ラント法は、基本的には、一般法典草案の制限規定を継承しているものの、部分的には、同草案以上に正当防衛の成立範囲を制限していることを挙げることができる。まず、一般ラント法519、520条は、それぞれ防衛行為の必要性要件、均衡性要件を定めるものであるが、これらは、一般法典草案の規定（同草案425、426条）をそのまま継受したものである。それゆえに、これらの規定に関しては、本章第一項第二款で示した理解が同様にあてはまる。また、官憲による救助が間に合わないことを要件とする一般ラント法518条も、「自力による暴力」に対する防衛であるという要件が新設されたことを除けば、基本的には一般法典草案424条を継受したものである。そのため、この限りで、本章第一款第二項で示した理解が同様にあてはまる。

　問題となるのは、「自力による暴力」要件の新設が同法における制限規定の新設をも意味するかである。この点に関して、Svarezは、「自力による暴力」要件が公権力に対する抵抗権を排除する趣旨であることを明言している[64]。それゆえ、同要件は、あくまで正当防衛規定が個人に対する犯罪の節に定められた趣旨を明確化するために設けられたものであり、一般ラント法において新設された制限要件ではない[65]。

　これに対して、一般ラント法521、522条は防衛行為の補充性を、また同523条は侵害退避義務をそれぞれ規定するが、これらは、補充性要件および侵害退避義務を認める点で一般法典草案427条以上に正当防衛の成立範囲を制限するものであった。では、何故、これらが規定されるに至ったのであろうか。von Bitterの分析によれば、一般ラント法521条以下の規定内容は、Globigの懸賞論文の中で一般法典草案427条に対して加えていたコメントと符合するという[66]。また、Sva-

---

64　*Svarez*, Vorträge, S. 621.
65　ただし、後世の法学者は、「自力による暴力」要件の存在を理由に、単なる名誉侵害に対する正当防衛の成立可能性が否定されるとする解釈論を展開している（例えば、*Geyer*, Nothwehr, S. 155.）。このような理解からすれば、一般ラント法の成立範囲は、一般法典草案のそれよりも縮小することになる。また、*von Bitter*, Strafrecht, S. 180 Fn. 898によれば、当時の普通法学者は、一般に、名誉を防衛するための正当防衛を認めることに対して否定的であったという。このことに鑑みれば、立法当時の段階において既に解釈論として同様の主張がなされていた可能性も十分に考えられる。
66　*von Bitter*, Strafrecht, S. 180. なお、Globigが執筆した懸賞論文は、プロイセン文化財枢密文書館（Gehemes Staatsarchiv Preußischer Kulturbesitz）に収蔵されているようであるが、時間の制約上、内容を確認することができなかった。そのため、同論文の検討については他日を期さざるをえない。

rez も、最終的に、一般ラント法521条以下の制限を肯定するに至っていたことに併せ考えれば、起草者である Svarez が、Globig の懸賞論文から影響を受けた結果、一般ラント法521条以下が規定されるに至ったという推論が成り立つように思われる。

付言すると、実際に、Globig の懸賞論文が立法作業において特に参考にされたとする間接証拠も見られることに鑑みれば、かかる推論の説得性は高いものと思われる。これに対して、Klein は、一般ラント法521条以下に相当する正当防衛の制限に言及していないことから、これらの規定に関しても Klein はほとんど影響を与えていなかったものと思われる。

以上の検討に鑑みれば、一般ラント法における正当防衛規定は、基本的には、一般法典草案と同様の基本思想に基づいていたと評価できるように思われる。もちろん、一般ラント法においては、おそらく第三者の影響を受けて、いくつかの点で重要な変更が加えられるに至った。しかしながら、これらの変更は、一般法典草案における基本思想を変容させるものではない。あくまで一般ラント法の正当防衛規定は、Svarez が依拠する国家契約説および自己防衛権構成から説明可能なものにとどまっているのである[67]。

第二節　プロイセン刑法典（1851年）

第一款　1827年草案から1833年草案まで

第一項　起草過程

プロイセン一般ラント法は、施行後まもなく、その規定の不完全性から改正を要するものとみなされるに至った[68]。さらに、そのため、幾度かにわたり、法改正が試みられたが、その結果、同法の不明確さがかえって強まってしまった[69]。

67　村井・一橋研究年報・法学研究 8 号418頁も、一般ラント法における正当防衛規定の背後には国家契約説的発想があったことを指摘する。
68　このことを指摘するものとして、*Vormbaum*, Einführung, S. 74. なお、Vormbaum は、同法の問題点として、その膨大な諸構成要件には、当時、裁判官の裁量の制限や刑罰威嚇効果の確保などの理由から要求されていた明確性が欠如していたことを指摘している (*ders.*, a. a. O., S. 74)。さらに、佐竹・立命館法学379号91頁も参照。

さらにその後、ウィーン会議（1814～15年）によって、それ以前はフランス領であり、またフランス法の適用下でもあったライン左岸地方がプロイセン領に編入された結果[70]、法の全面改正を通じてプロイセン領内全体の法を統一する必要性も生じた[71]。

以上のような背景の下、プロイセン国王 Friedrich Wilhelm Ⅲ世は、1823年2月5日に国務大臣 von Beyme に普通刑法草案の作成を委ねたが、その実現をみなかった[72]。そのため、同王は、1825年7月11日に再度司法大臣に草案の作成を委ねた[73]。その後、1825年12月には、草案作成の職責を引き継いだ新しい司法大臣 von Danckelmann によって、刑法改正に向けた委員会が創設された[74]。同委員会は、1826年1月に本改正の原則に関する協議を行い、検討すべき対象を16題目（このうちの第1題目が刑法）に分けることとした[75]。そして各題目について起草委員とその補佐からなる立法委員会 (Gesetzgebungs-Deputation) が組織され、刑法については、Bode が起草委員、von Kamptz、Sack および Fischenich が補佐を務めることとなった[76]。

1827年11月、起草委員 Bode は、総則のみを内容とする1827年草案とその理由書を審議のための未定稿として提出した[77]。1827年草案において、正当防衛は、第5章「可罰性を阻却または減軽する事由に関して」の120条から124条にかけて規定されている[78]。その後、各則部分をも含む1828年草案が審議のための未定稿

69　*Vormbaum*, Einführung, S. 74.
70　*Stenglein*（Hrsg.）, Sammlung Bd. 3, XI Preußischen Staaten, S. 3. *Vormbaum*, Einführung, S. 69. さらに、佐竹・立命館法学379号91頁以下参照。
71　*Vormbaum*, Einführung, S. 69, 74. なお、このような認識の背景には、プロイセン政府が、当初、プロイセン法の適用を同地方にも拡張しようとしたものの、同地方の市民層の抵抗により断念せざるをえなかったという事情がある（ders., a. a. O., S. 69 f.）。さらに、佐竹・立命館法学379号92頁参照。
72　*Jürgen Regge*, Chronologische Übersicht über Reformgeschichte des Straf-und Strafprozeßrechts in Preußen von 1780-1879, in: Schubert/Regge（Hrsg.）, Gesetzrevidion, Abt. 1, Bd. 1, S. XXXIV.（以下では、*Regge*, Übersicht, in: Schubert/Regge（Hrsg.）, Gesetzrevidion, Abt. 1, Bd. 1と表記する）
73　*Regge*, Übersicht, in: Schubert/Regge（Hrsg.）, Gesetzrevidion, Abt. 1, Bd.1, S. XXXIV.
74　*Regge*, Übersicht, in: Schubert/Regge（Hrsg.）, Gesetzrevidion, Abt. 1, Bd.1, S. XXXIV f. なお、同委員会の構成員は、von Danckelmann、von Kamptz、Stehe、Reibnitz、Köhler、Eichhorn、Sack、Müller、Savigny、Simmon、Fischenich、Scheffer、Schebler および Bötticher であった（a. a. O., S. XVI f.）。
75　*Regge*, Übersicht, in: Schubert/Regge（Hrsg.）, Gesetzrevidion, Abt. 1, Bd. 1, S. XXXV.
76　*Regge*, Übersicht, in: Schubert/Regge（Hrsg.）, Gesetzrevidion, Abt. 1, Bd. 1, S. XXXV.
77　*Regge*, Übersicht, in: Schubert/Regge（Hrsg.）, Gesetzrevidion, Abt. 1, Bd. 1, S. XXXV.

として印刷された[79]。この1828年草案の総則部分は、法律改正委員会による1827年草案の審議結果を踏まえたものであった[80]。したがって、1828年草案の総則部分は、法律改正委員会の審議結果を踏まえた修正が加えられたが、正当防衛規定に関する修正はほとんど見られない[81]。1828年草案は、法律改正委員会内部での審議および審議結果を踏まえた修正作業を経た後、1830年に内閣（Staatsministerium）に提出された（以下、この内閣に提出された草案を1830年草案と呼称する。）[82]。この1830年草案においても正当防衛規定に関する内容上の変更は確認されなかった[83]。1830年末に von Danckelmann が死亡し、改正作業は一旦中断されるに至ったが、その後、1832年2月9日に von Kamptz が法律改正大臣（およびライン州の司法行政大臣）に就任したことに伴い、改正作業が再開されることとなった[84]。そして1833年12月12日、von Kamptz は、Bode とともに、1830年草案をもとにした修正草案（以下、1833年草案とする。）およびその理由書を作成し、内閣に提出した[85]。この1833年草案においても、正当防衛規定については、若干の文言上の修正が加えられるにとどまった[86]。

　以上、1827年草案から1833年草案にかけての起草過程を概観した。そこから明らかとなるのは、1827年草案の正当防衛規定は、若干の文言上の修正がみられるにせよ、1833年に至るまで内容的な変更を受けなかったということである。つまり、1833年草案に至るまでは、1827年草案における正当防衛規定が基礎とされていた。また、1827年草案が起草委員 Bode によって起草されていることに鑑みれば、この時期の正当防衛規定は、Bode の影響を大きく受けたものであったとい

78　1827年草案における正当防衛規定については、次項参照。
79　*Regge*, Übersicht, in: Schubert/Regge（Hrsg.）, Gesetzrevidion, Abt. 1, Bd. 1, S. XXXV.
80　*Regge*, Übersicht, in: Schubert/Regge（Hrsg.）, Gesetzrevidion, Abt. 1, Bd. 1, S. XXXV.
81　1828年草案における正当防衛規定については、Entwurf des Straf-Gesetz-Buches für die Preußischen Staaten, 1828, in: Schubert/Regge（Hrsg.）, Gesetzrevidion, Abt. 1, Bd. 1, S. 285 f.
82　*Regge*, Übersicht, in: Schubert/Regge（Hrsg.）, Gesetzrevision, Abt. 1 Bd. 1 S. XXXVI.
83　1830年草案における正当防衛規定については、Entwurf des Straf-Gesetz-Buches für die Preußischen Staaten, Erster Theil. Criminal-Straf-Gesetze, 1830, in: *Schubert/Regge*（Hrsg.）, Gesetzrevidion, Abt. 1, Bd. 2, S. 486.
84　*Jürgen Regge*, Vorbemerkung, in: Schubert/Regge（Hrsg.）, Gesetzrevidion, Abt. 1, Bd. 3, S. XIV. なお、それ以外の州の司法行政大臣については、von Mühler が務めることとなった。
85　*Regge*, Übersicht, in: Schubert/Regge（Hrsg.）, Gesetzrevision, Abt. 1 Bd. 1, S. XXXVII.
86　1833年草案における正当防衛規定については、Revidirter Entwurf des Strafgesetzbuchs für Königl. Preußischen Staaten, Erster Theil. Kriminal-Strafgesetze, 1833. in: Schubert/Regge（Hrsg）, Gesetzrevision, Abt. 1, Bd. 3, S. 13.

える。それゆえ、この特徴を踏まえ、次項においては、Bode の意図が最もよく反映されている1827年草案を素材に検討を行う。

第二項　内容の検討

まず、この時期の草案の分析に先立って、検討素材として取り扱う1827年草案の規定内容を確認しておく[87]。

120条　正当防衛（gerechte Nothwehr）において行われた権利侵害は、罰しない。

（§120. Rechtsverletzung, die in gerechter Nothwehr verübt wurden, sind straflos.）

121条　正当防衛は、ある者が違法な攻撃に対して、即座に必要な官憲の保護を確実に求めることができるわけではなく、かつ自らに差し迫っている損害を回避するためには、暴力による自己防衛を除いて他により安全な手段をとりえない場合に存在する。

（§. 121. Nothwehr ist dann vorhanden, wenn Jemand gegen einen rechtswidrigen Angriff auf den, augenblicklich nöthigen, Schutz der Obrigkeit mit Gewißheit nicht rechnen kann, und ihm außer der gewaltsamen Selbstvertheidigung kein anderes sicheres Mittel zu Gebote steht, den ihm drohenden Schaden abzuwenden.）

122条　正当防衛は、官憲による救助の到達がここでも遅きに失するであろうということが十分考えられる場合には、明らかに差し迫っている攻撃の防止のためであっても、また既に行われた攻撃の防止のためであっても、また既に失われた占有物の取返しのためでさえも認められる。

（§122. Die Notwehr findet ebensowohl zur Abwendung eines unzweideutig androhten, als eines schon begonnenen Angriffs, und selbst zur Wiedererlangung des schon verlorenen Besitzes statt, wenn es wahrscheinlich ist, daß die Hülfe der Obrigkeit auch hier zu spät kommen würde.）

123条　被攻撃者自身だけでなく、被攻撃者を防衛する、もしくは援助するいかなる者も正当防衛の権利を有する。

（§123. Nicht nur Angegreiffene selbst, sondern auch ein Jeder, der denselben vertheidigt, oder ihm Beistand leistet, hat das Recht der Nothwehr）

124条　ただし、正当防衛は、危険の回避、若しくは失われた占有（Besitz）の取戻しという事情の下で必要である（nothwendig）以上に行われておらず、かつその際、

87　なお、条文の原文は、Entwurf des Criminal-Gesetz-Buches für die Preußischen Staaten, Berlin 1827, in: Schubert/Regge (Hrsg), Gesetzrevision, Abt. 1, Bd. 1, S. 17を参照した。

それ以上の暴力が行使されていない場合に限り、適切である。

（§. 124. Die Nothwehr ist aber nur dann gerecht, wenn sie nicht weiter getrieben, und keine größere Gewalt dabei ausgeübt wird, als unter den Umständen zur Abwendung der Gefahr, oder zur Wiedererlangung des verlornen Besitzes nothwendig ist.)

1827年草案の特徴として、第一に、正当防衛規定の総則化を徹底することによって、正当防衛の成立範囲の拡張を図っていることが挙げられる。このような意図は、起草者である Bode によって執筆された1827年草案理由書からも窺うことができる[88]。理由書は、まず正当防衛の規定方法として、殺人および傷害に関する節の中に正当防衛規定を置くことが考えられるが[89]、これは妥当でないとする。というのも、正当防衛状況下において行うことが正当化される手段として、殺人ないし傷害だけでなく、単なる打撃や自由の制約（例えば、自己を防衛するために自宅に侵入してきた強盗犯を監禁すること）も考えられるからである[90]。また同書は、一般ラント法のように個人に対する節に正当防衛を規定することも不適切であるとする[91]。同書によれば、そうではなく、（1827年当時から見て）最近の刑法典のいずれもがそうしているように、正当防衛規定は総則に定められなければならないとする[92]。その理由として、同書は、前述した正当防衛状況下で用いること

88　1827年草案理由書については、Motive zu dem, von dem Revisor vorgelegten, Ersten Entwurfe des Criminal-Gesetzbuches für Preußischen Staaten, Bd 1, 1827, in: Schubert/Regge (Hrsg.), Gesetzrevision, Abt. 1, Bd. 1, S. 25 ff. (以下では、Motive, Bd. 1, in: Schubert/Regge (Hrsg.), Gesetzrevision, Abt. 1, Bd. 1と表記する)

89　理由書は、このような立法例としてカロリーナ刑法典139条、1803年オーストリア刑法典127条、1810年フランス刑法典（1810年）328条を挙げている（Motive, Bd. 1, in: Schubert/Regge (Hrsg.), Gesetzrevision, Abt. 1, Bd. 1, S. 194.)。各立法の内容は以下の通りである（ただし、カロリーナ刑法典139条の内容は、既に確認しているため割愛する。)。

まず、1803年オーストリア刑法典127条の内容は以下の通りである（訳出の際に、Gesetzbuch über Verbrechen schwere polizey Uibertertungen, 1803, S. 68 f. を参照した。)。1803年オーストリア刑法典127条「正当防衛（gerechte Notwehr）を利用して人を殺した者は、犯罪を行っていない。ただし、行為者が、自己または自己の同胞（Nebenmenschen）の生命、財産もしくは自由を保護するために必要な防衛（nötige Vertheidigung）を行ったことが証明される、または人、時間、場所といった諸事情から根拠を有するものと推定されなければならない。」

次に、1810年フランス刑法典328条の内容は以下の通りである（なお、訳文は、中村編訳・ナポレオン刑事法典史料集成272頁によった。)。1810年フランス刑法典328条「殺人、傷害および打撲傷が、自己または他人の正当防衛（légitime défense）の現実の必要から起こったときは、重罪も軽罪も存在しない。」

90　Motive, Bd. 1, in: Schubert/Regge (Hrsg.), Gesetzrevision, Abt. 1, Bd. 1, S. 194.

91　Motive, Bd. 1, in: Schubert/Regge (Hrsg.), Gesetzrevision, Abt. 1, Bd. 1, S. 194. なお、一般ラント法における正当防衛規定に関しては、本章第一節第二款第二項参照。

92　なお、理由書は、このような最近の立法の例として、1813年バイエルン刑法典を挙げる。な

が正当化される手段に鑑みれば、正当防衛規定は名誉に対する侵害（Injurie）や自由侵害の章においても規定可能であるから、総則に規定する方がより望ましいことを挙げる[93]。

このように1827年草案理由書は、防衛対象には言及せず、防衛者の行為態様という観点から正当防衛の総則化を図るべきであることを主張するが、同書は、別の箇所で防衛対象についても制限を設けるべきでない旨を述べている。すなわち、「私見によれば、正当防衛および自己防衛の権利は、人間のあらゆる権利に対して妥当しなければならず、それゆえに、私は、……正当防衛が成立するとされる権利の個々の種類を……法律において列挙することは無用であり、かつ疑わしいものであるとみなしている。」というのである[94]。ここでは、防衛対象があらゆる権利であることから、防衛対象を具体的に列挙することにより正当防衛の成立範囲を限定することは妥当でないとされている。1827年草案の正当防衛規定において防衛対象は何ら言及されていないが、これは、以上のような起草者であるBodeの意図を反映したものであったのである。

以上を踏まえれば、起草者であるBodeは、防衛行為の態様および防衛対象のいずれの観点からしても正当防衛規定の総則化を図るべきであると考えていたために、1827年草案において総則の中に正当防衛を規定するに至ったと考えられる。また、これに伴い、1827年草案は、少なくとも一般ラント法の起草者であるSvarez自身の見解とは符合しないことになる。それゆえに、1827年草案と一般ラント法が依拠する正当防衛観は異にすると理解することもできるかもしれない。しかしながら、国家契約説的理解および自己防衛権構成からすれば、むしろ1827年草案のようにあらゆる権利が防衛対象たりうると理解する方が首尾一貫するだろう。というのも、このような理解からは、先にも述べたとおり、生命・身体侵害の場面であるか、それともそれ以外の権利侵害の場面であるかを問わず、国家が臣民を保護できない場合には、自己防衛権の復活が認められるはずだからである。このことを踏まえれば、1827年草案と一般ラント法が前提とする正当防衛理解は連続性をもっていると評価することもできよう。

　お、1813年バイエルン刑法典は、第5章「可罰性を阻却する事由に関して」の中に正当防衛を規定している。
93　Motive, Bd. 1, in: Schubert/Regge（Hrsg.）, Gesetzrevidion, Abt. 1, Bd. 1, S. 194.
94　Motive, Bd. 1, in: Schubert/Regge（Hrsg.）, Gesetzrevidion, Abt. 1, Bd. 1, S. 201.

第二の特徴として、1827年草案は、123条において、包括的な緊急救助規定を設けていることを挙げることができる。すなわち、一般ラント法517条は、「自己の家族、または同胞たる市民」という表現にとどまっていたのに対し、1827年草案123条は、「被攻撃者を防衛するあらゆる者」というより包括的な表現を用いているのである。それゆえに、1827年草案は、少なくとも文言レベルでは、一般ラント法において前提とされていたと思われる自己防衛権構成とは調和しないように見える。ただし、起草者は、1827年草案理由書において、123条の起草理由を次のように説明している。すなわち、「草案123条において、あらゆる者は、緊急状態（Noth）においては他者（自己の家族、または同胞たる市民）をも防衛する権利を有するという〔プロイセン一般ラント法——引用者注〕第20章517条というかつての規定が受容されている」とするのである[95]。ここでは、1827年草案123条が一般ラント法517条を継承する規定である旨が明言されており、また「他者」という表現が、「自己の家族、または同胞たる市民」と同義のものとして用いられている。それゆえに、「他者」が「自己の家族、また同胞たる市民」を意味すると解される限りにおいて、1827年草案は、なお自己防衛権構成からも説明可能なものとなっていた。

第三の特徴として、1827年草案において正当防衛の制限条項は、一般ラント法の規定を参照しつつ、（1827年草案の起草者から見て）不適切な規定に関しては適宜変更ないし削除している点を指摘することができる。またその結果、一般ラント法よりも正当防衛の成立範囲が拡張している点も併せて指摘することができる。

より具体的にいえば、まず1827年草案においては、官憲による救助を確実に求めることができるわけではないことが正当防衛の成立要件として挙げられている（121条）。この要件は、基本的には一般ラント法518条に対応するものであるが[96]、官憲による救助を確実に求めることができたかを判断基準とするという変更が加えられた。これにより、1827年草案は、一般ラント法518条よりも正当防衛の成立範囲を拡張することに成功した[97]。次いで、暴力を伴う自己防衛以外に他により安全な手段をとりえなかったことが要件として挙げられている（121

---

[95] Motive, Bd. 1, in: Schubert/Regge (Hrsg.), Gesetzrevision, Abt. 1, Bd. 1, S. 202.
[96] Motive, Bd. 1, in: Schubert/Regge (Hrsg.), Gesetzrevision, Abt. 1, Bd. 1, S. 196.
[97] 起草者である Bode 自身も、この意味で1827年草案121条は、一般ラント法518条の規定内容よりも優れていると考えていた（Motive, Bd. 1, in: Schubert/Regge (Hrsg.), Gesetzrevision, Abt. 1, Bd. 1, S. 197.）。

条)。この要件は、理由書において、例えば、一般ラント法521条のような個別規定をより一般的な表現に改めたものとして位置づけられている[98]。また同書によれば、このような表現に改めた理由は、第一に、他にとりうるより安全な手段を具体的に列挙することは不可能であること、第二に、例えば退避によっては明らかに回避することができない場合にまで、退避というより安全な手段があったと判断される恐れがあるなどといった弊害を回避することにあるという[99]。この記述に鑑みれば、退避がより安全な手段として想定されているため、先の要件は、おそらく現在でいうところの補充性要件を意味していたものと思われる。最後に、1827年草案においては、侵害を回避するために必要である以上の暴力を行使してはならないという要件が課されている（124条）。この要件は、必要性要件を意味するものであり[100]、また一般ラント法519条と符合するものである[101]。

　以上確認したように、1827年草案は、官憲による救助に関する要件、必要性要件、補充性要件に関しては、一部変更を伴いつつも、一般ラント法の規定を継承している。これに対して、一般ラント法において認められていたそれ以外の制限条項は、1827年草案において削除されるに至った。すなわち、まず一般ラント法においては、均衡性要件（520条）が認められていたが、1827年草案においては、均衡性要件に関する規定が設けられなかった。その理由として、起草者は、均衡性要件を課すことによって正当防衛の成立範囲があまりにも狭くなってしまうこと、均衡性の判断が被攻撃者にとっても裁判官にとっても困難であることなどを挙げている[102]。また、一般ラント法は、財物の代替不可能性に関する規定（523条）を設けているが、これもまた、1827年草案においては削除された。その理由としては、いかなる者も自らの権利に対する毀損を義務づけられないのだとすれば、権利侵害の大小、あるいは代替可能か代替不可能かは問題になりえないこと

98　Vgl. Motive, Bd. 1, in: Schubert/Regge (Hrsg.), Gesetzrevidion, Abt. 1, Bd. 1, S. 200.
99　Vgl. Motive, Bd. 1, in: Schubert/Regge (Hrsg.), Gesetzrevidion, Abt. 1, Bd. 1, S. 200.
100　理由書の説明によれば、この要件は、緊急状況の態様・程度および危険の回避が必要とする以上に危険な防衛手段を行使することは許されないとする趣旨であるという（Motive, Bd. 1, in: Schubert/Regge (Hrsg.), Gesetzrevidion, Abt. 1, Bd. 1, S. 202.)。
101　1827年草案理由書が、124条の説明の際に一般ラント法519条に言及しており、かつ一般ラント法519条に対しては何らの反論を行うことはできないとしていることに鑑みれば（Motive, Bd. 1, in: Schubert/Regge (Hrsg.), Gesetzrevidion, Abt. 1, Bd. 1, S. 202.)、同理由書も両規定が対応関係にあると理解しているものと思われる。
102　Vgl. Motive, Bd. 1, in: Schubert/Regge (Hrsg.), Gesetzrevidion, Abt. 1, Bd. 1, S. 203 f.

が挙げられている[103]。

　これらを踏まえると、ここでも1827年草案は、Svarez の見解とは符合しないことになるが、1827年草案におけるこれらの制限要件は、国家契約説的理解および自己防衛権構成からも説明可能なものとなっている。すなわち、既述の通り、国家契約説は、国家が保護できない場合に自己防衛権の復活を認めるものであるが、官憲による救助に関する要件および補充性要件は、国家が保護できない場合を判断するためのメルクマールとして理解することができる。また国家契約説においては、自己防衛権の復活が損害の回避のために必要な限度で認められるとされることを踏まえれば、必要性要件も説明可能であろう。

　ここまでの検討から、1827年草案は、一般ラント法の諸規定を参照しつつも、適宜、正当防衛の成立範囲を拡張する方向での変更を加えていたことが明らかとなった。これらの変更点については、——理由書を参照するだけでは、起草者であるBodeの見解が明らかとならなかったことに起因するが——別様の理解が可能である。すなわち、一方で、文言上の変更点（とりわけ緊急救助規定）に着目し、1827年草案と一般ラント法は、前提とする正当防衛に対する理解を異にすると解することができる。他方で、理由書の説明を踏まえて、1827年草案においてもなお、国家契約説的理解および自己防衛権構成が前提とされていたと理解することもできる（ただし、一般ラント法の起草者である Svarez の見解とは整合しない。）。

　なお、本稿としては、——あくまで仮説にとどまるという留保を付さざるをえないが——後者の理解が妥当であると考えている。その理由としては、第一に、1827年草案は、多くの変更を伴っているにせよ、あくまで一般ラント法が基調とされているため、少なくともその基本思想が継承されていると理解する方が理に適っていることが挙げられる[104]。第二に、次款で示すように、1836年草案の審議過程において、同草案の正当防衛規定が国家契約説に基づくものとして理解されていたことを挙げることができる。すなわち、少なくとも正当防衛規定に関しては、1836年草案は、防衛対象が人身、名誉ないし財産に限定されている点を除け

103　Vgl. Motive, Bd. 1, in: Schubert/Regge (Hrsg.), Gesetzrevidion, Abt. 1, Bd. 1, S. 198 f.
104　それどころか、1827年草案は、一般ラント法が依拠する国家契約説的理解を（外在的制約を廃したという意味で）より純化したと評することすらできるかもしれない。このことは、同草案において、正当防衛の総則化が徹底されたという事情からも、正当防衛の制限条項に関する変更（例えば、一般ラント法において「自然的衡平」の見地から認められていた均衡性要件は削除された点）からも窺うことができる。

ば1827年草案の規定を継承している。そのため、1836年草案が国家契約説的構成に基づくものだとすれば、1827年草案も同様に国家契約説的理解に依拠していたと理解する方が合理的であるように思われる。

第二款　1836年草案から1843年草案まで

第一項　起草過程

1833年草案を内閣に提出した後も、von Kamptzは、同草案を十分なものであるとは考えていなかったため、個人的に1833年草案の修正作業を継続した[105]。この修正作業を経て完成したのが1836年草案である（なお、同草案の理由書は作成されなかった。）。Reggeによれば、1836年草案は、多数の実質的内容の変更を含むものであったとされるが[106]、このような評価は、正当防衛の脈絡においても妥当する。すなわち、1836年草案において、正当防衛規定は81条から84条にかけて規定されたが、そこでは1833年草案までの条文の配列が変更されただけでなく[107]、防衛対象が人身、名誉ないし財産に限定される（81条）という内容上の重要な変更も含まれていたのである[108]。

1838年3月4日、1836年草案の審議を行うために、内閣および枢密院の構成員からなる枢密院直属委員会（Immediatkommission）が創設された[109]。同委員会での審議は、1838年3月6日から1842年12月10日までの間に113回にわたり行われた[110]。正当防衛規定に関する審議は、まず第14回会議（1838年11月3日）において行われた。1836年草案に関する直属委員会での審議結果を踏まえ、1836年草案第2稿が起草された。この第2稿において、正当防衛規定は98条から101条に定め

105　*Regge*, Vorbemerkung, in: Schubert/Regge（Hrsg.）, Gesetzrevidion, Abt. 1, Bd. 3, S. XVI.
106　*Regge*, Vorbemerkung, in: Schubert/Regge（Hrsg.）, Gesetzrevidion, Abt. 1, Bd. 3, S. XVI.
107　同様の指摘を行うものとして、徳永・過剰防衛の研究188頁。
108　1836年草案における正当防衛規定については、次項参照。
109　*Waldemar Banke*, Der erste Entwurf eines Deutschen Einheitsstrafrechts. 2. Der Vorentwurf zum ersten Deutschen Einheitsstrafrecht, in: Schubert u. a.（Hrsg.）, Entwürfe, S. 29.（以下では、*Banke*, Entwurf, in: Schubert u. a.（Hrsg.）, Entwürfe と表記する。）; *Werner Schubert*, Einleitung, in: Schubert/Regge（Hrsg.）, Gesetzrevidion, Abt. 1, Bd. 4, S. XIII.（以下では、*Schubert*, Einleitung, in: Schubert/Regge（Hrsg.）, Gesetzrevidion, Abt. 1, Bd. 4と表記する）。なお、枢密院直属委員会の構成員は、発足当初、Müffling, Kamptz, Mühler, Rochow, Sethe, Köhler, Eichhorn, Duesberg, Arnim, Jänigen の9名であった。なお、各構成員の略歴に関しては、Vgl. *Schubert*, Einleitung, in: Schubert/Regge（Hrsg.）, a. a. O., S. XIV ff.
110　Schubert, Einleitung, in: Schubert/Regge（Hrsg.）, Gesetzrevidion, Abt. 1, Bd. 4, S. XIII.

られているが[111]、内容的には、1836年草案とさほど変わらないものであった。その後、直属委員会において、第2稿の審議が開始され、第32回会議（1840年2月22日）には、正当防衛規定に関する審議が行われた。そして、第2稿に関する審議の結果を踏まえ、1836年草案第3稿が起草された。第3稿は、84条から87条に正当防衛規定を設けているが[112]、その規定内容は、第2稿の正当防衛規定とほとんど異ならないものであった。

　1842年2月28日、内閣令により、von Kamptzが解任された後、von Savignyが法律改正大臣の任を引き継いだ[113]。von Savignyは、1842年12月28日に、先述した直属委員会の議論を踏まえた修正草案を国王に提出した[114]。そして1843年1月9日の内閣令によって、国王は、一部の修正希望を除いて同草案を認可した[115]。これが1843年草案である。同草案における正当防衛規定は、84条から87条にかけて定められており、1836年草案第3稿の規定内容と同一のものである[116]。

　以上では、1836年草案から1843年草案に至るまでの起草過程を概観した。そこでは、1836年草案は、（1827年草案の起草者の意図に反して）防衛対象の限定を行い、かつそれが1843年草案に至るまで維持されたということが明らかとなった。また、1836年草案はvon Kamptzの個人的な修正によるものであることに鑑みれば、先に述べた防衛対象の限定もvon Kamptzの意向に基づくものである可能性が高い。そこで次項では、1836年草案を検討素材とする。ただし、1836年草案の検討にあたっては、同草案の理由書が作成されなかったこと、およびvon Kamptzも枢密院直属委員会の構成員であったという事情を踏まえ、1843年草案に至るまでの枢密院直属委員会の審議録を間接資料として参照することとした[117]。

111　1836年草案第2稿における正当防衛規定については、2. Redaktion des Ersten Theils des Entwurfs des Strafgesetzbuchs, in: Schubert/Regge (Hrsg.), Gesetzrevidion, Abt. 1, Bd. 4, S. 268.
112　1836年草案第3稿における正当防衛規定については、3. Redaktion des Ersten Theils des Entwurfs des Strafgesetzbuchs, in: Schubert/Regge (Hrsg.), Gesetzrevidion, Abt. 1, Bd. 4, S. 294.
113　*Regge*, Übersicht, in: Schubert/Regge (Hrsg.), Gesetzrevidion, Abt. 1, Bd. 1, S. XXXIX.
114　Stenglein (Hrsg.), Sammlung Bd. 3, XI Preußischen Staaten, S. 5.
115　*Regge*, Übersicht, in: Schubert/Regge (Hrsg.), Gesetzrevision, Abt. 1 Bd. 1, S. XXXIX.
116　1843年草案の内容については、Entwurf des Strafgesetzbuchs für die Preußischen Staaten, nach den Beschlüssen des Königlichen Staatsraths, 1843, in: Schubert/Regge (Hrsg.), Gesetzrevision (1825-1848), Abt. 1, Bd. 5, 1994, S. 16 f.
117　なお、Reggeは、1836年草案理由書が作成されなかったという事実を、von Kamptzが1833年草案理由書に変更を加えなかったと評価する結果、「1833年草案の理由書は、実際上1836年草案の理由書でもある」との認識を示している（*Regge*, Vorbemerkung, in: Schubert/Regge (Hrsg.),

第二項　内容の分析

まず、この時期の草案の分析に先立って、検討素材として取り扱う1836年草案の規定内容を確認しておく[118]。

81条　同様に、正当防衛（gerechte Nothwehr）において行われた行為も罰しない。正当防衛は、ある者が違法な攻撃に対して、即座に必要な官憲な保護を確実に求めることができるわけではなく、かつ自らの人身、名誉もしくは財産に差し迫っている害を回避するためには、暴力による自己防衛を除いて他により安全な手段をとりえない場合に存在する。

（§81. Auch in die gerechter Nothwehr begangen Handlungen sind straflos. Nothwehr ist vorhanden, wenn Jemand gegen einen rechtwidrigen Angriff auf den augenblicklich nöthigen Schutz der Obrigkeit mit Gewißheit nicht rechnen kann, und ihm, außer der gewaltsamen Selbstvertheidigung, kein anderes sicheres Mittel zu Gebote steht, den ihm drohenden Schaden an seiner Person, Ehre oder Vermögen abzuwenden.）

82条　被攻撃者または危険にさらされた者自身だけでなく、被攻撃者を防衛する、または援助するいかなる者も正当防衛の権利を有する。

（§82. Nicht nur Angegreiffene oder Bedrohete selbst, sondern auch ein Jeder, der denselben vertheidigt, oder ihm Beistand leistet, hat das Recht der Nothwehr.）

83条　正当防衛は、明らかに差し迫っている攻撃を回避するためであっても、また既に行われた攻撃を回避するためであっても、さらには官憲による救助がここでも遅きに失するであろうことが十分考えられる場合には攻撃者によって既に失われた占有を取り返すためでさえも存在する。

（§83. Die Notwehr findet eben sowohl zur Abwendung eines unzweideutig angedroheten, als eines schon begonnenen Angriffs und selbst zur Wiedererlangung des schon verlornen Besitzes statt, wenn es wahrscheinlich ist, daß die Hülfe der Obrigkeit auch hier zu spät kommen werde.）

84条　ただし、正当防衛は、その目的が必要とする以上に行われない場合に限り正当である。同様に、権利者にとって、その関係に基づけば、取るに足らないと見なされる有価物（Vermögenstück）の占有の取返しのために、生命もしくは健康に危険

Gesetzrevidion, Abt. 1, Bd. 3, S. XVI）。確かに、von Kamptzが実際にそのように考えた結果、1836年草案の理由書が作成されなかった可能性は否定できない。しかし、仮にそうであるとしても、1833年草案の理由書から、1836年草案において初めて生じた実質的な内容変更の理由を明らかにすることはできない。それゆえ、少なくともその限りにおいて、先に述べたReggeの認識は不適切であるように思われる。

118　条文の原文は、Revidirter Entwurf des Strafgesetzbuchs für Königlich-Preußischen Staaten, 1836. in: Schubert/Regge（Hrsg.), Gesetzrevidion, Abt. 1, Bd. 3, S. 821による。

のある暴力による手段を用いることは許されない。
　(§. 84. Die Nothwehr ist aber nur dann gerecht, wenn sie nicht weiter geübt wird, als ihr Zweck es erfordert. Auch dürfen zur Wiedererlangung des Besitzes von Vermögenstücken, die für den Berechtigten, nach seinen Verhältnissen, als unerheblich anzusehen sind, gewaltsame, dem Leben oder der Gesundheit gefährliche, Mittel nicht angewandt werden.)

　1836年草案の特徴としては、第一に、正当防衛規定を総則に位置づけている点では1827年草案を継承しつつも、人身、名誉または財産に防衛対象を限定する点で1827年草案の内容を変更していることを挙げることができる。
　まず、前者の点であるが、これは、1836年草案も国家契約説に基づいて正当防衛概念を理解しているという事情によるものと思われる。1836年草案が国家契約説に依拠していることを示す間接証拠として、枢密院直属委員会第14回会議における議論を挙げることができる。同会議では、1836年草案83条が「既に失われた占有の取返し」のためであったとしても正当防衛の成立可能性を認めることに対する疑義が提起されたが[119]、かかる疑義は、以下のような理由から退けられた。すなわち、「正当防衛理論が依拠する原則は、国家が攻撃による不利益な帰結から違法な攻撃を受けた者を保護できない場合に、その者は、自然状態におけるのと同様に自分自身を保護してもよいとするものであるが、かかる原則は、上で述べられた場合〔既に失われた占有の取返しの場合──引用者注〕にも適用されなければならない。」とされたのである[120]。この記述からは、1836年草案における正当防衛規定が、国家契約説構成に基づいて理解されていることを窺うことができる。仮にこのような理解が正しいとすれば、1836年草案においてもなお、正当防衛が総則に規定されている理由を説明することは容易なものとなる。というのも、既述の通り、国家契約説的構成からは、あえて防衛対象を限定する論理構成を採用する理由はないからである。
　もちろん、このように理解されるとすれば、防衛対象を人身、名誉ないし財産に限定する必要はないという帰結に至るはずである。それにもかかわらず、1836

119　Berathungsprotokolle der zur Revision des Strafrechts ernannten Kommission des Staatsraths, den Ersten Theil des Entwurfs des Strafgesetzbuchs betreffend (1839), in: Schubert/Regge (Hrsg.), Gesetzrevidion, Abt. 1, Bd. 4, S. 107.（以下では、Berathungsprotokolle, in: Schubert/Regge (Hrsg.), Gesetzrevidion, Abt. 1, Bd. 4と表記する）
120　Berathungsprotokolle, in: Schubert/Regge (Hrsg.), Gesetzrevidion, Abt. 1, Bd. 4, S. 107.

年草案は、何故、人身、名誉ないし財産に防衛対象を限定したのであろうか。この点で参考になるのが、枢密院直属委員会第14回会議において、「攻撃（Angriff）」という表現は、その語用法上、人身に対する攻撃しか意味しないのではないかという疑義が提起されていたという事情である[121]。このことが示唆するのは、1827年草案のように、防衛対象を具体的に示すことなく、「攻撃」という文言を用いてしまうと、人身に対する「攻撃」に対してしか正当防衛を行いえないという誤解を生じさせる恐れがあったということである。この点を懸念して、von Kamptz は、――1827年草案の起草者である Bode の見解に反して――防衛対象をより詳細に特徴づける必要があると考えたのではないかと思われる[122]。このような理解が正しいとすれば、少なくとも von Kamptz は、1827年草案の内容を変更する意図、つまり防衛対象を限定する意図を有していなかったのではないかと思われる[123]。実際、1843年草案の立法関係資料においては、自由や貞操（Keuschheit）といった利益も「人身」概念に含まれるとされている[124]。つまり、「人身」概念を広く解することによって防衛対象を限定しないような解釈が試みられているのである。

　なお、1836年草案の特徴としては、これ以外にも包括的な緊急救助規定（82条）が置かれていること、1827年草案と同様の制限規定が確認されることを挙げることができる。これらの特徴は、1827年草案と同様のものであるため、その限りで、前述した1827年草案と同様の評価をなしうると考えられる。

　以上を踏まえれば、1836年草案における正当防衛規定は、まず、国家契約説的な理解に依拠していたといえる。加えて、1836年草案は、基本的に1827年草案を継承したものとして評価できるように思われる。すなわち、1836年草案は、まず緊急救助規定および正当防衛の制限規定に関しては1827年草案を継承しており、また1827年草案との相違点である防衛対象の問題に関しても、先述したとおり、1827年草案の内容を変更する意図は含まれていなかったものと思われる。

121　Berathungsprotokolle, in: Schubert/Regge (Hrsg), Gesetzrevision, Abt. I, Bd. 4, S. 107.
122　Vgl. *Goltdammer*, Materialien, Bd. 1, S. 362 f.
123　Vgl. *Goltdammer*, Materialien, Bd. 1, S. 362 f.
124　Erinnerungen gegen das System und Eintheilungen des Entwurfs im Allgemein, in: *Schubert/Regge* (Hrsg.), Gesetzrevidion, Abt. 1, Bd. 5, S. 431 f.

第三款　1845年草案から1847年草案まで

第一項　起草過程

1843年草案は、内閣の決議に基づいて各州議会に送付された[125]。これを受けて、各州議会は、同草案の審議を行った後、建白書と審議資料を国王に送付した[126]。その後、国王 Friedrich Wilhelm Ⅳ世は、1843年11月24日の内閣令において、von Savigny に対し、法律改正省による草案の再編纂を行うよう命じた[127]。これを受けて、von Savigny の監督の下、Bischoff[128]、Heydemann[129]および Meyer の手によって、草案の修正作業が行われた[130]。この作業により起草された新草案が1845年に提出された（以下、1845年草案と呼称する。）[131]。

1845年草案における正当防衛規定は、63条および66条において規定されており[132]、また重要な変更を多数含むものであった。具体的にいえば、同草案63条においては、第一に、1843年草案段階では、「人身、名誉もしくは財産に対する攻撃」とされていた文言が「人身または財産に対して向けられた違法な攻撃」という表現へと変更された。第二に、「即座に必要な官憲による保護を確実には求めることができない」、「他により安全な手段をとりえない」といった表現が、「防衛のために必要な」という表現に改められた。

1845年草案に関する審議は、枢密院直属委員会において[133]、1845年10月18日から1846年11月18日まで行われた（なお、正当防衛規定に関する審議は、1845年11月26日

125　*Werner Schubert*, Einleitung, in: Schubert/Regge（Hrsg.）, Gesetzrevidion, Abt. 1, Bd. 5, S. XIII.（以下では、*Schubert*, Einleitung, in: Schubert/Regge（Hrsg.）, Gesetzrevidion, Abt. 1, Bd. 5と表記する。）
126　*Schubert*, Einleitung, in: Schubert/Regge（Hrsg.）, Gesetzrevidion, Abt. 1, Bd. 5, S. XIII.
127　*Schubert*, Einleitung, in: Schubert/Regge（Hrsg.）, Gesetzrevidion, Abt. 1, Bd. 5, S. XIII.
128　Bischoff の経歴については、*Schubert*, Einleitung, in: Schubert/Regge（Hrsg.）, Gesetzrevidion, Abt. 1, Bd. 4, S. XIV.
129　Hydemann の経歴については、*Teichmann*, ADB Bd. 12, S. 349 f.
130　*Schubert*, Einleitung, in: Schubert/Regge（Hrsg.）, Gesetzrevidion, Abt. 1, Bd. 5, S. XIV.
131　*Schubert*, Einleitung, in: Schubert/Regge（Hrsg.）, Gesetzrevidion, Abt. 1, Bd. 5, S. XIV.
132　1845年草案における正当防衛規定については、次項参照。
133　*Berner*, Strafgesetzbgebung, S. 235によれば、この際、直属委員会の構成員として新たに Kleist と Jähnigen が加わったという。また、同会議においては、草案の起草者の一人である Bischoff が報告担当者を務めたとされる。なお、Kleist および Jähnigen の経歴については、*Schubert*, Einleitung, in: Schubert/Regge（Hrsg.）, Gesetzrevidion, Abt. 1, Bd. 4, S. XV f.

の第 7 回会議において行われた。)[134]。この審議結果を踏まえ、1846年草案が新たに発案された[135]。1846年草案は、53条に正当防衛を規定している[136]。この1846年草案における正当防衛規定は、基本的に1845年草案と同様のものであった。

1846年草案は、とりわけライン州側からの異議を受けたため、新たに 4 人のライン州側の法律家を迎えた上で枢密院直属委員会において再度の審議が行われるに至った[137]。その審議の結果、起草されたのが1847年草案である[138]。1847年草案は、55条に正当防衛を規定しているが、内容的には、1846年草案とさほど異ならないものであった[139]。

以上、1845年草案から1847年草案に至るまでの起草過程を概観した。そこでは、1845年草案において、多数の重要な文言の変更が行われており、そしてその変更が1847年草案に至るまで概ね維持されたことが明らかとなった。つまり、この時期の諸草案における文言の変化の多くが、1843年草案の公表後に寄せられた意見書ないし批判書を受けて行われた1843年草案の修正作業に起因するものである。そこで次項において行う内容の検討にあたっては、1845年草案を検討素材とすることとしたい。

第二項　内容の検討

内容の検討に先立ち、あらかじめ検討素材である1845年草案における正当防衛規定を確認しておく[140]。

　　63条　人身もしくは財産に対して向けられた違法な攻撃の回避のために被攻撃者自身

134　*Schubert*, Einleitung, in: Schubert/Regge (Hrsg.), Gesetzrevidion, Abt. 1, Bd. 4, S. XIV.
135　*Banke*, Entwurf, in: Schubert u. a. (Hrsg.), Entwürfe, S. 26.
136　1846年草案における正当防衛規定については、Entwurf des Strafgesetzbuchs für die Preußischen Staaten, von der Koniglichen Immediat-Kommission dem Plenum des Staatraths vorgelegt, 1846, in: Schubert/Regge (Hrsg.), Gesetzrevidion, Abt. 1, Bd. 6, Teil 1, 1996, S. 365.)
137　この 4 人のライン州側の法律家とは、具体的には、Simons、Madihn、von Ammon、Grimm のことである (*Banke*, Entwurf, in: Schubert u. a. (Hrsg.), Entwürfe, S. 30.)。
138　なお、1847年草案起草に至るまでの詳細な経緯に関しては、さしあたり野澤・中止犯の理論構造280頁以下参照。
139　Entwurf des Strafgesetzbuchs für die Preußischen Staaten. Zur Vorlegung an die vereinigten Ständischen Ausschusse bestimmt, 1847, in: Schubert/Regge (Hrsg.), Gesetzrevidion, Abt. 1, Bd. 6, Teil 2, S. 748 f.
140　Revidirter Entwurf des Strafgesetzbuchs für die Preußischen Staaten. Vorgelegt von dem Ministerium der Gesetz-Revision, 1845, in: Schubert/Regge (Hrsg.), Gesetzrevidion, Abt. 1, Bd. 6, Teil 1, S. 17.

第四章　Berner 前後の立法の展開　　*139*

または他人によって行われた、それ自体可罰的な行為は、その行為が防衛という目的のために必要であった、つまり正当防衛（rechte Nothwehr）において行われた限りで罰しない。

　同様のことは、犯行現場で犯罪者を逮捕するため、または力づくで他者の所有地に侵入する、もしくは所有者の意思に反してそこに居座る者を追い払うために行われた行為についても妥当する。

　（§. 63. Eine an sich strafbare Handlung, welche zur Abwendung eines gegen die Person oder gegen das Vermögen gerichten rechtswidrigen Angriffs von dem Angegriffenen selbst oder von einem Anderen begangen wird, soll, soweit sie für den Zweck der Vertheidigung erforderlich war, als in rechter Nothwehr begangen, straflos bleiben.

　Dasselbe gilt von solchen Handlungen, welche vorgenommen werden, um einen auf der That ertappten Verbrecher festzunehmen, oder denjenigen zu vertreiben, welcher in eines Anderen Besitzthum mit Gewalt eindringt, oder darin wider den Willen des Besitzers vertreibt.）

　1845年草案の特徴として、第一に、正当防衛規定が総則規定に位置づけられている一方で、防衛対象が人身もしくは財産に限定されていることを指摘することができる。では、何故、1845年草案は、防衛対象を人身もしくは財産に限定したのであろうか。換言すれば、何故、1845年草案においては、「名誉」という表現が削除されるに至ったのであろうか。この点に関する Goltdammer の分析によれば、これは、自由と同様に名誉も「人身」概念に包摂されると理解されたことによるものであるという[141]。この分析が正当なものであるとすれば、この限りで、1845年草案は、1836年草案の内容を変更する趣旨を含んでいなかったものと理解できる。それゆえ、ここでは1845年草案においても、1836年草案に対する評価がそのまま妥当する。

　第二の特徴として、「自己または他人によって行われた……行為」という表現に改められたことにより、1843年草案までは独立の規定として定められていた緊急救助が正当防衛条項の中に取り込まれる形で規定されるようになったことを指

141　*Goltdammer*, Materialien, Bd. 1, S. 363. なお、このような1845年草案の理解の背景には、攻撃は暴力を伴うものでなければならないため、言葉による侮辱に対しては正当防衛をなしえないとする理解が存在する（Vgl. *Goltdammer*, a. a. O., S. 363. さらに、山田・法学政治学論究115号52頁以下も参照。）。このような理解に対して、*Berner*, ArchCrimR NF 1848, S. 575は、言葉による侮辱に対する正当防衛の例として、侮辱的な示威行動を妨害する、あるいは誹謗文書を撤去するなどといった態様を挙げることによって、言葉による侮辱に対する正当防衛を否定する見解の不当性を論難している。つまり、Berner からすれば、攻撃は暴力を伴うものでなければならないという前提がそもそも不当なのである。

摘することができる。

　このような表現の変化は、Goltdammer によれば、1810年フランス刑法典328条の影響によるものであるという[142]。もっとも、ここでの脈絡において、何故、1845年草案の立法者が1810年フランス刑法典を参照したかは明らかではない。加えて言えば、「自己保存本能や、緊急時の危険の評価および防衛の程度の調整の不可能性」が論拠として援用されていたといわれる1810年フランス刑法典328条において[143]、何故、（先の論拠からは説明が困難な）緊急救助が条文上認められていたかも明らかではない[144]。そのため、断言することはできないが、正当防衛と緊急救助が同一の規定に置かれているという事実からは、緊急救助が正当防衛の枠組みで理解されていることを示唆する（少なくとも、そのような解釈をも許容する）点で重要な変更であったといいうるように思われる。

　第三の特徴として、正当防衛の制限要件が必要性要件のみになったことを指摘することができる。すなわち、前項でも指摘したとおり、それ以前の諸草案においては明文で認められていた正当防衛の制限要件（官憲による救助を求めることができないこと、補充性要件）が1845年草案において削除された。

　このことから、一見すると、官憲による救助に関する要件、および補充性要件が、正当防衛の成立要件ではなくなったようにも見える。しかしながら、Goltdammer の分析によれば、先に述べた1845年草案の変更点は、必ずしも官憲による救助に関する要件、および補充性要件を否定する趣旨のものではなかったという。すなわち、1845年草案の起草者は、一般論としてはこれらの要件を承認していたが、「防衛の目的のために必要であった限りで」という表現を用いる方がその趣旨をよりよく、より無難に表すことができると考えたというのである[145]。

　このような Goltdammer の分析が正当であることは、その他の間接資料からも窺うことができる。例えば、1847年草案理由書は、1845年草案63条と概ね同様の規定を有する1847年草案55条について、「まず正当防衛の概念が、1843年草案の個別の諸規定に基づいてより厳密に要約された」規定であるという説明を行っている[146]。このことからは、1845年から1847年にかけての諸草案においても、

142　*Goltdammer*, Materialien, Bd. 1, S. 365 f.
143　徳永・過剰防衛の研究328頁。
144　なお、自己保存本能などの論拠から緊急救助の説明が困難であることについては、第一章第一節第一款第一項参照。
145　Vgl. *Goltdammer*, Materialien, Bd. 1, S. 361 f.

1843年草案（および1843年草案の基礎をなす1836年草案）の趣旨を変更する意図は含まれておらず、あくまでその内容を要約する意図が含まれていたにとどまることが明らかとなる。つまり、起草者は、官憲による救助に関する要件および補充性要件を含意した包括的な表現として、「防衛のために必要であった」という表現を選択したと理解することができるのである。仮にこのように理解できるとすれば、この点に関しても、1836年草案に対する評価がそのまま妥当するものと思われる。

　以上を踏まえれば、1845年草案における正当防衛規定は、基本的に1836年草案と連続的に理解することができるように思われる。もちろん、1845年草案は、1836年草案と比較した際に多数の文言の変更を含むものではあったが、それは、1836年草案の内容を変更する趣旨ではなく、より一般的な表現に改める際に結果的に生じたものだったのである[147]。

第四款　1848年草案から1851年プロイセン刑法典まで

第一項　成立過程

　1847年6月24日、統合州議会（Vereinigte Landtag）に対して出された国王の通達によって、1847年草案の審議は、1847年2月3日に創設された統合等族委員会（Vereinigte Ständische Ausschuss）に委ねられることとなった[148]。この統合等族委員会においては、準備部会が開催された後、本会議による審議が、1848年1月17日から1848年3月6日まで行われた[149]。統合等族委員会本会議終了後の1848年3月20日、司法大臣 von Savigny および司法行政大臣 Uhden が失職したが[150]、同日に von Savigny によって提出された、今後の刑法の取り扱いについての概要を記した建白書により、司法省内部での草案の改正作業は引き続き行われること

146　Motive zu dem Entwurf des Strafgesetzbuchs für die Preußischen Staaten und den damit verbundenen Gesetzen vom Jahre 1847, in: Schubert/Regge (Hrsg.), Gesetzrevision, Abt. 1, Bd. 6, Teil 2, S. 873.
147　1845年草案において見られる正当防衛規定の一般化ないし抽象化傾向は、1843年草案に対する当時の普通法学者の批判に起因するものと推測される。例えば、Temme, Critik, S. 154は、1843年草案における正当防衛規定が詳細すぎることを批判している。
148　Berner, Strafgesetzbgebung, S. 238.
149　Berner, Strafgesetzbgebung, S. 238.
150　Schubert/Regge (Hrsg.), Gesetzrevision, Abt. 1, Bd. 1, S. XLII.

となった[151]。なお、この改正作業においては、司法大臣、司法次官および法律顧問官 Bischoff ならびに Simons が草案の編纂者を務めることとなった[152]。

以上のような司法省の改正作業によって起草されたのが1848年草案である。1848年草案において正当防衛規定は、33条に規定されているが[153]、その内容は、1847年草案から大きく変化し、後述する1851年プロイセン刑法典に近しいものとなった[154]。特に重要な変更点としては、第一に、防衛対象を限定する文言がなくなり、「自己または他人」という表現になったこと、第二に、現在のドイツ刑法32条においても見られる「要請される」という表現が初めて登場することを指摘することができる。

その後、立法作業は、大部分において1848年草案の内容と一致する1849年草案を経た後[155]、最終的に1850年12月10日に終了した[156]。この結果、起草された1850年草案は、審議のために、議会の上院および下院に提出された[157]。両院において可決され、国王による裁可を受けたことにより成立した新刑法は、1851年7月1日に施行された[158]。これが1851年プロイセン刑法典である。

以上の成立過程から明らかになるのは、1848年草案の段階になってようやく、1851年プロイセン刑法典の正当防衛規定に近しい内容を獲得するに至ったということである。それゆえに、1851年プロイセン刑法典の正当防衛規定の内容は、基本的に統合等族委員会本会議における議論、ないしはその後の司法省内部の議論の影響を受けたものであることが推測される。以上を踏まえて、次項においてはプロイセン刑法典における正当防衛規定の内容の検討を行う。

151　*Banke*, Entwurf, in: Schubert u. a.(Hrsg.), Entwürfe, S. 31.
152　*Banke*, Entwurf, in: Schubert u. a.(Hrsg.), Entwürfe, S. 31.
153　1848年草案における正当防衛規定については、*Banke*, Entwurf, in: Schubert u. a.(Hrsg.), Entwürfe, S. 49 f.
154　徳永・過剰防衛の研究192頁は、正当防衛が総則に規定されている点を除けば、「重罪も軽罪も存在しない」とする法効果の定め方などをはじめ、いくつかの点でフランスの正当防衛規定との類似性を確認することができるとする。
155　1849年草案における正当防衛規定については、*Waldemar Banke*, Der erste Entwurf eines Deutschen Einheitsstrafrechts. 1. Die Verfasser des Entwurfs 1849, in: Schubert u. a.(Hrsg.), Entwürfe, S. 49.
156　*Vormbaum*, Einführung, S. 76.
157　*Vormbaum*, Einführung, S. 76.
158　*Vormbaum*, Einführung, S. 76 f.

第四章　Berner 前後の立法の展開　*143*

第二項　内容の検討

最初に、プロイセン刑法典における正当防衛規定の内容を確認しておく[159]。

> 41条　所為が正当防衛によって要請された場合、重罪または軽罪は存在しない。正当防衛とは、現在かつ違法な攻撃から自己または他人を回避させるために必要な防衛である。行為者が狼狽、恐怖、驚愕のみから防衛の限界を超過する場合、正当防衛と同様に扱われる。
>
> （§. 41. Ein Verbrechen oder Vergehen ist nicht vorhanden, wenn die That durch die Nothwehr geboten war. Nothwehr ist diejenige Vertheidigung, welche erforderlich ist, um einen gegenwärtigen rechtswidrigen Angriff von sich selbst oder Anderen abzuwenden. Nothwehr ist gleich zu achten, wenn der Thäter nur aus Bestürzung, Furcht oder Schrecken über die Grenzen der Vertheidigung hinausgegangen ist.）

プロイセン刑法典の特徴として、第一に、1847年草案までは防衛対象が人身または財産に限定されていたのに対して、プロイセン刑法典においては防衛対象を限定する表現が削除されたことを挙げることができる。

問題は、防衛対象を限定する表現が削除された理由であるが、この点については、上院に設置された司法委員会の報告書の記述が参考になる。すなわち、同報告書によれば、司法委員会の審議において、「現在かつ違法な攻撃」は、人身および財産に対して向けられうること、および先の文言の普遍性からすれば、かつての草案のように防衛対象の種類を列挙する必要はないことが承認されたという[160]。このように司法委員会報告書は、「現在かつ違法な攻撃」という表現の普遍性から防衛対象の限定の不要性を帰結していることに鑑みれば、立法者がプロイセン刑法典において防衛対象を限定する文言を削除した理由は、まさしく立法者によって防衛対象を限定する必要がないと判断された点に求めることができよう[161]。

第二の特徴として、1845年草案と同様に、正当防衛条項の中に緊急救助が規定されていることを指摘することができる。この点については、基本的には1845年草案と同様の評価をなしうるように思われる。また、プロイセン刑法典成立直後のコンメンタールの多くが、41条にいう「他人」を、近親者でも同胞たる市民で

159　条文の原文は、Stenglein (Hrsg.), Sammlung, Bd. 3, S. 55 f. による。
160　Bericht der Kommission für Rechtspflege über die Berathung des Entwurfs des Strafgesetzbuches für die Preußischen Staaten, S. 9. なお、同報告書は、Sammlung sämmtlicher Druckfachen der Ersten Kammer, Bd. 3, 1851 に所収されている。
161　*Beseler*, Kommentar, S. 188 も、プロイセン刑法典41条の解釈論として同様の見解を主張する。

もなく第三者という意味で理解していることに鑑みれば[162]、遅くともプロイセン刑法典成立までには、緊急救助が普遍的に、つまり誰が被救助者であるかを問わず認められるようになったということができる。

　第三の特徴として、正当防衛の制限要件として必要性要件しか挙げられていないことを指摘することができる。まず、必要性要件であるが、従来の先行研究によれば、プロイセン刑法典の正当防衛規定は、官憲による救助の可否が問題となるわけでもなければ、危険から免れるために退避する必要もないとするものであったという[163]。しかしながら、1845年草案とは表現を異にするにせよ、内容的には1845年草案を継承するものであったことに鑑みれば、少なくとも立法者は、官憲による救助に関する要件、および補充性要件を含意するものとして必要性要件を理解していたものと思われる[164]。ただし、いずれにせよ必要性要件は均衡性の意味では理解されていない[165]。

　なお、プロイセン刑法典においては、「要請される」という表現が用いられていることから、プロイセン刑法典は、一見すると、正当防衛の制限要件として、(現在のドイツ刑法学が考えているような)被要請性要件を導入したものとみえるかもしれない。しかしながら、少なくともプロイセン刑法典の起草者は、現在のドイツ刑法学における一般的な理解のように正当防衛の制限を認めるための包括的な条項として被要請性要件を理解していなかったものと思われる。というのも、当時の立法関係資料および当時のコンメンタールをみる限り、被要請性が正当防衛の制限要件である旨の記述を確認できなかったからである。それどころか、そもそも「要請される」という表現に関して言及する立法関係資料ないしコンメンタールは管見の限りではあるが皆無であったため、そもそも「要請される」という表現が何らかの正当防衛の成立要件を意味していたかさえ疑わしい。

　以上に鑑みれば、プロイセン刑法典41条の立法者意思は、Kreyが指摘するよ

162　*Beseler*, Kommentar, S. 189.; *Goltdammer*, Materialien, Bd. 1, S. 361 f.; *Temme*, Glossen, S. 117.
163　そのように述べるものとして例えば、*Bülte*, GA 2011, S. 152. 同様の理解を示すわが国の文献として、曾根・刑法における正当化の理論45頁、津田・緊急救助の研究108頁。
164　同旨の見解として、*Goltdammer*, Materialien, Bd. 1, S. 419 f. なお、同様の理解は、当時の学説によっても有力に主張されていた(例えば、*Abegg*, Lehrbuch, S. 170.; *Heffter*, Lehrbuch, S. 56.)。もっとも、既に立法直後の段階から、プロイセン刑法典41条は、官憲による救助の可否、あるいは退避可能性の可否を問題としていないと解する見解も存在していた(例えば、*Beseler*, Kommentar, S. 189.; *Temme*, Glossen, S. 117.)。
165　このような必要性要件の理解は、1827年草案以降一貫しているものと思われる。

うに、この規定の立法者意思は、以下の二点に求めることができる[166]。すなわち、「第一に、あらゆる法益に正当防衛適格があること、それゆえに財物にも正当防衛権限があることである。第二に、均衡性の観点による正当防衛に対するあらゆる制限が放棄されることである。すなわち、『取るに足らない、代替可能な財』の防衛のために、緊急の場合には、すなわち、必要である限り、『極端な手段』、つまり生命にとって危険な手段をも用いてもよい」[167]。これらの特徴は、第三章第三節で前述した Berner の見解と対応するものではある。しかしながら、プロイセン刑法典の立法者が、正当防衛の脈絡で Hegel 主義者の見解を直接的に参照したとする記述は確認できない[168]。そのため、Krey が述べるように、プロイセン刑法典41条は、「Hegel 主義者の法思想に基づく厳格な正当防衛原理、『法が不法に譲歩する必要はない』(Berner) が実現」されたものであると評価しうるかは明らかではない[169]。

第三節　ライヒ刑法典（1871年）

第一款　成立過程

デンマーク戦争（1864年）およびプロイセン・オーストリア戦争（1866年）の勝利に伴い、プロイセン王国を中心とした北ドイツ連邦が形成された[170]。これにより、北ドイツ連邦内部で刑法典を統一する必要性が生じた[171]。このような背景の下、1868年6月17日、北ドイツ連邦首相 von Bismarck は、プロイセン王国の司

166　*Krey*, JZ 1979, S. 707.（紹介として、振津紹介・商学討究32巻1号105頁。ただし、適宜原文より訳出した。)
167　*Krey*, JZ 1979, S. 707.（振津紹介・商学討究32巻1号105頁以下）。なお、圏点強調は、原著のイタリック体による。
168　むしろ、プロイセン刑法典の成立過程を参照する限り、少なくとも1843年草案までは国家契約説的な理解の影響力が大きかったものと思われる。
169　*Krey*, JZ 1979, S. 707.（振津紹介・商学討究32巻1号106頁。なお、圏点強調は、原著のイタリック体による。)。
170　*Vormbaum*, Einführung, S. 80.
171　付言すると、1867年7月1日に発効した北ドイツ連邦憲法4条13号が連邦の専属立法事項の一つとして刑法を挙げていたからも明らかなとおり、刑法典の統一は、北ドイツ連邦憲法の要請でもあった。

法大臣である Leonhardt に対し、北ドイツ連邦刑法典草案を起草し、それを自らに送付するよう要請した[172]。この要請を受けて、Leonhardt は、その作業を、司法省における当時の報告事務官である von Friedberg に委託した[173]。この von Friedberg が中心となって作成された草案は、プロイセン司法省内部での139回にわたる会議の終了後、1868年11月に連邦参議院（Bundesrat）に提出され、1869年7月に公表された[174]。これが、北ドイツ連邦刑法典草案である（Friedberg 草案とも呼ばれる。以下では、後述する北ドイツ連邦刑法典第1読会草案および第2読会草案と区別するため、Friedberg 草案と呼称する。)[175]。Friedberg 草案は、48条1項および2項に正当防衛を規定しているが、その内容はプロイセン刑法典41条をそのまま継承したものであった[176]。

Friedberg 草案が公表される前の1869年6月3日、連邦参議院は、7名の法律家からなる委員会に同草案の修正を行わせる旨の決議を行った[177]。同委員会は、Friedberg 草案の修正作業を行うため、1869年10月1日から同年11月31日にかけて審議を行った[178]。これが連邦参議院委員会第1読会である。この第1読会での審議を踏まえて1869年11月に完成したのが、北ドイツ連邦刑法典第1読会草案である（以下では、第1読会草案とする）。第1読会草案は、55条1項および2項に正当防衛を規定している[179]。第1読会草案において、法効果の記述が、「重罪も軽罪も存在しない」から、「可罰的な行為は存在しない」に改められている。

その後、連邦参議院委員会は、第1読会草案の審議を行うために、1869年12月

---

172 *Werner Schubert*, Die Kommission zur Beratung des Entwurfs eines Strafgesetzbuch für den Norddeutschen Bund (1. Oktober-31. Dezember 1869), in: Schubert/Vormbaum (Hrsg.), Entstehung, Bd. 1, S. XV.（以下では、*Schubert*, Kommission, in: Schubert/Vormbaum (Hrsg.), Entstehung, Bd. 1と表記する）
173 *Schubert*, Kommission, in: Schubert/Vormbaum (Hrsg.), Entstehung, Bd. 1, S. XV.
174 *Schubert*, Kommission, in: Schubert/Vormbaum (Hrsg.), Entstehung, Bd. 1, S. XV.
175 この呼称は、Schubert/Vormbaum (Hrsg.), Entstehung, Bd. 1, S. 1にならった。
176 Friedberg 草案48条1項および2項については、Entwurf eines Strafgesetzbuches für Norddeutchen Bund, 1869, in: Schubert/Vormbaum (Hrsg.), Entstehung Bd. 1, S. 10.
177 *Schubert*, Kommission, in: Schubert/Vormbaum (Hrsg.), Entstehung, Bd. 1, S. XVIII. なお、連邦参議院第1読会の構成員の内訳は、プロイセン側の委員4名（Leonhardt、Friedberg、Bürgers、Dorn）、ザクセン側の委員1名（Schwarze）、メクレンブルク＝シュヴェーリン側の委員1名（Budde）およびブレーメン側の委員1名（Donandt）となっている。なお、各構成員の略歴については、a. a. O., S. XX ff.
178 Schubert/Vormbaum (Hrsg.), Entstehung, Bd. 1, S. 61.
179 第1読会草案55条1項および2項の規定内容については、Entwurf eines Strafgesetzbuches für Norddeutchen Bund, 1869, in: Schubert/Vormbaum (Hrsg.), Entstehung, Bd. 1, S. 252.

第四章　Berner 前後の立法の展開　　*147*

　2日から同年12月31日にかけて同様の審議を行った（なお、正当防衛規定に関する審議は、1869年10月11日開催の第7回会議において実施された）[180]。これが連邦参議院員会第2読会である。そして第2読会での審議が終了した1869年12月31日に、北ドイツ連邦刑法典第2読会草案が完成した（以下、第2読会草案とする）[181]。第2読会草案は、51条1項および2項に正当防衛を規定しており、その内容は第1読会草案と全く異ならないものであった。

　第2読会草案は、連邦参議院によって若干の修正が施された後[182]、1870年2月14日に理由書とともにライヒ議会（Reichstag）に提出された（以下では、便宜上、このライヒ議会に提出された草案を1870年2月14日草案と呼称する。）[183]。1870年2月14日草案は、そこでの審議および審議結果を踏まえた修正が加えられた後[184]、1870年5月25日に可決された[185]。これが北ドイツ連邦刑法典であり、同刑法典は1871年1月1日に施行された[186]。その後、プロイセン・フランス戦争（1870年から1871年）の勝利に伴い、北ドイツ連邦がドイツ帝国へと変態したことから、1871年5月15日に北ドイツ連邦刑法典は、若干の変更を伴ってライヒ刑法典となった[187]。

　以上から明らかになるのは、ライヒ刑法典は、法効果の点を除けば、プロイセン刑法典の正当防衛規定と変わらないということである。そこで、次款では、何故、ライヒ刑法典において、プロイセン刑法典の規定内容が維持されたのかという点についての検討を行ったうえで、ライヒ刑法典53条1項および2項の規定内容の検討を行うこととする。

180　Beratungen der Bundesratskommission 2. Lesung（2. Dezember 1869 bis 31. December 1869）, in: Schubert/Vormbaum（Hrsg.）, Entstehung, Bd. 1, S. 303.
181　*von Hippel*, Strafrecht Bd. 1, S. 343.
182　Vgl. *Werner Schubert*, Das Reichsstrafgesetzbuch im Bundesrat und im Reichstag in: Schubert/Vormbaum（Hrsg.）, Entstehung, Bd. 2, S. XVI ff.
183　*Vormbaum*, Einführung, S. 81. なお、1870年2月14日草案の正当防衛規定については、Entwurf eines Strafgesetzbuches für Norddeutchen Bund nebst Motiven und Anlagen, 1870, S. 5. 同草案は、条文番号も規定内容も第2読会草案と異ならないものであった。
184　*von Hippel*, Strafrecht Bd. 1, S. 345.
185　*Vormbaum*, Einführung, S. 81.
186　*von Hippel*, Strafrecht Bd. 1, S. 345.
187　*von Hippel*, Strafrecht Bd. 1, S. 345.; *Vormbaum*, Einführung, S. 81.

第二款　内容の検討

ライヒ刑法典は、53条1項および2項に正当防衛規定を置いている。その規定内容は、以下の通りである。

> 53条1項　行為が正当防衛によって要請される場合には、可罰的な行為は存しない。
> （§53.（1）. Eine strafbare Handlung ist nicht vorhanden, wenn die Handlung durch Nothwehr geboten war.)
> 2項　正当防衛とは、現在かつ違法な攻撃から自己又は他人を回避させるために必要な防衛である。
> ((2). Nothwehr ist diejenige Vertheidigung, welche erforderlich ist, um einen gegenwärtigen, rechtswidrigen Angriff von sich oder einem Anderen abzuwenden.)

以上で確認したライヒ刑法典53条1項および2項は、ほぼプロイセン刑法典41条の規定内容に対応するものである。

では、ライヒ刑法典の起草者は、何故、プロイセン刑法典41条の規定内容を継承したのであろうか。この点を明らかにする上で参考となる記述を行っているのが、Friedberg草案の理由書における説明である。同理由書によれば、「48条は、正当防衛が権利であること、またこの権利の行使が可罰性を基礎づけることは決してありえないという争う余地のない原則を表現するものである。」とするが[188]、その脚注において、Bernerらの文献を明示的に引用している[189]。このことから明らかなように、同草案の起草者は、Bernerをはじめとした Hegel 主義者にならって正当防衛の権利性を前提としている。

また、Friedberg草案の理由書は、プロイセン刑法典41条の規定内容が、ドイツ普通刑法が前提とする正当防衛の成立要件と対応していることからプロイセン刑法典41条を継承することとしたとも述べている[190]。その際、同理由書は、Bernerの教科書を明示的に引用しているが、これは、おそらくドイツ普通刑法学者の代表的論者として Bernerの教科書を引用したものと思われる。仮にこの理解が正しいとすれば、Friedberg草案の起草者は、ドイツ普通刑法学者の代表的論者である Berner の見解に対応する規定に対応させる形で正当防衛を規定するべ

188　Motiv zu dem Entwurfe StGB Norddeutscher Bund 1869, S. 102.
189　Berner 以外には、Heffter、Köstlin、Hälschner の文献が挙げられている。
190　Motiv zu dem Entwurfe StGB Norddeutscher Bund 1869, S. 102.

きであると考えたということができる。また、1870年2月14日草案の理由書においても、Friedberg 草案の理由書と全く同じ説明が行われていることから[191]、ライヒ刑法典の原型をなす1870年2月14日草案の起草者である連邦参議院委員会の委員たち（あるいは、その多く）もまた、Berner をはじめとした Hegel 主義者の見解に依拠しながら正当防衛規定を理解していたと考えられる[192]。それゆえ、ライヒ刑法典における正当防衛規定もまた、Hegel 主義者の見解に依拠したものといいうると思われる。

　以上の点を踏まえて、次に、ライヒ刑法典の特徴を分析する。ライヒ刑法典の特徴としては、第一に、「自己または他人」という文言を用いることによって、防衛対象の限定を行わなかった点を挙げることができる。実際、立法者が防衛対象を限定する意図を有していなかったということは、ライヒ刑法典の前身にあたる北ドイツ連邦刑法典に至るまでの審議過程を確認することによっても明らかになる。

　例えば、1869年10月11日開催の第1読会第7回会議において、「人身（Person）、所有（Eigentum）もしくは占有（Besitz）に対する攻撃」という表現に改めるべきであるとする立法提案が行われたが、Friedberg 草案の文言が既に立法提案の内容を汲んだものになっていることを理由に5対2で否決された[193]。また第2読会の議論においても、連邦参議院委員会の委員である Budde によって、「身体、生命、名誉、所有ないし住居の平穏（Hausfrieden）に対する攻撃」という表現に改めるべきであるとする立法提案が行われているが[194]、これも5対2で否決された[195]。

　以上のように防衛対象を限定する立法提案がいずれも否決されているが、その理由は、「現在かつ違法な攻撃」という表現の普遍性からすればあえて防衛対象

191　Entwurf StGB Norddeutscher Bund 1870, S. 57. ただし、条文番号は第2読会草案のものに改められているほか、脚注は削除されている。
192　付言すると、連邦参議院委員会の委員の一人であった Schwarze もまた、後年、自らが執筆したライヒ刑法に関する注釈書において、Berner の教科書の記述に依拠して、「法」対「不法」という正当防衛の本質を説明している（*Schwarze*, Commentar, S. 243.）。
193　Beratungen der Bundesratskommission 1. Lesung (1. October 1869 bis 27. November 1869), in: Schubert/Vormbaum (Hrsg.), Entstehung, Bd. 1, S. 81.
194　Beratungen der Bundesratskommission Anträge zur 2. Lesung, in: Schubert/Vormbaum (Hrsg.), Entstehung, Bd. 1, S. 384.
195　Beratungen der Bundesratskommission 2. Lesung (2. December 1869 bis 31. December 1869), in: Schubert/Vormbaum (Hrsg.), Entstehung, Bd. 1, S. 314.

を限定する必要はないという点に求められている[196]。そして、北ドイツ連邦刑法典における正当防衛規定をそのまま継承したライヒ刑法典も、おそらく同様の理由から防衛対象を限定しないものと思われる。仮にこのような理解が正しいとすれば、その限りで、ライヒ刑法典は、権利一般を防衛対象とする Berner らの見解と符合するといえるだろう。

　ライヒ刑法典の第二の特徴として、「自己または他人」という表現を用いており、緊急救助を一般的に認めていることを挙げることができる。この点について示唆的であるのは、Friedberg 草案の理由書が正当防衛の成立要件に言及する際に、「〔Friedberg 草案――引用者注〕48条は、身体、生命、名誉もしくは財物（Vermögensgegenstände）に対する攻撃から自己又は他人を回避させるために必要な防衛を正当防衛と判断する。」として、「他人」という表現を強調している点である[197]。同理由書はこれ以上の記述を行っていないため、何故、「他人」という表現を強調したのかは明らかではない。ただ、先にも述べたように、同理由書が明示的に Berner の見解に依拠していることからすれば、先の点は、次のように説明することができる。すなわち、Friedberg 草案の起草者は、Berner の教科書の記述にならって[198]、正当防衛は単なる自己防衛ではなく権利防衛なので、「他人」の（権利）防衛も当然に認められることを強調したと考えられる。なお、このような説明は、連邦参議院委員の一人であった Schwarze のライヒ刑法典の注釈書における緊急救助の説明とも符合する[199]。

　第三の特徴として、正当防衛の制限要件として必要性要件しか挙げられていないことを指摘することができる。この点について、起草者の一人である Schwarze は次のように説明している。すなわち、ライヒ刑法典の下では必要性要件しか規定されていないため、この要件の範囲内でしか官憲による救助の可否は考慮されず[200]、また同様の理由から、退避の可能性は正当防衛の成立を排除しないとされている[201]。このような説明からすれば、ライヒ刑法典は、官憲に救助

196　Entwurf StGB Norddeutscher Bund 1870, S. 57.
197　Motive zu dem Entwurfe StGB Norddeutscher Bund 1869, S. 103.
198　*Berner*, Lehrbuch[18], S. 109.
199　*Schwarze*, Commentar, S. 246.
200　*Schwarze*, Commentar, S. 245. 例えば、官憲による救助が到達している場合には、防衛は必要ではないという。
201　*Schwarze*, Commentar, S. 245.

を求める義務および退避義務を否定したと理解できるように思われる。

　なお、ライヒ刑法典も「要請される」という表現を用いているため、一見すると、正当防衛の制限要件として、さらに被要請性要件を導入したように見えるかもしれない。しかしながら、ライヒ刑法典の起草者は、現在のドイツ刑法学における一般的な理解のように正当防衛の制限を認めるための包括的規定として被要請性要件を理解していなかった。すなわち、Schwarze によれば、「要請される」とは、次項に規定されている「必要な」と同様の文言であるという[202]。つまり、ライヒ刑法典において、被要請性要件とは、仮に認められるとしても必要性要件以上の内容を持つものではなかったのである。

　以上で確認してきたように、ライヒ刑法典は、少なくとも正当防衛の基本原理レベルでは、明示的に Berner をはじめとした Hegel 主義者の正当防衛理論に依拠している。また、ライヒ刑法典は、要件レベルにおいても Berner の見解に概ね対応するものであったといえるだろう[203]。それゆえ、遅くともライヒ刑法典の時点で、Berner の見解は受容されたということができる。

第四節　その後の RG 判例の傾向

　もっとも、1871年ライヒ刑法典の成立後も、実務レベルにおいては、Berner の正当防衛論が受け入れられたとは言い難い状況にあった。このことは、例えば、ライヒ裁判所1892年5月5日判決（RGSt 23, 116）からも窺うことができる[204]。

　同判決の事案の概要は、以下のとおりである。すなわち、被告人が経営している飲食店に居合わせた鉄道労働者たちは、他の客達から彼らの身体の完全性が著しく疑われるような態様で攻撃された。鉄道労働者たちは、この攻撃に対する防衛のために、被告人のグラス及びジョッキを用いることを用いざるを得なかった。これに対して、被告人は、自らの所有物（グラス及びジョッキ）を守るために、鉄道労働者たちにむけて、拳銃を発砲したというものである。

202　*Schwarze*, Commentar, S. 244.
203　曾根・刑法における正当化の理論49頁も、「この規定の中に『正は不正に譲歩する必要がない』という根本原則が厳格に貫かれている」と評価しており、結論において本稿と同様の理解を行っている。
204　わが国において、この事案を紹介するものとして、山中・正当防衛の限界215頁がある。

152　第一部　正当防衛の正当化根拠論

　この事案について、ライヒ裁判所は、以下のような判断を示した。
　「もちろん、これによれば、鉄道労働者たちは、被告人の所有物に対する攻撃を行っているが、彼らの過責性（Verschuldung）の欠如することから、かかる攻撃は、ライヒ刑法典53条の意味における違法なものではなく、彼らと被告人との間には緊急避難の関係が存在した。それゆえに、緊急状態から逃れるために第三者の所有物に対してなされた攻撃が、どの程度まで、所有者に対して抵抗（Gegenwehr）の権限を与えるのかが問題となるが、この問いは、以下の点についてのみ答えることができる。すなわち、所有者の対抗は、あらゆる事情の下で許容されるわけではなく、彼の所有物が、緊急避難権者（Notstandberechtigten）に差し迫っている危険と比較して、所有物を保護されないことが所有者に期待されえないほど著しい（beträchtlich）価値を有する場合にのみ許容されるように思われるということである。しかしながら、この事案ではそうではない。その上、彼の所有物の保護のためにした、鉄道労働者たちに対して身体傷害の結果を伴う被告人による拳銃の発砲は、被告人に差し迫っている喪失との均衡をあまりにも著しく欠くので、仮に彼の所有物に対する鉄道労働者の攻撃が違法な攻撃であったとしても、拳銃の発砲は、既にこの不均衡があったという理由だけで免責すらされえなかったであろう」。
　本判決は、傍論ではあるが[205]、守られた法益と防衛行為によって侵害された法益との間に著しい不均衡が存在する場合には、正当防衛状況にあったとしても、正当防衛を行うことは許されないと判示した。そして、この判示からは、Bernerの主張は、ライヒ刑法典施行後、ただちに実務において受け入れられたわけではなかったことが明らかとなる。
　ところが、そのような状況は、ライヒ裁判所1920年9月20日判決（RGSt 55, 82）によって覆されることとなる。この判決の事案の概要は、以下のとおりである[206]。
　被告人は、夜中に、彼の果樹の近くにある山小屋で見張りを行った。被告人は、犬をつれており、弾の入った銃をもっていた。早朝に、被告人は、木から果実を盗んだ2人の男に気づいた。「動くな、撃つぞ」という被告人の脅しにもかか

205　これに対して、*Koriath*, FS-Müller-Dietz, S. 363. Fn. 11は、傍論として理解することに反対する。
206　わが国において、この事案を紹介するものとして、山中・正当防衛の限界215頁以下がある。

第四章　Berner前後の立法の展開　　153

わらず、二人は、摘み取った果実を持って逃走した。その後、被告人は、逃走者の「方角に（in der Richtung）」銃を発砲し、彼らのうちの一人に命中させ、彼に重大な傷害を負わせた。被告人は、故意による危険な傷害罪のかどで起訴された。

　原審は、被告人が、二人の逃走者から果実を取り戻す権限を有しており、また被告人は、銃を発砲することによってのみ、彼らから果実を取り戻すことが出来たとして、被告人の正当防衛を理由に無罪とした。これに対して、検察は、まず第一に、果実の窃盗犯は、銃の発砲の時点において、既に逃げようとしていたから、もはや、攻撃は現在のものではなかった、第二に、攻撃が現在のものであるとしても、被告人は、取るに足らない価値の財の保持又は取戻しのために、逃走している人の身体及び生命を危殆化及び侵害し、それ故に最も高い価値の法益を犠牲にすることを決心したので、防衛の基準を遵守していなかったとして、被告人に正当防衛は認められないと主張した。

　ライヒ裁判所は、以下のように述べて上告を棄却した。まず、検察官の第一の主張に対しては、窃盗犯の攻撃は、終了しておらず、被告人が窃盗犯と戦って、物を取り戻す可能性が残っている限り、なお継続中の現在の攻撃であるとしてこれを退けた。

　第二の主張に対しては、以下のように判示し、これを退けた。「たまに主張されるにすぎないのは、防衛権限の範囲のための基準は、一方で攻撃の強度から、他方で防衛者が用いることのできる防衛手段からのみ決められるわけではなく、むしろ、正当防衛の行使における制限は、権利者にとって、わずかな財の保持のために、攻撃者のより価値の高い財が犠牲にされてはならないということからも生じるという見解である。それによれば、正当防衛は、身体及び生命に対する攻撃によって行わざるを得なくなるやいなや、窃盗犯に対して、原則的に総じて排除されることになるであろう。しかしながら、財の均衡性に対するこのような配慮は、法が不法に対する闘争において保護されるべきである場合には、正当化されえない。この場合、以下のことを防衛者に期待することは許されない。すなわち、自らの権利の保持に際して、防衛者が、違法に攻撃してくる敵対者に対して、違法な攻撃から自らに差し迫っているもの以上に高く評価される損害を与えないように注意することである。もちろん、所有権および占有権の保護のために、場合によっては、きわめて僅少な価値の保護のために、攻撃者の生命又は身体の完全性を危殆化する必要性が明らかである場合に、比較的わずかな財のため

に闘争の開始を決心することは、しばしば、人命の危殆化及び彼自身に対しても危険が差し迫っている闘争よりも自らの権利の喪失を優先させ、不法を甘受するであろう防衛者の道徳的な直観（Anschauung）、正義感覚（Billigkeitsempfinden）およびその他の考慮による。しかしながら、防衛者に対して、正当防衛を行うことの許容性のための要件として、迅速な決断及び迅速な行為が要請されうる一瞬のうちに、そのような価値関係の検討及び衡量を期待することは要求されない。制定法も、防衛者が、一方で保護し、他方で危殆化するところの双方の法益の均衡性が、防衛のための権限を条件づけることに対して、いかなる手がかりも与えていない。価値の衡量は、権利の衝突が問題になる場合（RGSt. Bd. 23 S. 116）、正当化されるかもしれないが、以下の場合には正当化されない。すなわち、価値の衡量が不法に対して保護をもたらし、また特定の種類の財への攻撃に対する、あるいはそれどころか、ある一つの種類の中で特定の価値に対する範囲内での正当防衛の制限を意味し、そしてそれゆえに防衛の許容性及びその基準さえもが、いかなる損害が、防衛から違法な攻撃者に生じるかに依存する場合である」。

　以上のように、ライヒ裁判所1920年9月20日判決は、正当防衛において、財の均衡は要求されないとするものであった。同判決は、その理由として、例えば、正当防衛に財の均衡性要件を要求してしまうと、防衛者が、窃盗犯に対する生命・身体の攻撃を行うことができなくなってしまうことや、一瞬のうちに価値の衡量を行うことを防衛者に期待することができないことなどを挙げている。それらの理由の中でも最も重要なのは、「財の均衡性に対する配慮は、法が不法に対する闘争において保護されるべきである場合には、正当化されえない」ということにあるだろう[207]。この理由づけは、明らかに、Bernerの「法は不法に譲歩する必要はない」というテーゼに影響を受けたものである[208]。それゆえに、Bernerの主張は、本判決によってようやく実務においても受け入れられたと評価することができるだろう。

　本判決以後、BGHは、いくつかの事案において、致死的な防衛行為が著しく均衡を失していることから正当防衛による正当化を否定する判示を行っているものの[209]、判例は、なお財物の保護のために重傷害および殺人を行う場合について

207　*Koriath*, FS-Müller-Dietz, S. 363. も、本判決の理由づけとしては、「おそらく最も強力な論拠」であると評価する。
208　Vgl. *Koriath*, FS-Müller-Dietz, S. 363.

も正当防衛の成立可能性を認めている[210]。そのため、この意味で先の判例はなお先例的価値を有していると思われる。実際、現在においてもなお、本判決は、指導的な判例として評価されているのである[211]。

もちろん、本判決のように、軽微な攻撃に対する著しく不均衡な防衛行為の場合についてまで正当防衛を認めることに対しては、「厳格主義」であるとする批判も存在する[212]。しかしながら、本判決が示した「財の均衡性に対する配慮は、法が不法に対する闘争において保護されるべきである場合には正当化されえない」という基本的な考え方そのものは、通説的な見解の主張者によってもなお認められているのである[213]。

第五節　小　括

本章では、プロイセン一般ラント法からライヒ刑法典に至るまでの過程、およびその後の RG 判例の展開を概観した。そこでは、Berner の正当防衛論が以下のような時代背景の下で展開されていたことを明らかにした。

まず、いわば前史にあたるプロイセン一般ラント法の時代においては、国家契約説的理解および自己防衛権構成を背景に、以下のような特徴を有した正当防衛規定が設けられた。すなわち、第一に、防衛対象は個人の権利一般と理解されたが、公的権力に対する正当防衛は否定された。第二に、緊急救助の対象は、「近親者および同胞たる市民」に限定された。第三に、正当防衛の制限要件としては、必要性要件、均衡性要件、官憲による救助に関する要件が規定されていただけでなく、多数の個別具体的な場面で認められる制限規定も設けられていた。

その後、プロイセン刑法典の成立過程にあたる各草案の段階においては、以下のような特徴を有した正当防衛規定が設けられた。すなわち。第一に、防衛対象は、1827年草案当初はあらゆる権利としてされていたが、1836年草案以降（1847

209　例えば、BGHSt 21, 51 f.; BGH NStZ 1981 22 f.
210　そのような分析を行うものとして、*Stangl*, Notwehr, S. 94. ただし、Stangl は、実際には、そのように判示した判例はレアケースである上に、きわめて古いものであることを強調する（*ders.*, a. a. O., S. 94.）。
211　例えば、そのように述べるものとして、*Roxin*, AT, §15 Rn. 89.（翻訳として、山中監訳・総論131頁〔前嶋訳〕）。
212　このように批判するものとして、*Bockelmann*, FS-Engisch, S. 457.
213　このような分析をおこなうものとして、*Bülte*, GA 2011, S. 148.

年草案まで)、人身、財産 (ないし名誉) に限定されていた。第二に、緊急救助の対象は、「他人」という一般的な表現に改められた[214]。第三に、正当防衛の制限要件としては、1827年草案当初から、均衡性要件は明確に否定されたが、これに対して、必要性要件および官憲による救助に関する要件、補充性要件は維持されていた。このような事情は、立法過程に鑑みれば、必要性要件に一本化された1845年草案以降も同様である。

以上のような状況下で、Bernerの正当防衛論は主張されたのであり、その後、(プロイセン刑法典の段階で受容されたかは明らかにできなかったが) 遅くともライヒ刑法典の段階で受容された。ライヒ刑法典の特徴としては、第一にあらゆる権利を防衛対象としたこと、第二に正当防衛の枠組みで緊急救助を一般的に承認したこと、第三にまさしく必要性要件のみが正当防衛の制限要件とされたことを指摘することができるが、ライヒ刑法典の立法者は、Bernerをはじめとした Hegel 主義者の正当防衛論に依拠して、これらの特徴を導いていたのである。もっとも、Bernerの正当防衛論がライヒ刑法典において受容された後も、実務レベルではなお受容されたとは言い難い状況にあったが、その後、ライヒ裁判所1920年9月20日判決の段階でようやく受容されるに至った。

以上のような時代背景を踏まえていえば、Bernerの正当防衛論の意義は、立法史上、少なくとも以下の二点に認めることができると思われる。すなわち、ライヒ刑法典において、第一に、あらゆる権利に防衛適格が認められること、第二に、必要性要件の判断の際に、官憲による救助の可否および補充性要件が問題とならないと理解されたことに寄与したことである。これに加えて、プロイセン一般ラント法との対比でいえば、Bernerの正当防衛論は、ライヒ刑法典に対して、自己の権利防衛だけでなく、他人の権利防衛をも認めるための、および均衡性要件を否定するための理論的基礎を提供した点でも意義を認めることができる。

---

214 ただし、本文中でも述べたように、当初は、「近親者および同胞たる市民」を意味するものとして解釈されていた可能性がある。

第五章　結　論

　第一部の検討を通じて、本書が明らかにしたこと、およびそれを踏まえて本書が主張しうることは、以下の通りである。

第一節　正当防衛権の基礎づけ

　第二章においては、正当防衛の正当化根拠に関する日独の議論状況を検討した。そこでは、まず、ドイツで通説的地位を占めており、かつわが国においても多数説をなす二元主義的基礎づけにせよ、特にわが国において近時有力に主張されている利益衡量的な思考方法に基づく基礎づけにせよ正当防衛を適切に基礎づけることができないことを確認した。すなわち、これらの見解はいずれも、正当防衛において補充性要件および均衡性要件が原則的に課されない理由を適切に説明することに成功していない。さらにいえば、これらの見解の一部は、緊急救助を説明できないなどといった別の問題点をも孕んでいる。
　次いで、特にドイツにおいて最近有力に主張されている個人主義的基礎づけを再評価する見解および間人格的基礎づけは、先の二つの見解と比してより適切に正当防衛を基礎づけることができることを明らかにした。すなわち、この基礎づけに依拠した場合、攻撃者の答責性ないし防衛者の権利性という観点から、正当防衛における侵害退避義務及び法益均衡への配慮義務の原則的不存在を適切に説明することができる。ただし、攻撃者の答責性という観点に依拠する場合、論理内在的には緊急救助を説明することができないという問題点を孕む。それゆえ、正当防衛の正当化根拠論は防衛者の権利性という観点から論じることが方法論的に望ましい。もっとも、防衛者の権利性から正当防衛の正当化根拠を基礎づけるためには、そもそも何故、防衛者は攻撃者に対して反撃を受忍される権利を有するのかが明らかにされなければならない。そのためには、防衛者と攻撃者の法的関係性の考察に加えて、その法的関係性が法秩序との関係においていかなる意義を有するのかに関する考察を行う必要がある。

この考察を行うために参考になると思われるのが、防衛者および攻撃者の法的関係性だけでなく、それを超えた関係性からも考察を行う間人格的基礎づけであり、また第二章で検討を行った、間人格的基礎づけの思想的背景をなすBernerの見解である。これらの見解からは、正当防衛権は、以下に述べるような、攻撃者と被攻撃者との間の消極的自由の維持を目指す法的関係性から基礎づけられることになる。

　すなわち、刑法の任務は、市民が自らの洞察に従って自らの生活を送ることを可能にすることにあるが、これを実現するためには、全ての市民が、自らの権利領域の不可侵性が他の人格によって尊重されることを信頼できなければならない。このことからは、各人は、相互に権利領域の不可侵性を承認し合わなければならない、つまりは、各人は、他の人格の権利領域の不可侵性を尊重する義務を負う代わりに、他の人格に対して自らの権利領域の不可侵性を尊重するよう要求する権利を得る。それにもかかわらず、被攻撃者が攻撃者によって自らの権利領域を侵害されるとき（つまり、正当防衛状況にある場合）、被攻撃者は、自らの権利に対する侵害を通じて、その権利の承認の基盤となっている相互尊重の受け手という被攻撃者の法的地位をも侵害されている。それゆえに、被攻撃者は、このような攻撃者の侵害に対する自らの個別的な権利の防衛を行うことによって、自らの法的地位の保全ないし回復を行うことが許されるのである。このような被攻撃者の法的地位を保全ないし回復する権限こそが正当防衛権に他ならない。

　そして、かかる権限は、違法な攻撃に対して暴力をもって対抗する権限、つまりは強制権限を内包する。というのも、違法な攻撃に対して暴力をもって対抗することができないのであれば、あらゆる権利は何ら価値を有さないものとなってしまうからである。第二章でも述べたとおり、1848年の論文でBernerが主張した「法は不法に譲歩する必要はない」という命題は、このような被攻撃者の法的地位に由来する防衛権限が強制権限を内包すること、つまり主観的権利と強制権限の結合を表したものだったのである。第二章第三節でも確認したとおり、主観的権利と強制権限の結合を意味する「法は不法に譲歩する必要はない」という命題が導く帰結は多岐にわたるが、その中でもとりわけ理論的に優れているのは、正当防衛における侵害退避義務及び法益均衡への配慮義務の原則的不存在を説明しつつ、緊急救助を説明できる点である。

　このような理論的優位性は、第三章で明らかにしたように立法史上、既に

第五章 結論　*159*

Berner の見解がライヒ刑法典に対して同様の理論的基礎を提供していたことからも窺うことができる。加えて言えば、Berner の見解は、ライヒ刑法典53条1項および2項の立法者意思とも合致するものであり、この意味でライヒ刑法典53条1項および2項の文言と整合する。それゆえ、Berner の見解、換言すれば間人格的基礎づけによる説明は、ライヒ刑法典53条2項とほぼ同様の規定内容を有するわが国の刑法典36条1項とも整合すると思われる。否、それどころか、刑法36条1項が「自己または他人の権利を防衛するため」という文言を用いることにより正当防衛の権利防衛的性格を強調していることに鑑みれば、間人格的基礎づけによる説明は、ドイツの刑法典以上にわが国の刑法典の規定内容と整合するとすらいいうるように思われる[1]。

したがって、本書は、わが国の刑法典における正当防衛規定の正当化根拠を、先のような間人格的基礎づけに求めるべきであると考える[2]。

第二節　正当防衛権の限界

以上が第一部における考察の結論であるが、これまで述べてきたことは、あくまで正当防衛権の基礎づけ論にすぎない。現在のわが国の議論状況を踏まえれば、これに加えてさらに正当防衛権の制限論にも言及しておく必要があるだろう。そこで、本書が依拠する間人格的基礎づけからは、正当防衛の制限論がどのように論じられることになるのかを試論的に論じることとしたい。

まず、間人格的基礎づけからは、自招侵害の問題は、上に述べたような相互尊重思想に基づいて考察されることになる。この相互尊重思想から自招侵害の問題を考察する際、二つの説明方法を考えることができる。

一つは、自招侵害の場合、防衛者は、自らが行った自招行為によって、既に攻撃者と防衛者との間の相互尊重関係を弛緩させており、そしてそれゆえに攻撃者

1　もっとも、本書においては、現行刑法36条1項の立法過程、とりわけ、何故、刑法36条1項において「権利」という表現が用いられるに至ったかに関する解明作業を行っていないため、その限りで、かかる本稿の主張の説得力が減殺されていることは否めない。この点については、今後の検討課題とさせていただきたい。
2　わが国において本書と同様の立場を主張するものとして、坂下・法学論叢178巻5号70頁以下、同・法学82巻3号20頁以下。さらに類似の見解を主張するものとして、松生・押しつけられた緊急救助46頁以下。

による侵害を惹起したのであるから、防衛者と攻撃者は、正当防衛状況の作出につき共同答責を負うという説明方法である[3]。例えば、わが国では坂下陽輔が、このような説明方法を採用している。すなわち、「正当防衛状況を挑発者と攻撃者が（後者をいわば正犯として）共同して作出しているという事情から、衝突解消につき挑発者も一定の負担を負うべきである、という観点から認められると考えられる」[4]。そして、このような観点からは、「挑発者が自己の法領域内での行動の自由の枠内のものとは評価されえない行為により、攻撃者を挑発して正当防衛状況を共同で作出した場合、その衝突状況の解消のためには、挑発を撤回するという限りで挑発者は負担を負うべきであり、その際、退避と軽度の侵害を受忍することが求められ、にもかかわらず攻撃がやまない場合に初めて正当防衛が可能となるのである」という[5]。

　このような説明方法は、論理的には十分成り立ちうるし、価値論的に考えても魅力的な主張ではある。しかし、現行法を前提とする限り、この説明方法には賛同しがたい。その理由は、以下の通りである。確かに、被攻撃者によって行われた先行する自招行為がそれ自体違法な行為である場合、被攻撃者は、自らの権利領域において認められている行動の自由の枠内を超えて、攻撃者の権利領域を侵害するに至っている。それゆえに、被攻撃者は、かかる自招行為を撤回するという侵害状況の中和義務を負うべきではある。しかしながら、この理由づけから帰結することができるのは、自招侵害に関する特別ルールを有さない現行法を前提とする限り、あくまで、被攻撃者は、挑発行為に対する「正当防衛」にとどまる限度での、自招行為に対する攻撃者の「反撃」を受忍する義務を負うことだけである。換言すれば、これを超えて、さらに被攻撃者の正当防衛権を制限するという帰結を導くことはできないのである。

　このように考えると、結局のところ、自招防衛の問題を、正当防衛に関する一般理論に解消する説明方法が妥当であると思われる。すなわち、自招行為がそれ自体違法なものである場合には、自招行為を行った者は、自招行為に対する反撃

---

[3] このような見解を主張するものとして、*Pawlik*, Unrecht, S. 243.（飯島＝川口監訳・関西大学法学論集65巻5号394頁〔山本訳〕）。わが国において同様の見解を主張するものとして、坂下・法学論叢178巻5号83頁以下。なお、坂下によれば、このような立場からすれば、最高裁平成20年決定が示した自招侵害に関する判示は支持しうるものであるという（同84頁）。
[4] 坂下・法学論叢178巻5号83頁。
[5] 坂下・法学論叢178巻5号84頁。

行為が正当防衛の範囲内にとどまる限りにおいて反撃を受忍しなければならない。これに対して、自招行為がそれ自体違法なものでない場合には、自招行為を行った者は、何らの受忍義務を負わないことになる。というのも、この場合、被攻撃者によって行われた自招行為は、攻撃者の権利領域を侵害したとは評価されず、そしてそれゆえに正当防衛状況は、むじろ、自招行為を受けた攻撃者の側によって積極的に作出されたことになる。つまり、この意味で、攻撃者は、完全に自己答責的に正当防衛状況を作出しているので、被攻撃者による反撃を受忍する義務を負うことになるのである[6]。

次いで、以下では責任なき攻撃の場合、および著しく不均衡な場合について検討を行う。これらの点を考察するにあたっては、間人格的基礎づけにおいては、相互尊重思想から基礎づけられない正当防衛権の制限が、人格的存在の基本的現実条件の保障という思想から基礎づけられることがあることに留意する必要がある[7]。

まず、責任なき攻撃の場合についてであるが、この場合における正当防衛の制限が、何故、相互尊重思想からは基礎づけられないのかということから説明することとしたい。これまでにも述べてきたように相互尊重思想とは、各人が自らの権利領域の不可侵性を尊重するよう要求できる反面、他者の権利領域の不可侵性を尊重する義務を負うとするものであった。このような思想からは、攻撃者が尊重義務に違反したがゆえに生じた正当防衛状況は、攻撃者の負担で解決すべきことが帰結する。以上のような説明は、攻撃者に答責能力があることを前提としていることはいうまでもない[8]。というのも、「答責能力がなければ、不正な侵害者はみずからによって正当防衛状況を解消することができないからである」[9]。しかしながら、仮にこのように理解されるとすれば、相互尊重思想からして既に、責任なき攻撃に対する正当防衛は認められないという帰結に至るはずである。それにもかかわらず、相互尊重思想から責任なき攻撃に対する正当防衛の制限が否定

---

6 本書と同様の見解を主張するものとして、*Renzikowski*, Notwehr, S. 302. わが国において同様の見解を主張するものとして、安達・刑法雑誌48巻2号213頁。これに対して、本書の立場に対して批判的であるものとして、飯島・法律時報90巻3号112頁。
7 人格的存在の基本的現実条件の保障という思想については、第一部第一章第六節参照。さらに、第二部第四章第三節第二款2（1）も参照。
8 間人格的基礎づけの主唱者である Pawlik も、明確にこのことを認めている（*ders.*, Betrug, S. 131 f.）。さらに本書と同様の指摘を行うものとして、玄・法律時報88巻12号146頁。
9 玄・法律時報88巻12号146頁。

される理由は、相互尊重思想において想定されている人物像が、答責能力を有していることが前提とされた「抽象的な法的人格」であるという事情にある[10]。このような事情がゆえに、相互尊重思想からは、責任なき攻撃に対する正当防衛の制限を認めることができないのである。

これに対して、より具体的な法関係へと考察の対象を移行する、換言すれば、人格的存在の基本的現実条件の保障という思想から考察するならば、責任なき攻撃の場合に正当防衛の制限を認めることは十分可能である。すなわち、侵害者による責任なき攻撃は法共同体に対する協働義務に対する無視としては現れていないことを理由に、防衛者は、公共の代表者として攻撃者に対する配慮義務を負うので防衛者の正当防衛権が制限されるのである[11]。

次いで、著しく不均衡な場合についてであるが、まずこの場合についても、相互尊重思想からは正当防衛の制限を基礎づけることはできない。なぜならば、相互尊重思想からは、必要最小限度性要件、すなわち、防衛者は、自らが負担を負うことなく行いうる防衛手段の中で、最も穏当な防衛手段を選択しなければならないとする要件しか導出されえないからである。すなわち、攻撃者は、相互尊重義務に違反したがために防衛者による反撃行為を受忍する義務を負うものの、攻撃者はなお潜在的には人格として承認されるため、防衛のために必要である以上の負担を負う必要はないのである。

これに対して、第一章第六節で述べたように、Pawlik は、責任なき攻撃の場合と同様に、公共の代表者としての防衛者の配慮義務という構成から、著しく不均衡な場合における正当防衛の制限を肯定しうるとする。なぜならば、「攻撃者は、この場合、過去における推定された自らの法への忠誠（Rechtstreue）に対する一種の報奨およびいわばその者に将来期待される法忠誠的な態度に関する前払いを受け取る」からである[12]。

10　*Pawlik*, Betrug, S. 131. 付言すれば、これによって、現実には責任無能力者である存在であったとしても、人格という法的地位、つまりは権利と義務の担い手という法的地位を得ることができるのである。

11　*Pawlik*, Unrecht, S. 245 f.（飯島＝川口監訳・関西大学法学論集65巻5号398頁〔山本訳〕）。なお、要件解釈論としては、「不正な侵害」において有責性を要求することで責任なき攻撃を完全に防御的緊急避難の問題として扱う方法と、「不正な侵害」において有責性を要求することはしないものの、責任なき攻撃の場合には、「やむを得ずにした行為」の範囲が狭まるとする方法が考えられる。このいずれが妥当であるかについては、今後の検討課題としたい。

12　*Pawlik*, Unrecht, S. 246.（飯島＝川口監訳・関西大学法学論集65巻5号398頁〔山本訳〕ただ

しかしながら、このような理由づけは、正当防衛の制限を認めるための論拠として説得的であるとは思えない。というのも、国家が、今まさに答責的に他者の権利の権利領域に介入する攻撃者に対して、過去の法に対する忠誠、あるいは将来の法忠誠的な態度に関する前払いを持ち出してまで配慮する義務を負っているとは思えないからである。さらに言えば、そもそも答責的に他者の権利領域に介入する攻撃者であることには変わりがない、つまりは法共同体に対する協働義務違反であることには変わりがないにもかかわらず、何故、軽微な攻撃を行うにとどまった攻撃者だけが先のような配慮を得ることができるかが、結局のところ説明されていないように思われるのである。それゆえ、著しく不均衡な場合に正当防衛の制限を認める論拠は現在のところ存在しないものと思われる[13]。

し、適宜原文より訳出した。）。
13　結論において同旨の見解として、*Lesch*, FS-Dahs, 106 ff.; *van Rienen*, Einschränkungen, S. 232 ff. さらに、坂下・法学論叢178巻5号79頁、高山・法学教室267号69頁、松宮・総論142頁以下。

第二部

正当防衛の限界について
――正当防衛状況の前段階における公的救助要請義務は認められるか？――

第一章　導　入

第一節　検討対象

　第一部では、正当防衛の正当化根拠論に関する検討を行ってきた。そこでは、防衛者の正当防衛権は、侵害者と被侵害者という法的人格間の消極的自由の維持を目指す法的関係性から基礎づけられるということが明らかにされた。しかし、そこでの論証は、正当防衛の成否がまさに問われなければならない限界事例の解決を図るための指針を十分に提供していない点で、未だ不十分なものとなっている。そこで、第二部では、第一部で得られた知見を踏まえつつ、正当防衛の限界づけについての検討を行う。ただし、正当防衛の限界が問われる事案群は多岐にわたるため[1]、その全てを論じ尽くすことは難しい。それゆえに、これらの事案群の中でも、わが国の現状に鑑み、特に重要と思われる問題領域に限定して、検討を行うこととしたい。具体的には、被侵害者が、不正の侵害が切迫する前の段階で侵害を予期しており、国家機関に保護を求めることが期待できる場合、この者に対して、国家機関に救助を求める義務を課すことができるか[2]、という問題について検討を行う。

第二節　問題の所在

　その検討に先立ち、本書の問題意識を明確にするために、何故、第二部におい

---

[1] 正当防衛の限界が問われる事案群としては、例えば、自招侵害、責任なき攻撃、軽微な攻撃、保障関係内の攻撃などが挙げられる。
[2] ただし、ここでいう公的救助要請義務は、その違反がただちに正当防衛権の否定に至るというものではない点に留意を要する（小林・刑法総論の理論と実務218頁参照）。あくまで、被侵害者が一定の場合、例えば、公的救助の要請を怠っただけでなく、さらに積極的加害行為を行った場合に、正当防衛権の行使が認められなくなるという法的不利益を被るにすぎない。それゆえ、ここでいう公的救助要請義務は、義務（Pflicht）ではなく、責務（Obliegenheit）という方が正確かもしれない。なお、責務概念については、さしあたり、安達・立命館法学380号1頁以下参照。

て、先の問いを扱うのかについて説明しておく。

　周知のとおり、わが国の判例・裁判例は、最決昭和52・7・21刑集31巻4号747頁以降、単に予期された侵害を避けなかっただけでなく、その機会を利用し積極的に相手に対して加害行為をする意思で侵害に臨んだとき、侵害の急迫性を否定するとする判断枠組みを採用してきた。ここでは、「侵害の確実な予期があっても原則として正当防衛を認めつつ、例外的に『積極的加害意思』がある限度で否定する」という論理構成を看取することができ、その意味で正当防衛権を過度に制約しないための歯止めとなりうる一応の枠組みが提供されていたと評価する余地もあった[3]。

　しかしながら、このような昭和52年決定の判断枠組みは、平成29年決定の登場により、否定こそされないにせよ、その意義を大きく減殺することとなった。平成29年決定は、公的機関による法的保護を求めることができないときに、侵害を排除するための私人の対抗行為を認めたものとして刑法36条の趣旨を理解し、その上で、行為者が侵害を予期しつつ対抗行為に及んだ場合における急迫性の判断は、対抗行為に先行する事情を含めた行為全般の状況に照らして、上記刑法36条の趣旨に照らし許容されるものといえるかという基準で判断するという新たな枠組みを提示した[4]。

　このような平成29年決定の新たな判断枠組みからすれば、本決定の担当調査官である中尾佳久が指摘するように、上述した昭和52年決定において示された積極的加害意思論は、「そのような判断枠組みにおいて侵害の急迫性が否定される一場合である」ことになる[5]。その結果、既に確立した判断枠組みを提示している積極的加害意思論の場合はともかくとしても、それ以外の場合には「刑法36条の趣旨に照らし許容されるか」という非常に抽象的な基準に基づいて判断されることとなった[6]。

　しかしながら、このような平成29年決定の判断枠組みに対しては、このような過度の一般化には正当防衛・過剰防衛の成立範囲が過剰に制限されることになっ

3　井田・理論構造170頁参照。
4　なお、より詳細な事案の概要、および判示の内容については、第二章第五節で紹介することとする。
5　中尾・ジュリスト1510号108頁。
6　照沼・法学教室445号54頁参照。付言すれば、実際に、仙台地判平29・9・22LEX/DB文献番号：25547815は、このような判断基準に依拠した判断を行っている。

第一章　導　入　*169*

てしまうのではないかとの懸念が表明されているところである[7]。このような懸念を全くの杞憂とすることは許されないように思われる。なぜならば、「刑法36条の趣旨に照らし許容されるものとはいえるか」というごく抽象的な基準から急迫性要件を判断することは、正当防衛だけでなく、過剰防衛の成立可能性をも大幅に狭めるリスクを孕むからである。

　加えて言うならば、平成29年決定が示している刑法36条の趣旨（より正確にいえば、正当防衛の緊急行為性[8]）に着目すれば、上述したような懸念はより一層増すことになるだろう。本決定が示した刑法36条の趣旨、すなわち公的機関の法的保護を求めることができない場合に侵害を排除するための対抗行為を例外的に許容するという理解は、「学説の最大公約数的な」説明であるとする言説もみられる[9]。しかしながら、学説における最大公約数的な説明は、国家機関が法秩序の侵害の予防または回復をはかる暇のない緊急の場合に正当防衛権を認めるというものであり[10]、私人が「公的機関の法的保護を求めることができない」場合に限り正当防衛権を認めるというものではない[11]。すなわち、通説は、あくまで国家が自らの保護義務を履行できない場合に正当防衛権の行使が認められていると述べているだけであって、通常状態において、私人は公的救助を求めなければならないということまで述べているわけではない。それにもかかわらず、平成29年決定は、上述したような刑法36条の趣旨を用い、かつかかる趣旨を急迫性判断の基準に据えることにより、国家機関に救助を求める義務をより認めやすい判断構造を作り上げているのである。

　とはいえ、このような現状を生み出してしまった原因の一端は、わが国の学説にもある。正当防衛の緊急行為性という観点を理論的基礎にして、急迫性要件を否定する判断枠組みは、第一章で後述するように、既に積極的加害意思論におい

7　照沼・法学教室445号54頁。また、門田・法学セミナー750号109頁も、範疇化を行うなどして成立範囲を明確にする必要があることを強調している。さらに、井上・新・判例解説Watch22号192頁も、同様の問題意識から、平成29年決定の射程を狭く捉える必要性を説く。
8　ここでは、刑法36条の「趣旨」が問題とされているが、ここで述べられている「趣旨」とは、正当防衛権の正当化根拠論というよりも、上述したような正当防衛権が緊急行為の一類型とされる理由、あるいは「自力救済の禁止の例外」として正当防衛権が認められる理由を意味するものである。
9　小林・判例時報2336号143頁以下。
10　井田・現代刑事法62号4頁、団藤・総論232頁、福田・総論153頁、橋田・鈴木古稀上巻284頁。
11　この点を強調するものとして、松宮・犯罪体系9頁。本質的には同様のことを述べるものとして、門田・法学セミナー750号109頁、豊田・法学教室451号133頁。

て展開されてきたと思われる。それにもかかわらず、わが国の学説は、正当防衛権の緊急行為性、換言すれば「自力救済の禁止の例外」という側面が正当防衛権の成立範囲を考える上でいかなる意義を有するのかを十分に解明してこなかったように思われる。すなわち、わが国では、正当防衛状況に先行する事情に基づく正当防衛権の否定ないし制限という機能面に着目して、ドイツにおいて展開されてきた自招侵害論に関する研究が盛んに行われると同時に、積極的加害意思に代わり、自招侵害論を採用するべきであるとの提言が数多くなされてきた。もちろん、これらの研究が果たしてきた役割は非常に大きいと思われるが、他方でドイツにおいて展開されている自招侵害の議論に視線を向けるあまり、わが国の判例理論たる積極的加害意思論の基底にある考え方を論定し、そこに潜んでいる問題点を明確にする作業は十分に行われてこなかったように思われる[12]。

以上の問題意識の下、以下では、平成29年決定、あるいは積極的加害意思論の基底にある考え方を論定し批判的に分析しながら、冒頭に挙げた問いに関する検討を試みることとしたい。その際、ドイツにおいても、かかる問いに関する検討が正当防衛の補充性と呼ばれる問題領域において行われており[13]、それゆえにわが国よりも議論の蓄積があることに鑑み、ドイツの議論を適宜参照する。

---

[12] 付言すれば、このような作業を行うことは、裁判員裁判において、裁判官の説示内容を考える上でも重要な意義を有すると思われる。すなわち、わが国の判例・裁判例が、積極的加害意思の有無を問題とする際に、いかなる観点に着目して正当防衛を否定すべきと考えているかといった着眼点を裁判員に提示できれば、そのような着眼点を踏まえた上で、裁判員も審理に臨むことができるようになると思われる。その限りで、平成29年決定が刑法36条の趣旨に言及した意義は大きい。これに対して、中尾・ジュリスト1510号は、同決定が刑法36条の趣旨に言及した点には全く触れていない。むしろ、平成29年決定が様々な考慮要素を列挙した点を重要視し、この点については「争点整理や裁判員との評議が行われる際の視点となるべき事情を示すことにより、下級審において、侵害の急迫性を判断するための重要な考慮要素は何かを意識した訴訟活動がされることを期待したものと思われる」との評価を行う。しかしながら、裁判員裁判との関係を意識するならば、単に平成29年決定において列挙された「重要な考慮要素」を意識して訴訟活動が行われるだけでは、何故、その考慮要素が重要なのか、あるいはどのようにしてこれらの考慮要素を総合的に考慮するのかを裁判員に理解させることは難しいだろう。平成29年決定が列挙した考慮要素が重要である理由は、同じく平成29年決定が言及した刑法36条の趣旨をも併せて示すことによってはじめて裁判員にも一応のところ理解可能なものになると思われるが（葛原・法律時報85巻1号11頁参照）、そうであるとすれば、それにもかかわらず、この点に言及しない中尾の説明には疑問が残る。

[13] なお、正当防衛の補充性と呼ばれる問題群を取り扱う先行研究としては、齊藤（誠）・正当防衛権の根拠と展開106頁、橋田・鈴木古稀上巻284頁、松生・法の理論㉟35頁以下がある。ただし、これらの研究はいずれも、正当防衛状況における公的救助を求める義務について論じたものであり、本稿の問題関心である正当防衛状況の前段階における公的救助を求める義務の是非を論じたものではない。

第二章　わが国における判例・裁判例の傾向

　本章では、わが国の判例・裁判例における傾向を分析し、その中における平成29年決定の位置づけを確認すると同時に、同決定の理論的基礎を明らかにする。

第一節　喧嘩闘争と正当防衛

　かつて、大審院は、闘争者双方が攻撃と防御を繰り返す「喧嘩闘争」の場合について、正当防衛の成立可能性を否定してきた。例えば、大判昭和7・1・25刑集11巻1頁は、「喧嘩両成敗」の格言を持ち出して、喧嘩闘争の場合については正当防衛の成立する余地がないとの理解を示していた。

　これに対して、戦後、最高裁は、そのような「喧嘩闘争」の場合であっても、正当防衛を肯定する余地を認めるようになった。例えば、最判昭23・6・22刑集2巻7号694頁および最判昭23・7・7刑集2巻8号793頁は、喧嘩闘争の場合につき、「闘争の全般から見てその行為が法律秩序に反するものである限り刑法第三六条の正当防衛の観念を容れる余地がない」との判断を示している。ここでは、いわば裏側からの表現になっているにせよ、喧嘩闘争の場合においても正当防衛の成立を認める余地がありうることが示唆されている。さらに最判昭32・1・22刑集11巻1号31頁は、「喧嘩斗争においてもなお正当防衛が成立する場合があり得る」ことを明示的に認めている。

　これらの最高裁判例は、判例変更されたわけではないので依然として一定の先例性を有しているといえる[1]。問題となるのは、その先例性がどこまで及ぶかについての理解である。この点について、安廣文夫は、「喧嘩闘争等であっても、例外的に防衛行為と認め得る場合」もあるが、「喧嘩闘争等については、その関与者双方の行為は共に原則として違法と評価されるべきもの」であるとの理解を示しており、その際、そのよりどころとして、「闘争の全般から見てその行為が

1　照沼・法学教室445号49頁、橋爪・ジュリスト1391号160頁、原口・桐蔭法学20巻2号26頁、安廣・刑法雑誌35巻2号241頁。

法律秩序に反するものである限り刑法第三六条の正当防衛の観念を容れる余地がない」とする昭和23年判決の判示を持ち出している[2]。これは、「喧嘩闘争・暴力による紛争解決の禁止」という実務の基底にある考え方を窺うことができるという意味ではそれ自体として重要な意義を有すると思われる[3]。

しかしながら、少なくとも昭和23年判決の判示からそこまで読み取るのはいきすぎであろう。最高裁昭和23年判決から窺うことができるのは、せいぜいのところ、喧嘩闘争の全体の状況から、法律秩序に反する限りでその行為が違法であると評価される場合があるというものにすぎず、喧嘩闘争状況における行為が原則として違法であるとの理解が示されたとまでは読み取れないように思われる。とするならば、結局のところ、これらの最高裁判例の先例性（特に大法廷判決である昭和23年7月判決）が有する意義は、喧嘩闘争の場合につき、正当防衛の成立が否定される場合があるというものにとどまるであろう。すなわち、喧嘩闘争の場合においても正当防衛の成立可能性を認めた以上、少なくとも「喧嘩闘争」という概念そのものは、正当防衛権の制限機能を失うことになったのである[4]。

第二節　積極的加害意思類型

「喧嘩闘争」概念が正当防衛権の制限機能を失ったことに伴い、その後の判例においては、喧嘩闘争状況において正当防衛権の制限が認められるのはどのよう

2　安廣・刑法雑誌35巻2号241頁。
3　安廣・刑法雑誌35巻2号241頁。おそらくではあるが、安廣自身からしても、先ほどの説明は、実定法の解釈としてというよりも、「私的な闘争や喧嘩とかを原則的に禁止するという効果を損なうような解釈はまずいだろうという実務感覚」を述べたものなのであろう（質疑応答・刑法雑誌35巻2号259頁〔安廣文夫発言部分〕）。
4　松宮・総論139頁。それにもかかわらず、下級審の中には、今なお、けんか闘争の観点から正当防衛の成否を検討するものもみられる（そのようなものとして、例えば、さいたま地判平29・1・11判時2340号120頁）。本文中でも述べたように、確かに、けんか闘争の場合にあることを理由に正当防衛の成立が否定されうることは、今なお判例法理ではある。しかしながら、けんか闘争の場合であっても正当防衛の成立可能性がなお残ることもまた判例法理である以上、けんか闘争という概念それ自体は、判断基準としての役割を果たしえない。つまり、けんか闘争の観点から正当防衛の成否を判断するといったところで、別途判断基準が提示されなければならないのである（実際、さいたま地判平成29年判決も、けんか闘争の観点から正当防衛の成否を判断するにあたり、具体的な判断基準を示している。この点については、坂下・刑事法ジャーナル56号104頁以下参照）。だとすれば、端的にその判断枠組みに依拠して正当防衛の成否を判断すればよいのであり、今なお、あえて「けんか闘争」なる観点から正当防衛の成否を判断するという判断枠組みに拘泥する必要が一体どこにあるのだろうか。

な場合か、あるいは認められるとしてどのような考え方によるのか、さらにはいかなる基準によるのかが問われることとなった。

　この点につき、最高裁は、侵害の予期があるだけで急迫性が否定されるわけではないとして、「侵害の予期」概念が正当防衛権の制限機能を担うことを否定した。最判昭和46・11・16刑集25巻8号996頁では、「刑法三六条にいう「急迫」とは、法益の侵害が現に存在しているか、または間近に押し迫つていることを意味し、その侵害があらかじめ予期されていたものであるとしても、そのことからただちに急迫性を失うものと解すべきではない。」との判断が示された。また、かかる昭和46年判決の理解は、後述する昭和52年決定にも継承されており、今日においても一般的な理解となっている。

　他方、最高裁は、被侵害者が侵害を予期していただけでなく、いわゆる積極的加害意思をもって侵害に臨んだ場合には急迫性が否定されるとして、「積極的加害意思」概念が正当防衛の正当化拒否機能（の一部）を担うことを明確にした。このことを明確に述べたのが、最決昭和52・7・21刑集31巻4号747頁である。

　昭和52年決定の事案の概要は、以下の通りである。すなわち、ある政治集団に属する被告人らが政治集会を開く際に、あわせて対立する政治集団を糾弾しようと考え、教育会館大ホールに白ヘルメット、鉄パイプ等を持ち込むとともに会場の準備を進めていたところ、対立する政治集団所属の者たちが襲撃してきたが、一旦はこれを退けた。このように一旦は襲撃を退けたものの、被告人らは、再度襲撃を仕掛けてくることは必至であると考え、大ホールの入口にバリケードを築いていたところ、対立する政治集団所属の者たちが襲撃をしかけてきたので、これに対してバリケード越しに鉄パイプを投げたりするなどして応戦した、というものである。

　かかる事案につき、2回目の襲撃に対する暴行行為が正当防衛にあたるかが争われたところ、昭和52年決定は、「刑法三六条が正当防衛について侵害の急迫性を要件としているのは、予期された侵害を避けるべき義務を課する趣旨ではないから、当然又はほとんど確実に侵害が予期されたとしても、そのことからただちに侵害の急迫性が失われるわけではないと解するのが相当であり、これと異なる原判断は、その限度において違法というほかはない。しかし、同条が侵害の急迫性を要件としている趣旨から考えて、単に予期された侵害を避けなかつたというにとどまらず、その機会を利用し積極的に相手に対して加害行為をする意思で侵

害に臨んだときは、もはや侵害の急迫性の要件を充たさないものと解するのが相当である」と判示し、正当防衛の成立を否定した。

上記判示部分から窺うことができるように、昭和52年決定は、侵害の予期に加え積極的加害意思をもって侵害に臨み、加害行為に及んだ場合には、侵害の急迫性が否定されるとの判断を示している。ここでは、単に積極的加害意思があれば急迫性が否定されると考えているわけではなく、侵害の予期がある場合にはじめて積極的加害意思が問題となるという構成が示されている[5]。

このような判断枠組みに基づいて、昭和52年決定は急迫性要件の判断を行っているが、その際に問題となるのは、「侵害の予期＋積極的加害意思」が認められる場合に、急迫性要件を否定することができる理由をどのように説明するかということである。この点について、昭和52年決定は、「同条が侵害の急迫性を要件としている趣旨から考えて、」としか述べていない。かかる判示部分からは、侵害の急迫性要件の趣旨との関係から、侵害の予期に加え積極的加害意思をもって侵害に臨んだ場合には急迫性が否定されるとの論理構成が志向されていることを読み取ることができるが、それ以上のことは読み取れない[6]。

それゆえ、昭和52年決定の判断枠組みを明確にするためには、昭和52年決定の趣旨をより敷衍する調査官解説、およびその後の裁判例を参照して補助線を引く必要がある[7]。そこで以下では、この点に関する検討を行うこととしたい。

まず参照しなければならないのは、昭和52年決定の調査官解説であろう。昭和52年決定の担当調査官である香城敏麿によれば、侵害が予期されたというだけで急迫性が否定されない理由は、侵害の予期を理由に急迫性を否定すると、「侵害が予期される場合には、当然に侵害からの回避・逃避が義務づけられることになり、被侵害者の社会生活の自由が不当に妨げられる結果になる」点に求められる[8]。これに対して、相手の侵害を予期し、自らもその機会に相手に対し加害行

---

5 したがって、侵害の予期が認められない場合には、最初から積極的加害意思論の問題にはならない（最判昭和59年1月30日刑集38巻1号185頁参照）。
6 同様の指摘を行うものとして、坂下・判例時報2362号171頁。
7 ここでの問題関心は、あくまで正当防衛権の制限を正当化するための論理構成を明らかにすることにあるため、わが国の裁判例を網羅的に検討することはせず、あくまで昭和52年決定の趣旨を敷衍する裁判例に焦点をあてて検討を行うこととする。なお、わが国の判例・裁判例を網羅的に検討するものとして、さしあたり橋爪・正当防衛の基礎120頁以下、照沼・筑波ロー・ジャーナル9号101頁以下を挙げておく。
8 香城・最判解刑事篇昭和52年度241頁。

為をする意思で侵害に臨み、加害行為に及んだ場合に急迫性が否定される理由は、以下のような点に求めることができるとする。すなわち、「このような場合、本人の加害行為は、その意思が相手からの侵害の予期に触発されて生じたものである点を除くと、通常の暴行、傷害、殺人などの加害行為とすこしも異なるところはない。そして、本人の加害意思が後から生じたことは、その行為の違法性を失わせる理由となるものではないから、右の加害行為は、違法であるというほかはない。それは、本人と相手が同時に闘争の意思を固めて攻撃を開始したような典型的な喧嘩闘争において双方の攻撃が共に違法であるのと、まったく同様なのである。したがって、前記のような場合に相手の侵害に急迫性を認めえないのは、このようにして、本人の攻撃が違法であって、相手の侵害との関係で特に法的保護を受けるべき立場にはなかったからである、と考えるべきであろう」というのである。

かかる香城の理解によれば、昭和52年決定は、相手の侵害を予期し、積極的加害意思をもって侵害に臨む場合には、本人の加害行為は、通常の暴行、傷害、殺人などの加害行為と異ならないという価値判断から、「本人の攻撃が違法であって、相手の侵害との関係で特に法的保護を受けるべき立場にはなかった」と判断したために、急迫性要件を否定したことになるだろう[9]。しかし、この説明は、刑法36条が侵害の急迫性を要件としている趣旨には言及していないため、昭和52年決定の外在的な理解にとどまっているといわざるをえない。換言すれば、何故、昭和52年決定は、刑法36条が「侵害の急迫性を要件としている趣旨から考えて」、「侵害の予期＋積極的加害意思」の場合には急迫性が否定されるとしたのか、という疑問がなお残りつづけることになる[10]。

香城の判例解説をより敷衍する形で、この疑問に対するより明確な回答を試み

---

9 香城・最判解刑事篇昭和52年度247頁以下。さらに、同様の枠組みに基づいて、急迫性要件の判断を行う裁判例として、例えば、大阪高判昭和56・1・20刑裁月報13巻1＝2号6頁（付言すると、香城は同判決に関与している）、福岡高判昭和57年6月3日判タ477号212頁。ただし、大阪高裁昭和56年判決は、侵害の予期を認定しているものの、積極的加害意思を認定しているわけではないことに留意を要する。本文中で後述するように、わが国の判例・裁判例においては、実のところ積極的加害意思の存在そのものは、急迫性要件を否定するための必要条件ではないと考えられていたのかもしれない。なお、香城の理解に対して批判的であるものとして、松宮・立命館法学377号109頁。
10 これに対して、香城の言説は、昭和52年決定の内容を踏まえてその背後にある考え方を前面に押し出したものと評価することもできると述べるものとして、照沼・法学教室445号50頁以下、西田・百選Ⅰ〔第4版〕49頁。

たのが、最判昭和60・9・12刑集39巻6号275頁の調査官解説における安廣の説明であった。安廣は、まず団藤重光の言説に依拠して[11]、正当防衛を含めて緊急行為の趣旨を確認する。すなわち、「そもそも、緊急行為は、法による本来の保護を受ける余裕のない緊急の場合において、すなわち、法秩序の侵害又は回復を国家機関が行ういとまがない場合に、補充的に私人にこれを行うことを許すものであり、このような場合以外にまで私人に広く緊急行為を許すことは、かえって法秩序を害するおそれがあるのであって、法的救済方法が一応完備している近代国家においては、緊急行為という理由による違法性阻却は、なるべく最小限度にとどめなければならない」とする[12]。ここでは、（昭和52年決定が述べるところの）刑法36条が「侵害の急迫性を要件としている趣旨」とは、正当防衛の緊急行為性（「自力救済の禁止の例外」という観点）を意味することが示唆されている。

そして、このような正当防衛の緊急行為性の意義を踏まえた上で、安廣は、「不正の侵害が予期されていることから、その侵害を避けるためには、公的救助を求めたり、退避したりすることも十分に可能であるのに、侵害が差し迫る以前の未だ冷静でありうる時点において、はじめから同種同等の反撃を相手方に加えるという苛烈な行為（それが防衛行為と認められるときには攻撃防衛と言われるような行為）に出ることを決意し、成行き如何によっては防衛の程度を超える過剰行為に出ることも辞さないという意志で、侵害に臨み、相手方に対し加害行為に及んだ場合には、たとえ相手方から先に攻撃を加えられたときであっても、そこに現出されているのは、法治国家においては厳に禁じられるべき私闘であって、原則として、本人の加害行為もはじめから違法というべきであり、正当防衛・過剰防衛が成立する余地はないと解すべきである」、と述べる[13]。

この説明によって、安廣は、侵害を予期しており、かつこれにより事前に公的救助を求めることなどが十分可能であったにもかかわらず、積極的加害意思をもって侵害に臨むことは、「法治国家においては現に禁じられるべき私闘」であるため違法であり、したがって正当防衛権を認めるべきではないとの理解を示している[14]。このような説明が、上述した正当防衛の緊急行為性の説明との論理関

11　団藤・総論232頁。
12　安廣・最判解刑事篇昭和60年度148頁。
13　安廣・最判解刑事篇昭和60年度149頁。
14　同様の分析を行うものとして、山田・法学政治学論究103号223頁。

係は必ずしも明瞭ではないが、おそらく「侵害の予期＋積極的加害意思」が認められる場合には、もはやそれは単なる私闘であり、違法であるとの価値判断の下、それにもかかわらず、正当防衛行為としてその行為を評価することは、正当防衛の緊急行為性という観点からすれば本末転倒であるとの判断がなされたものと思われる[15]。

　同様の論理構成は、その後の裁判例の判示の中にも看取することができる。例えば、大阪高判平成13年1月30日刑裁月報13巻1＝2号6頁は、「①正当防衛の制度は、法秩序に対する侵害の予防ないし回復のための実力行使にあたるべき国家機関の保護を受けることが事実上できない緊急の事態において、私人が実力行使に及ぶことを例外的に適法として許容する制度であるところ、②本人の対抗行為の違法性は、行為の状況全体によってその有無及び程度が決せられるものであるから、これに関連するものである限り、相手の侵害に先立つ状況をも考慮に入れてこれを判断するのが相当であり、また、本人の対抗行為自体に違法性が認められる場合、それが侵害の急迫性を失わせるものであるか否かは、相手の侵害の性質、程度と相関的に考察し、正当防衛制度の本旨に照らしてこれを決するのが相当である。③そして、侵害が予期されている場合には、予期された侵害に対し、これを避けるために公的救助を求めたり、退避したりすることも十分に可能であるのに、これに臨むのに侵害と同種同等の反撃を相手方に加えて防衛行為に及び、場合によっては防衛の程度を超える実力を行使することも辞さないという意思で相手方に対して加害行為に及んだという場合には、いわば法治国家において許容されない私闘を行ったことになるのであって、そのような行為は、そもそも違法であるというべきである」と判示する[16]。ここでの判示のうち、①および③部分は、おおむね安廣の説明に対応するものであり、②部分は、香城の説明に対応するものである。このように、大阪高裁平成13年判決は、その一般論を展開する際に、香城、およびそれを敷衍する安廣の説明に依拠したものとなっている[17]。

　また、神戸地判平成21年2月9日LEX/DB 文献番号：25440853も、「そもそ

15　これに近しい理解は、香城・正当防衛における急迫性261頁以下にもみられる。
16　なお、①～③までのナンバリングは、検討の便宜上、引用者がつけたものである。
17　なお、本判決は、本文中で示したように、一般論の説示においては、積極的加害意思に言及しているようにも見えるが、あてはめにおいてはこれに言及することなく急迫性を否定している。同様の指摘を行うものとして、明照・現代刑事法34号85頁。

も正当防衛は、法秩序に対する侵害の予防ないし回復のための実力行使にあたるべき国家機関の保護を受けることが事実上できない緊急状態において、私人が実力行使に及ぶことを例外的に適法として許容する制度である」。そして、「単に侵害を予期していたのみならず、その機会を利用し、侵害者に対する積極的な加害の意思で実力行使に及んだ場合には、そもそも国家機関に保護を求めるつもりがないのであるから、緊急状態に陥っていたとはいえないのであり、このような場合には、侵害の急迫性が認められず、正当防衛は成立しない。」と判示している。ここでも、安廣とほぼ同様の論理構成からの説明が行われている。

　以上のような調査官解説およびその後の裁判例の傾向をも併せて考えれば、昭和52年決定の背景にある考え方は、以下のようなものであると理解することができる。すなわち、確実に相手方の侵害を予期し、かつ警察などの国家機関に救助を求める十分な余裕がある、もしくは侵害を回避することができるにもかかわらず、それをあえて受け入れ、その機会を利用して相手に加害行為をする意思で反撃に臨んだ場合、かかる反撃行為は、法治国家において許容されない私闘であり、法の保護に値しない。それにもかかわらず、正当防衛権の行使として、かかる反撃行為を評価することは、刑法36条が侵害の急迫性を要求している趣旨である正当防衛の緊急行為性という観点、つまりは不意の攻撃で国家機関に助けを求める余裕がないので例外的に自力行使を認めるという趣旨に整合しない。ゆえに、侵害の急迫性が否定されて正当防衛が認められなくなる、と[18]。

　ただし、このように自力救済の例外の観点を加味し、正当防衛の緊急行為性から急迫性の否定を導くという構成をとるとき、実のところ、積極的加害意思の存在は必ずしも必要ないのではないかという疑問は残る。すなわち、予期された侵害に対し、これを避けるために公的救助を求めたり、退避したりすることも十分に可能であるのに、これを行うことなく相手方に対して加害行為に及んだという関係さえ認められれば、当該反撃行為は、法治国家において許されない私闘に及ぶものであり、この意味で上述した刑法36条が侵害の急迫性を要求した趣旨に整合しない行為であるという理由から、侵害の急迫性を否定することは決して不可能ではないだろう。実際、大阪高判昭和56・1・20刑裁月報13巻1＝2号6頁や先述した大阪高裁平成13年判決のように、もっぱら客観的な事情のみから急迫性

18　類似の分析を行うものとして、松宮編・判例刑法演習46頁以下〔松宮孝明執筆部分〕、山口・基本判例に学ぶ刑法総論65頁。

の否定を帰結した裁判例も存在する[19]。とするならば、いわゆる積極的加害意思論の基底にあると思われる、上述したような正当防衛の緊急行為性に着目する論理構成は、既に「侵害の予期＋積極的加害意思」類型だけでなく、積極的加害意思の存在が認められないような類型についてもあてはまるとする余地を残していたといえる。ただし、先に見た判例・裁判例は、侵害の予期だけで侵害の急迫性の否定を帰結することができるとまでは考えておらず、あくまで何かしらのプラスアルファが必要であるとも考えていたことには留意を要する[20]。

第三節　自招侵害類型

　ところで、わが国の判例・裁判例は、上述したような積極的加害意思類型だけに正当防衛の正当化拒否機能を認めてきたわけではない。わが国の判例・裁判例の中には、こうした積極的加害意思類型において用いられている論理構成とは異なる説明方法を持ち出すものも見受けられる。

　その代表例として挙げることができるのが、最決平成20・5・20刑集62巻6号1786頁である。平成20年決定では、被告人が被害者を殴って逃げたため、被害者が被告人を追いかけ、後ろから殴打したところ、被告人が特殊警棒で殴り返して被害者に傷害を負わせたという事案につき、被告人の傷害行為が正当防衛にあたるかが争われた。同決定の原判決である東京高判平成18・11・29刑集62巻6号1802頁は、①被告人は、被害者が挑発を受けて報復攻撃に出ることを十分予期していたこと、②被害者の被告人に対する第二暴行は、被告人の第一暴行により招かれたこと、③第二暴行は、第一暴行と時間的にも場所的にも接着しており、事態の継続性が認められること、④第二暴行の内容は、第一暴行との関係で通常予想される範囲を超えるとまではいえないことを挙げて侵害の急迫性を否定した。これに対して、平成20年決定は、前述した原判決を破棄し、以下のような判断を示した。すなわち、「被告人は、被害者から攻撃されるに先立ち、被害者に対して暴行を加えているのであって、被害者の攻撃は、被告人の暴行に触発された、その直後における近接した場所での一連、一体の事態ということができ、被告人

19　同様の分析を行うものとして、橋爪・正当防衛の基礎164頁。
20　同趣旨のことを述べるものとして、坂下・判例時報2362号171頁、松宮・立命館法学377号107頁。

は不正の侵害により自ら侵害を招いたものといえるから、被害者の攻撃が被告人の前記暴行の程度を大きく超えるものでないなどの本件の事実関係の下においては、被告人の本件傷害行為は、被告人において何らかの反撃行為に出ることが正当とされる状況における行為とはいえない」、とした。

　このような平成20年決定の特徴としては、第一に、原判決が侵害の十分な予期を認定していたのとは対照的に、侵害の予期には言及することなく、正当防衛の成立を否定している点を挙げることができる[21]。照沼亮介が指摘するように、これは事案の性質上、被告人に侵害の予期を認めること自体がそもそも難しく、ましてや積極的加害意思をも認定することはなおのこと困難であったことが影響しているものと思われる[22]。

　第二に、原判決が急迫性を否定したのに対して、具体的な要件に言及することなく、「何らかの反撃行為に出ることが正当とされる状況における行為」とはいえないとされている点を指摘することができる[23]。これらのことからすれば、本決定が、昭和52年決定とは異なる論理によって、正当防衛の成立を否定していることは明らかであろう[24]。

　これに対しては、平成20年決定が昭和52年決定と別の論理によって正当防衛の成立を否定するものと理解しつつも、平成20年決定と昭和52年決定との間には共通の理論的基礎を有するものと解する言説も存在する[25]。しかしながら、本決定の担当調査官である三浦透が指摘するように、両決定は、その論理構造においても相違点が大きいといわざるをえないだろう[26]。確かに、上述したように、積極

21　例えば、照沼・法学教室445号52頁、三原＝大矢・朝日法学論集39号242頁、山口・法曹時報61巻2号305頁。

22　照沼・法学教室445号52頁。同趣旨の指摘を行うものとして、川瀬・慶應法学20号304頁。さらに、松宮編・判例刑法演習47頁〔松宮執筆部分〕は、仮に積極的加害意思を有しているのだとすれば、被告人は、被害者に第1暴行を加えた直後に逃げ出すはずがない、とする。

23　照沼・法学教室445号52頁、三浦・最判解刑事篇平成20年度431頁以下、山口・法曹時報61巻2号305頁以下。

24　同様の理解を行うものとして、例えば、川瀬・慶應法学20号304頁、瀧本・北大法学論集66巻5号273頁、照沼・法学教室445号52頁、三浦・最判解刑事篇平成20年度432頁以下、三原＝大矢・朝日法学39号242頁。

25　橋爪・ジュリスト1391号（2009年）163頁、同・平成20年重判解175頁。また、塩見・喧嘩と正当防衛133頁は、「自力救済が許されないのは、従前より……実質的に存在する紛争に『防衛』者の側も相応の責を負うにもかかわらず、その紛争を平和的手段ではなく『喧嘩』により解決することを選択した点に理由が求められ」ると述べた上で、このような観点からすれば、両類型を統一的に理解することができると主張する。

26　三浦・最判解刑事篇平成20年度433頁。

的加害意思類型の理論枠組みに基づく裁判例の中には、積極的加害意思の認定を行わずに、客観的な事情から急迫性を否定するものも見られる。しかし、平成20年決定は、先にも述べたように、積極的加害意思どころか侵害の予期の認定すら行われなかった事案なのであり、少なくとも侵害の予期を要求する昭和52年決定の枠組みと同様に理解することは難しいであろう[27]。

もっとも、このように述べる場合、平成20年決定の理論的基礎をなすのは何かという問題が生じることになるだろう。この点につき、三浦は、以下のような理解を示している。すなわち、自招行為という不正な行為と侵害行為という不正な行為との間に非常に密接な関係がある場合は、「被告人が自ら不法な相互闘争状況を招いたといえるのであり、このような場合は、正対不正の関係ともいうべき正当防衛を基礎づける前提を基本的に欠いた、不正対不正の状況にほかならない。」というのである[28]。これは、客観的に不正な自招行為により正当防衛状況を招いた場合には、不正対不正の状況、すなわち自招行為者も衝突状況作出につき一定の責任を負わなければならないとの理解に基づくものであろう[29]。すなわち、不正に自ら衝突状況を招いた者は、そのような事態を解消しなければならない法的地位に立つ、との考え方に依拠するものと思われる[30]。

仮にこのように理解することができるとすれば、平成20年決定は、正当防衛の緊急行為性、換言すれば不意の攻撃で国家機関に助けを求める余裕がないので例外的に自力行使を認めるという正当防衛の趣旨から正当防衛権の否定を導いたわけではない。そうではなく、被攻撃者は、不正に正当防衛状況を自ら招いた以上、それを解消する義務を負わなければならないとの認識から、正当防衛権の否

---

27 坂下・判例時報2362号174頁、照沼・法学教室445号53頁。付言すれば、予期の存在を前提とする侵害回避義務論からすれば、平成20年決定は、なおのこと説明困難であろう（山口・法曹時報61巻2号314頁）。この意味で、侵害回避義務論から統一的に判例理論を説明することは難しいといわざるをえない。
28 三浦・最判解刑事篇平成20年度433頁。
29 同趣旨の見解として、坂下・法学論叢178巻5号83頁。なお、このような平成20年決定と同様の理論枠組みに依拠する裁判例として、福岡高判昭60・7・8刑裁月報17巻7＝8号635頁、東京地判昭63・4・5判タ668号223頁、東京高判平8・2・7東高時報47巻1号14頁。さらに、佐賀地判平成25・9・17 LEX/DB 文献番号：25503819、神戸地判26・12・16 LEX/DB 文献番号：255447069。
30 同趣旨の分析を行うものとして、坂下・判例時報2362号174頁。さらに、東京高判平成27・6・5判時2297号137頁も、自ら招いた事態を解消することができるにもかかわらず、これを行わなかった旨を述べることにより、自ら招いた衝突状況の「解消」に言及している。このことからも、自招侵害類型の背景には、このような発想が潜んでいることを看取することができる。

定が帰結されたものと理解することができる。この意味において、平成20年決定と昭和52年決定は、その理論的基礎を異にしているといえるのである。

第四節　積極的加害意思類型と自招侵害類型の重畳適用？

　以上で見てきたように、わが国の判例・裁判例においては、大別して、積極的加害意思類型と自招侵害類型の二つの潮流が見られるところである。もっとも、両類型の関係性は必ずしも明らかではない。

　平成20年決定が登場した後、両類型がどのような関係性にあるのかがより明確に問われなければならないことになったが、この点につき、実務家の中には、両類型の重畳適用を行うことによって解決すべき事案も考えられるのではないかとの主張がみられる[31]。その例として、先行する自招行為は刑法上違法とまではいえないものの故意に行った不適切な行為であり、また積極的加害意思が認められるほどではないものの、それなりの武器をもって積極的に反撃したような場合が挙げられる。このような事案にあっては、積極的加害意思類型および自招侵害類型において重要視されている要素は、それぞれある程度みたすものの、いずれの類型の適用も難しい。そのため、昭和52年決定と平成20年決定の趣旨を踏まえ、これらを重畳適用することが必要ではないかというのが、その主張の内実である。

　このような主張に影響されたからかは必ずしも明らかではないが、平成20年決定以後、このような重畳適用を行ったかに見える裁判例が存在する。

　例えば、東京高判平成27・6・5判時2297号137頁は、被告人が暴力団員である被害者らを挑発したことにより、被害者らが被告人に暴力を加えるために被告人方に来る事態を招き、これに対する反撃として、あらかじめ用意しておいたシースナイフを持ち出して被害者の腹部を突き刺して殺害したという事案につき、以下のような判示を行った。すなわち、「本件において、被告人は、被害者らを挑発して、被告人に暴力を加えるために被害者らが被告人方に来る事態を招き、被害者らが被告人方に来て暴行を加えてくる可能性がかなり高いと認識していながら、そのような事態を招いた自らの発言について被害者らに謝罪の意向を伝えて、そのような事態を解消するよう努めたり、そのような事態になっている

31　遠藤・刑法雑誌50巻2号314頁。

ことを警察に告げて救助を求めたりなどすることが可能であったのに、そのような対応をとることなく、被害者らが暴行を加えてきた場合には反撃するつもりで、被害者らとは別の暴力団に属するEを被告人方に呼ぶとともに、殺傷能力の高い本件シースナイフを反撃するのに持ち出しやすい場所に置いて準備して対応し、被害者らから暴行を受けたことから、これに対する反撃として本件刺突行為に及んだものであり、被害者らによるE及び被告人に対する暴行が被告人らの予期していた暴行の内容、程度を超えるものでないことをも踏まえると、本件刺突行為については、正当防衛・過剰防衛の成立に必要な急迫性を欠くものといえる。」とした。

　同判決においては、一方で、被告人は、被害者らが被告人方に来て暴行を加えてくる可能性がかなり高いと認識していたこと、さらには別の暴力団に属するEを呼び寄せ、シースナイフを反撃するのに持ち出しやすい場所に置いて準備した旨が指摘されている。ここでは積極的加害意思類型において重要と目される事情が列挙されている印象を受ける[32]。他方で、被告人が、被害者らを挑発し、被告人に暴力を加えるために被害者らが被告人方に来る事態を招いたこと、侵害が予期された内容・程度を超えていなかったことを挙げている点からは、自招侵害類型に親和的なことを述べているようにも見える[33]。また、そのような事態を解消すること、そのような事態になっていることを警察に告げて救助を求めたりなどすることが可能であったのに、そのような対応をとらなかったという事情は、いずれの類型から見ても重要な事情である[34]。

　もっとも、本判決は、積極的加害意思を認定しているわけではないし[35]、また平成20年決定が、「被害者の攻撃が被告人の前記暴行の程度を大きく超えるものでない」ことを要求していることからすれば、本判決は、平成20年決定の射程を

32　同様の指摘を行うものとして、塩見・喧嘩と正当防衛133頁、瀧本・刑事法ジャーナル51号94頁。
33　同様の指摘を行うものとして、塩見・喧嘩と正当防衛133頁。
34　積極的加害意思論からすれば、侵害を回避することができたのに、あえて侵害に臨んだということを確認する上で重要な事情であり、また自招侵害論からすれば、被告人は、自招行為により生じた事態を解消する義務を履行しなかったため、法的保護に値しないことを確認するために有用であるといえると思われる。これに対して、これらの説示がいわゆる侵害回避義務に言及したものと理解するものとして、塩見・喧嘩と正当防衛133頁、瀧本・刑事法ジャーナル51号94頁以下、橋田・平成27年度重判解148頁。
35　同様の指摘を行うものとして、瀧本・刑事法ジャーナル51号94頁、橋田・平成27年度重判解148頁。

明らかに超えるものである[36]。このような事情もあり、本判決は、両類型の要件が部分的に充足されていることを示し、急迫性を否定したものと思われる。

　しかしながら、このような重畳適用という考え方に対しては、既に山口厚が「類似した事例の解決に当たり、一方で侵害の予期がないことを理由として急迫性を肯定しながら、他方で侵害の予期がなくとも急迫性を否定する場合を認めるというのでは、両者の関係、区別、さらには正当防衛を否定する理由づけがはっきりとしない限り、急迫性の理解・解釈に混乱が生じることが危惧される」との警告を発しているところである[37]。先述したように、積極的加害意思類型と自招侵害類型は、明らかに理論的基礎を異にしているのであるから、少なくとも、安易に重畳適用の道を歩むことが妥当であるとは思われない[38]。

第五節　最高裁平成29年4月26日決定

　以上のようなわが国における判例・裁判例の状況を踏まえた上で、以下では、最決平29・4・26刑集71巻4号275頁が、どのように位置づけられることになるかにつき検討を加える。

　まず、平成29年決定の事案の概要から確認することとする。すなわち、被告人（当時46歳）が、知人である被害者（当時40歳）から、平成26年6月2日午後4時30分頃、不在中の自宅（マンション6階）の玄関扉を消火器で何度もたたかれ、その頃から同月3日午前3時頃までの間、十数回にわたり電話で、「今から行ったるから待っとけ。けじめとったるから。」と怒鳴られたり、仲間と共に攻撃を加えると言われたりするなど、身に覚えのない因縁を付けられ、立腹していた。被告人は、自宅にいたところ、同日午前4時2分頃、被害者から、マンションの前に来ているから降りて来るようにと電話で呼び出されて、自宅にあった包丁（刃体の長さ約13.8cm）にタオルを巻き、それをズボンの腰部右後ろに差し挟んで、自宅マンション前の路上に赴いた。被告人を見付けた被害者がハンマーを持って被告人の方に駆け寄って来たが、被告人は、被害者に包丁を示すなどの威嚇的行動

36　同様の指摘を行うものとして、橋田・平成27年度重判解148頁。
37　山口・法曹時報61巻2号312頁。
38　同旨の見解として、照沼・法学教室445号53頁。なお、照沼は、最近の裁判例の傾向からすれば、このような裁判例は少数にとどまることも併せて強調している。

を取ることなく、歩いて被害者に近づき、ハンマーで殴りかかって来た被害者の攻撃を、腕を出し腰を引くなどして防ぎながら、包丁を取り出すと、殺意をもって、被害者の左側胸部を包丁で1回強く突き刺して殺害した、というものである。

かかる事案につき、第一審および原審は正当防衛及び過剰防衛の成立を否定した。これに対して、弁護側が上告したところ、平成29年決定は、以下のように判示を行った。すなわち、「刑法36条は、急迫不正の侵害という緊急状況の下で公的機関による法的保護を求めることが期待できないときに、侵害を排除するための私人による対抗行為を例外的に許容したものである。したがって、行為者が侵害を予期した上で対抗行為に及んだ場合、侵害の急迫性の要件については、侵害を予期していたことから、直ちにこれが失われると解すべきではなく（最高裁昭和45年（あ）第2563号同46年11月16日第三小法廷判決・刑集25巻8号996頁参照）、対抗行為に先行する事情を含めた行為全般の状況に照らして検討すべきである。具体的には、事案に応じ、行為者と相手方との従前の関係、予期された侵害の内容、侵害の予期の程度、侵害回避の容易性、侵害場所に出向く必要性、侵害場所にとどまる相当性、対抗行為の準備の状況（特に、凶器の準備の有無や準備した凶器の性状等）、実際の侵害行為の内容と予期された侵害との異同、行為者が侵害に臨んだ状況及びその際の意思内容等を考慮し、行為者がその機会を利用し積極的に相手方に対して加害行為をする意思で侵害に臨んだとき（最高裁昭和51年（あ）第671号同52年7月21日第一小法廷決定・刑集31巻4号747頁参照）など、前記のような刑法36条の趣旨に照らし許容されるものとはいえない場合には、侵害の急迫性の要件を充たさないものというべきである」。

そして本件事実関係によれば、「被告人は、被害者の呼出しに応じて現場に赴けば、被害者から凶器を用いるなどした暴行を加えられることを十分予期していながら、被害者の呼出しに応じる必要がなく、自宅にとどまって警察の援助を受けることが容易であったにもかかわらず、包丁を準備した上、被害者の待つ場所に出向き、被害者がハンマーで攻撃してくるや、包丁を示すなどの威嚇的行動を取ることもしないまま被害者に近づき、被害者の左側胸部を強く刺突したものと認められる。このような先行事情を含めた本件行為全般の状況に照らすと、被告人の本件行為は、刑法36条の趣旨に照らし許容されるものとは認められず、侵害の急迫性の要件を充たさないものというべきである。したがって、本件につき正当防衛及び過剰防衛の成立を否定した第1審判決を是認した原判断は正当であ

る」とした。

　以上のような平成29年決定においてまず注目されるのは、きわめて多岐にわたる判断事情が列挙されているものの、そのいずれも積極的加害意思類型との関係性を示すものであり、他方、自招侵害類型に関係する事情は慎重に除外されているということである[39]。このことが意味するのは、平成29年決定は、昭和52年決定をはじめとする積極的加害意思類型の枠組みの延長線上で理解されるべきものであり、平成20年決定に代表される自招侵害類型とは異なる判断枠組みであるということである[40]。

　ただし、平成29年決定が、昭和52年決定に端を発する積極的加害意思類型の延長線上で理解されるとしても、そこで展開されている論理構成は、明らかに、従前の判断枠組みを超える内容を含んでいる[41]。すなわち、平成29年決定は、昭和52年決定とは異なり、「刑法36条の趣旨に照らし許容されるものとはいえない場合には、侵害の急迫性の要件を充たさない」と、より一般的な判断枠組みを提示している。つまり、平成29年決定は、昭和52年決定を維持しつつも、それをより上位の原理に包摂するとの認識を示しているのである[42]。そして、この上位の原理こそが、平成29年決定において、「刑法36条の趣旨」として挙げられているものである[43]。昭和52年決定は、刑法36条が「侵害の急迫性を要件としている趣旨から考えて、」と述べるにとどまるが、平成29年決定は、より敷衍して、刑法36条の趣旨は、「急迫不正の侵害という緊急状況の下で公的機関による法的保護を求めることが期待できないときに、侵害を排除するための私人による対抗行為を例外的に許容した」点にあるとの説明を行っている[44]。この説明の背景には、坂

39　同様の認識を示すものとして、坂下・判例時報2362号174頁、照沼・法学教室445号53頁。
40　坂下・判例時報2362号174頁。本質的には同様の指摘を行うものとして、小林・判例時報2336号143頁。これに対して、木崎・筑波法政74巻56頁以下は、本決定と平成20年決定を統一的に理解することは可能であると主張する。その主張内容は、要するに、積極的加害意思類型と自招侵害類型における判断基準が実質的に同様であるというものである。確かに、両類型における判断基準が部分的に重なり合っていることは否定できないが、しかし、本文中で示してきたように、両類型において考慮されている事情が完全に重なっているかについては疑問が残る。加えて言えば、仮に機能的に見て、両類型の判断基準が実質的に同様だからといえたところで、両類型に伏在する制約の論拠が同様であることを論証できるわけでもない。その意味でも、木崎の言説には疑問が残る。
41　橋田・平成29年度重判解154頁。
42　同様の理解として、小林・判例時報2336号144頁、坂下・判例時報2362号170頁、照沼・法学教室445号54頁、中尾・ジュリスト1510号109頁、成瀬・法学教室444号158頁。
43　同様の指摘を行うものとして、小林・判例時報2336号143頁。

下が述べるように、「昭和52年決定の場合などは、公的機関による法的保護を求めることが『期待できる』のであり、そうである以上、公的機関による法的機関による法的保護を求めるべきであり、それを求めれば私人が自ら対抗行為をしなければならない緊急状況は解消されるので、当該私人との関係で不正の侵害は急迫性を失う」という理解が存在するものと思われる[45]。このような理解からすれば、当該私人には、公的救助を要請しないのであれば、侵害を受忍するか、あるいは犯罪行為を行うかしか選択肢が残らないのであるから、事実上、正当防衛状況の前段階における公的救助要請義務、あるいは侵害回避義務が課されていることになる[46]。

　以上のように理解されるとしても、さらに、刑法36条の趣旨に照らして許容されない場合とは具体的にどのような場合か、という問題が残る。この点について、平成29年決定は、具体的な考慮要素を列挙しているが、明確な判断基準を提示しているわけではない。それゆえに、冒頭でも述べたとおり、既に確立した判断枠組みを提示している積極的加害意思論の場合はともかくとしても、今後、それ以外の場合には「刑法36条の趣旨に照らし許容されるか」という非常に抽象的な基準に基づいて、急迫性の有無が判断されるようになるものと思われる[47]。

第六節　最高裁平成29年決定以降の裁判例

　実際、その後の下級審の中には、「刑法36条の趣旨に照らし許容されるか」という非常に抽象的な基準に基づいて、急迫性の有無を判断したものも登場しているところである。例えば、仙台地判平29・9・22 LEX/DB 文献番号：25547815

44　小林・判例時報2336号143頁。
45　坂下・判例時報2362号170頁。これに対して、松宮・立命館法学377号107頁注20は、「急迫性」を「公的機関による法的保護を求めることが期待できないとき」に限定してしまうと、当該私人については急迫性が否定されるが、その他の者（例えば、警察官や緊急救助者）については急迫性が否定されないというような相対化はなしえないとする。
46　坂下・判例時報2362号170頁。さらに、同趣旨の指摘を行うものとして、松原・概説32頁。
47　同様の理解を示すものとして、照沼・法学教室445号54頁。また、井田・季刊刑事弁護96号15頁以下も、判断基準の輪郭はあいまいになることは否定しがたいと述べる。これに対して、橋田・平成29年度重判解154頁以下は、従来の判例が防衛行為の正当化を判断する際に用いた「法律秩序」や「正当防衛の観念」に比べれば、若干は具体化された基準であると述べる。確かに、その点はその通りであるが、しかしだからといって、平成29年決定の判断基準が、正当防衛・過剰防衛の成立範囲を過度に制約する恐れがあるとの懸念を払しょくできるほどの明瞭さを有しているかと言えば、この点については疑問を禁じえない。

がそれである。

　本判決の事案の概要は、以下の通りである。すなわち、被告人Xは、東日本大震災復興事業工事従事者仮設施設に居住していた者であるが、同僚であるB（当時56歳）が模造刀（全長約100cm、刃渡り約74cm）を持って被告人方居室を訪れ、被告人に対し「顔貸せ」と言ったのに応じ、前記Bに追随して、前記仮設施設に隣接する駐車場に赴いた。その後、被告人は、被害者と向き合って対峙している状態で、被害者から本件模造刀を突き出されるや[48]、至近距離から、刃体の長さ約16cmの包丁を順手に持ち、その切っ先を被害者の上体に向け、強い力で2回突き出して、腹部、左側胸部の順で刺し、死亡させた。

　かかる事案につき、仙台地裁は、以下のような判示を行った。すなわち、「被告人は、被害者の呼出しに応じて被告人方居室を出て、本件駐車場に赴けば、被害者から本件模造刀で切りかかられるなどの暴行が加えられることを十分予期しながら、自室を施錠したり、警察や同僚の援助を求めることなどが容易であったにもかかわらず、本件包丁を準備してこれを携行した上、被害者に続いて自ら本件駐車場に赴き、被害者から本件模造刀を突き出されるや、殺意をもって前記刺突行為に及んだものと認められる。このような本件行為全般の状況に照らすと、被告人の本件行為は、急迫不正の侵害という緊急状況の下で公的機関による法的保護を求めることができないときに、侵害を排除するために私人による対抗行為を例外的に許容するという刑法36条の趣旨に照らし許容されるものとは認められず、反撃行為に出ることを正当化するような緊急状況にあったとはいえない。したがって、被告人の本件行為は、侵害の急迫性の要件を充たさないものというべきである。

　以上の次第であるから、〔1〕被告人には、本件駐車場における被害者の本件模造刀による攻撃の存否あるいは本件模造刀の殺傷能力の程度に誤想があるから、誤想防衛が成立する、〔2〕被告人には過剰防衛が成立する旨の弁護人の主張について判断するまでもなく、本件について、正当防衛は成立しない」。

　以上で見たように、仙台地裁平成29年判決は、明らかに、最高裁平成29年決定の判断枠組みに依拠して急迫性の有無を判断しており、その意味で、「この最高

48　なお、弁護人は、被害者が被告人に切りかかった旨を主張した。これに対して、裁判所は、弁護人の主張を斥けつつも、被害者が被告人に本件模造刀の切っ先を向けて突き出してきた疑いがあるとの認定を行った。そのため、本文中のように記した。

裁決定によって示された定式の具体的適用例とみることができる」[49]。ただし、仙台地裁平成29年判決においては、明らかに最高裁平成29年決定の判断枠組みを逸脱している箇所もみられる。

　仙台地裁は、同僚の援助を受けることができる可能性にも言及しているが、この点は、最高裁平成29年決定の判示内容、より具体的には、「急迫不正の侵害という緊急状況の下で公的機関による法的保護を求めることができないときに、侵害を排除するために私人による対抗行為を例外的に許容するという刑法36条の趣旨」（圏点強調は筆者による）と整合しない。すなわち、仮に仙台地裁平成29年判決の説示が正しいとすると、公的機関による法的保護を求める余裕はないものの、同僚に助けを求める余裕がある場合、被侵害者の正当防衛権は認められないことになる。しかし、最高裁平成29年決定において示された刑法36条の趣旨からすれば、この場合、公的機関による法的保護を求めることはできないため、侵害を排除するために私人による対抗行為が例外的に許容される場合にあてはまるはずである。つまり、被侵害者は、別段防衛行為を行ったとしても問題ないことになるはずである。このように、同僚の援助を受けることができたかという事情を考慮することは、明らかに最高裁平成29年決定が示す刑法36条の趣旨と整合しない[50]。

　また、この点は、最高裁平成29年決定の判断枠組みから逸脱しているというわけではないが、仙台地裁平成29年判決においては、誤想防衛の成否について検討を行うことなく、誤想防衛の成立可能性が否定された点にも疑問が残る。本件事案において、仙台地裁は、おそらく、最高裁平成29年決定の判断枠組みに依拠して、侵害の急迫性が認められないことを確認したのち、「以上の次第であるから」誤想防衛の成否については判断するまでもなく、誤想防衛は成立しない旨を判示

49　井上（宜）・新・判例解説Watch22号192頁。
50　付言すれば、このように、仙台地裁平成29年判決が、論理的に考えれば、明らかに最高裁平成29年決定の趣旨とは整合しないような判示を行ってしまったのは、そもそも、最高裁平成29年決定の趣旨が、（裁判員に対して説示を行う立場にある）裁判官にとってすら、その正確な含意を読み取ることができないほど「難解な」ものだったといえるのかもしれない。その意味でいえば、「難解なのは正当防衛をめぐって展開されている判例理論」であるとの評価（井上（宜）・犯罪と刑罰21号45頁）は、現在においてもなお妥当しつづけているともいえる。仮にそうだとすれば、裁判員裁判において見直すべき内容は、そもそも裁判員裁判における説示内容などではなく、難解な判断枠組みを未だ堅持しつづける判例理論にこそあるとの評価も可能であろう。実際にそのような趣旨の主張を行うものとして、井上（宜）・犯罪と刑罰21号45頁。

している。かかる判示内容に鑑みれば、仙台地裁は、おそらく、最高裁平成29年決定の判断枠組みにより、侵害の急迫性が否定される場合には、誤想防衛の成立可能性も併せて否定されることになると考えているのだろう。しかしながら、わが国の刑法学における伝統的な理解に従い、誤想防衛とは、正当防衛にあたる事実が存在しないのに、存在すると誤信した場合を意味すると理解するのであれば、まさしく本件事案は、誤想防衛の成立可能性が問われてしかるべき事案だったのではなかろうか。その意味で言えば、仙台地裁平成29年判決の判示内容は、最高裁平成29年決定が示した判断枠組みと既存の刑法理論の整合性を改めて問い直す必要性を示唆しているといえよう。

第七節　小　括

　以上の検討によって明らかにされたのは、わが国の判例・裁判例においては、積極的加害意思類型と自招侵害類型という二つの潮流が存在し、これらは異なる理論的基礎を有しているということである。すなわち、前者の積極的加害意思類型は、自力救済禁止の例外の観点、つまりは正当防衛の緊急行為性の観点から急迫性要件の否定を導くものであるのに対して、自招侵害類型は、不正な自招行為により自ら衝突状況を創出したという先行行為責任から正当防衛状況性の否定を導くものである。また、加えて、本書の主たる検討対象である最高裁平成29年決定は、積極的加害意思類型と共通の理論的基礎を有するものであることも明らかとなった。また、平成29年決定以降の裁判例においては、平成29年決定の判断枠組みに依拠した裁判例も登場しており、今後、平成29年決定の判断枠組みが、実務において定着していくことになると思われる[51]。ただし、その裁判例の判示内容を仔細に見てみると、平成29年決定の判断枠組みとは整合しないような理解が示されているなど、問題がある箇所が複数見られることも併せて指摘しておきたい。

51　もっとも、瀧本・北大法学論集69巻4号182頁によれば、目下のところは、積極的加害意思論の影響力はなお残存しているという。

第三章　ドイツにおける議論状況

　前章では、わが国における判例・裁判例の動向を確認した。そこでは、平成29年決定が積極的加害意思類型の延長線上で理解することができ、またその理論的基礎には正当防衛の緊急行為性、換言すれば「自力救済の禁止の例外性」という観点があることを明らかにした。本章以降では、平成29年決定、あるいは積極的加害意思論の基底にある考え方に基づいて、事前の公的救助要請義務を帰結しうるかを検証するために、ドイツにおける議論状況を概観することとする。

第一節　判例の立場

第一款　連邦通常裁判所1993年2月3日判決（BGHSt 39, 133）

1　事案の概要

　極右の青少年（Jugendlicher）グループの指導者である So.（本件被害者）は、1991年5月31日24時に、（本件被告人である）SおよびMによって経営されている売春宿を強襲し、「破壊しつくす（plattmachen）」ことを決心した。

　5月31日午前、SとMは、本件襲撃計画について聞き知り、自らの手で、So. が率いる極右グループに対して報復を行うことを決心した。そのため、両名は、警察への通報を行わなかった。なお、仮にその際に警察への通報が行われていた場合、警察は、同日23時までに、予告されていた極右の攻撃に対抗する十分な人員、すなわち少なくとも20名の人員を配備できる状況にあったことが認定されている。また、これに加えて、仮に行為が行われる約15分前まで（bis etwa 15 Minuten vor dem Tatgeschehen）通報が遅れていたとしても、最初に4名の警察官を乗せた2台のパトロールカーが駆けつけることができ、その後も、引き続き新たな人員を投入することができたことも認定されている。

　同日23時30分ごろ、被告人たちは、約150メートル離れたところに、30～50名

ほどの若者が集まっており、そのうちの一部の者は、木材、バットおよびゴム製の警棒で武装していたことに気づいた。そこで売春宿への襲撃を阻止するために、SとMは、それぞれ散弾猟銃と刺激物質入りスプレー（Reizstoffsprühdose）を携帯した上で、若者たちの集合場所に乗用車で乗り込むこととした。集合場所に到着した後、Sは降車し、その場に居合わせている者たちに聞こえるように、かつ見えるように自らの銃を装填した上で、その者たちに対し、その場から失せるよう要求した。これにより、若者たちは四散し、車や木々の背後、もしくは建物の入口に身を潜めた。

　道路から人がいなくなったとき、Sは、Mが運転する乗用車のところに戻ろうとしたが、その瞬間までSとMに存在を気づかれていなかったSo.が、道路の側に駐車していた自身の乗用車から降りて、約6～8メートル離れた被告人Sのもとへと接近した。Sは、出来事の突然の変化に驚愕し、銃を構えながら、Sの乗用車のもとへと後退した。So.が約1メートルのところまで接近し、右手で助手席の扉を掴んだとき、Sは、既に助手席に座りかかっていた（なお、この際、So.が手中にナイフ等の刃物を忍ばせていた可能性があった）。また、この間、So.の複数の支持者が、自らが隠れていたところから再び現れ、既に約6メートルのところまで被告人の車へと接近していた。このような状況において、Mは、明らかに間近に迫っている攻撃を阻止するため、So.へと刺激性ガスのスプレーを吹きかけた。これにより、So.は、自らの頭部を右側にそらした。引き続いて、Sが、少なくとも自身から0.5メートル離れたところからSo.の頭部へと発砲した。その結果、So.は、左耳と後頭部に銃撃を受けて死亡した。

　以上の事案につき、原審であるドレスデン県裁判所（Bezirksgericht）1992年3月26日判決は、以下のように判示して、SおよびMに無罪を言い渡した。すなわち、県裁判所は、（1）銃を用いた脅迫によるSo.の支持者たちに対する強要の点につき、かかる行為は、予期されていた売春宿への襲撃に対する適切な反応であり、違法な強要にあたらないとした。また、（2）So.に対する致死的な銃撃行為の点につき、So.の脚に向けて発砲することにより攻撃を防ぐことができたという理由から刑法32条正当防衛の成立を否定したが、本件行為は、錯乱（Verwirrung）、恐怖（Furcht）、驚愕（Schrecken）によるものであるとして、刑法33条過剰防衛にあたるとした。これに対して、検察側が上告した。

2　本判決の判断

連邦通常裁判所は、原判決を破棄し、以下のような判示を行った。

まず、本判決は、銃による脅迫を用いた So. の支持者に対する強要行為の点につき、以下のような判断を示した。すなわち、第一に、攻撃者たちは、売春宿から100メートル以上離れたところで集合している途中であったため、被告人らによって経営されている売春宿への攻撃はいまだ開始されていなかったとの理由から、正当防衛の成立が否定された。

第二に、正当化緊急避難の成否については、以下のような判断が示された。すなわち、まず、刑法34条の意味における攻撃の現在性は、攻撃者たちによる攻撃の準備が、「危殆化された法益に対する現在の危険をなすほど進捗したものになっている」との理由から肯定された。しかしながら、「かかる正当化事由〔正当化緊急避難——引用者注〕は、他の方法では危険を回避することができないということを要件とする、つまりは官憲による救助を適時に要請することができる場合には認められない」ところ、本件事案では、「So. の支持者集団に起因する、被告人の売春宿に対する危険は、被告人が警察に通報することによって回避することができた」ため、正当化緊急避難の成立は認められないとされた。

第三に、連邦通常裁判所は、本件強要行為は、刑法240条2項の意味における違法なものであったと判示した[1]。すなわち、刑法240条2項の意味において違法であるのは、「追求する目的のために暴力の行使、もしくは害悪による脅迫を行うことが非難すべきであると見なされる場合である」とされた。その上で、本件において「追求された目的は、若者たちに売春宿への襲撃計画をやめさせるために、車道から若者たちを追い払い、若者たちを脅えさせるというものであ」り、「被告人らは、かかる目的を、法秩序の枠内でのみ貫徹することが許されていた」とされた。そして、「強要の手段を用いて、国家の代理を務めることを不当に行う個人は、自分自身によって行われる暴行によって、かつ特別な正当化事由なしに法律に対する忠誠を他者に強制するために、故意に国家の強制手段の優位を尊

1　ドイツ刑法240条2項は、「追及された目的のために暴力の行使又は害悪を加える旨の脅迫を行うことが非難すべき（verwerflich）と認められる場合、行為は違法である」と規定している。つまり、本判決において問題とされている、刑法240条2項にいう「違法」といえるかという問いは、本件強要行為が「非難すべき」ものといえるかという問題に対応するものである。なお、ドイツ刑法240条2項における非難性要件の議論状況については、さしあたり金澤・浅田古稀733頁以下参照。

重しない場合、非難すべき行為を行って」おり、そのことは、本件のように、「特に危険であり、かつ禁止されている手段、例えば、武器法違反の下で行われる強制が行われる場合に妥当する」とした。それゆえに、本件強要行為は、刑法240条2項の意味において非難すべき（verwerflich）ものであったとされた。

次に、連邦裁判所は、被告人SがSo.を射殺した点につき、以下のような判断を示した。すなわち、第一に、連邦通常裁判所は、県裁判所とは異なり、本件発砲行為が防衛のために必要であったか否かの判断を留保した[2]。

第二に、連邦通常裁判所は、本件発砲行為の過剰防衛の成否につき、以下のような判断を示した。まず、連邦通常裁判所は、自招防衛の判例として知られる連邦通常裁判所1961年8月1日（BGH NJW 1962, 308）に言及し[3]、同判決が、「行為者が強く拒絶されるべき態度（mißbilligenswertes Verhalten）によって攻撃を招致した（provozieren）場合、免除は認められるべきではないというところまで一般化して理解されている」ことを確認する。しかし、連邦通常裁判所は、「そのような刑法33条の適用可能性の広範な制限は正当化されない」として、上述の理解に依拠することを拒絶する。その上で、「被攻撃者によって有責的に共同惹起された正当防衛状況のために、（たとえ制限されたものであるとしても）なお刑法32条に基づく正当防衛権が認められる場合には、行為者が（制限された）正当防衛の限界を錯乱、恐怖、驚愕から超過する限り、原則的には刑法33条を適用する余地も存在する」と述べる。もっとも、連邦通常裁判所は、「このことは、違法な被攻撃者がコンフリクトを解消することについて管轄を有しており、かつ到達しえた警察を排除し、自らの手段を用いて防衛するために、そして自らの敵対者に対して優位を獲得するために、計画的に自らの敵対者との暴力を伴う対決へと突入した場合には妥当しない——そして、この点に、NJW 1962, 308, 309における判決の適切な出発点がある」とする。その理由としては、「そのような場合においては、過剰防衛についての本来的な原因は、……違法な攻撃によって惹き起された、虚弱性情動に基づく被攻撃者の脆弱性（Schwäche）ではなく、正当防衛状況の発生前に把握された強壮性情動に基づく、敵対者との『闘争』を自分の手で行

---

[2] なお、本判決においては、何故、防衛行為の必要性に関する判断を留保できるのかについての説明は、何らなされていない。

[3] 同判決を紹介するものとして、瀧本・北大法学論集66巻6号78頁以下、橋爪・正当防衛の基礎184頁。

うという決断にある」ことが挙げられている。そして本件事情の下で、「被告人らが到達可能な警察を排除して、So.の支持者とのあからさまな闘争へと突入するとき、被告人らは、自らを保護するために必要な防衛に制限されなければならない。それを超える場合、たとえ敵対者が予期せず優位を獲得してしまうことの危惧からであるとしても、刑法33条による免除は問題とならない」とされた。

3 本判決の理解

本件事案において、被告人らは、自分たちが経営する売春宿への襲撃を阻止するために、So.の支持者たちに対する強要行為を行っている。そのため、本判決では、かかる強要行為が正当防衛、もしくは正当化緊急避難にあたるかが問われた。

その際、連邦通常裁判所は、売春宿の襲撃は未だ開始されていなかったとして、刑法32条の意味における現在の攻撃は認められないとする一方で、攻撃者たちによる攻撃の準備は、刑法34条の意味における現在の危険にあたると判示している。ここで問題となるのは、何故、連邦通常裁判所は、本件事案は正当防衛状況にはあたらないとしつつも、緊急避難状況にはあたると述べたか、ということである。

この点については、連邦通常裁判所は、「正当防衛類似の状況」(もしくは、「予防的正当防衛」)として本件事案を理解した上で[4]、かかる法形象につき、正当化緊急避難の問題として処理したとする理解が多く見られるところである[5]。この理解によるならば、連邦通常裁判所は、本判決において、正当防衛状況と緊急避難状況とを質的に区別したことになる。すなわち、緊急避難状況は、正当防衛状況とは異なり、侵害が未だ直接的に差し迫っているわけではないが、侵害が現実化した段階ではもはや防衛措置を講じえない、あるいは講じるには大きなリスクを

---

4 「正当防衛類似の状況」(あるいは「予防的正当防衛」)とは、損害の発生がまだ全く直接には切迫していないときであっても、あとで防衛することは不可能であり、より大きな危険の可能性においてしかそれをすることができない場合を指すとされる。このような定義を行うものとして、*Roxin*, AT, §16 Rn. 20.(翻訳として、山中監訳・総論20頁〔川口浩一訳〕〔以下では、山中監訳・総論〔訳者名〕と表記する〕)。なお、「正当防衛類似の状況」の議論状況については、さしあたり齊藤(誠)・正当防衛権の根拠と展開261頁以下参照。

5 このような分析を行うものとして、*Haft/Eisele*, Jura 2000, S. 315.; *Hillenkamp*, JuS 1994, S. 772.; *Lesch*, StV 1993, S. 580 f.; *Roxin*, NStZ 1993, S. 335. なお、いくつかの教科書においても同様の理解が示されている。そのようなものとして例えば、*Baumann/Weber/Mitsch/Eisele*, AT, §15 Rn. 19 Fn. 74.; *Wessels/Beulke/Satzger*, AT, Rn. 500 Fn. 29.

伴う場合であっても認められるとされたことになる[6]。このような理解からすれば、連邦通常裁判所が述べるように、本件事案では、攻撃者たちによる攻撃の準備が、「危殆化された法益に対する現在の危険をなすほど進捗したものになっている」と評価することは理解可能なものとなる。なぜならば、So. の支持者集団が売春宿への攻撃が開始された時点で、被告人らが防衛手段を講じるには大きなリスクを伴うことが予想されるからである。

次に、連邦通常裁判所は、正当化緊急避難は、「他の方法では危険を回避することができないということを要件とする、つまりは官憲による救助を適時に要請することができる場合には認められない」ことを確認した上で、本件では、「So. の支持者集団に起因する、被告人らの売春宿に対する危険は、被告人らが警察に通報することによって回避することができた」との判断を示している。この点につき、「正当防衛類似の状況」として本件事案を理解する先述の理解からすれば、かかる連邦通常裁判所の判示部分は、まさしく正当化緊急避難の必要性要件の判断を行ったものとして理解されることになるだろう[7]。

しかしながら、このような理解が正鵠を得たものなのかという点につき、Lesch は、以下の二つの疑問を提起する[8]。第一に、Lesch は、仮に連邦通常裁判所が、「正当防衛類似の状況」として本件事案を理解したとするのであれば、連邦通常裁判所は、本判決とは反対に、行為時点で、So. の支持者の集団の財に対する介入を行うことは必要であったという結論を導かなければならなかったと述べる[9]。なぜならば、「正当防衛類似の状況」においては、損害発生の危険が、危殆化された法益を保護するために必要な措置を即座に講じなければならないほど蓋然性の高いものとなっていることが前提とされているからである[10]。つまり、「正当防衛類似の状況」であると評価すること自体が、将来の侵害を避けるためには、今、防衛措置を講じなければならないという価値判断を既に内包しているため、それにもかかわらず、防衛措置を講じたことが必要ではなかったとすることは評価矛盾であるというのである。

第二に、Lesch は、仮に本判決が刑法34条の意味における必要性要件の判断を

---

6 *Roxin*, AT, §16 Rn. 20.（翻訳として、山中監訳・総論20頁〔川口訳〕）
7 そのように理解するものとして、*Hillenkamp*, JuS 1994, S. 772.; *Roxin*, NStZ 1993, S. 335.
8 *Lesch*, StV 1993, S. 581.
9 *Lesch*, StV 1993, S. 581.; *Sengbusch*, Subsidiarität, S. 83.
10 Vgl. *Lesch*, StV 1993, S. 581.; *Sengbusch*, Subsidiarität, S. 83.

行ったものだとすれば、何故、本判決においては、官憲による救助を要請することができたか否かの判断が、行為時ではなく、行為前に前倒しされているのかという疑念が生じることを指摘する[11]。すなわち、本件事案においては、「仮に行為が行われる約15分前まで (bis etwa 15 Minuten vor dem Tatgeschehen) 通報が遅れたとしても」、警察による救助が行われていたことが認定されているところ、ここでいう「犯行が行われる約15分前」が、24時に予告されていた攻撃の15分前（つまり、23時45分）なのか、それとも本件強要行為が行われる15分前なのかは必ずしも明確ではない。このうち、前者に解した場合、本件強要行為が行われた時点でなお、警察による救助を求めることができたことになる。しかしながら、このように解する場合、「正当防衛類似の状況」（侵害者による攻撃が未だ直接的に差し迫っていないときに、効果的な防衛措置を講じることができる最後の機会が到来した状況）を基礎づけうるほど危険の現実性は存在しなかった、つまりは刑法34条の意味における危険の現在性が肯定されないことになってしまうとする。それゆえに、本判決を理解するためには後者に解するほかないが、後者に理解した場合、官憲による救助を要請することができたか否かを判断する時期が、犯行時ではなく、犯行前に前倒しされることになるのである。

　以上のようなLeschの指摘が正鵠を得たものであるとするならば、さらに、何故、連邦通常裁判所が判断時期を前倒ししたのかを問う必要性が生じる。この点につき、Leschは、連邦通常裁判所が、刑法34条の意味における必要性要件ではなく、「私人が自ら防衛措置を講じることは、国家による救助を要請することに対して補充的なものでしかない」というより一般的な原理からかかる判断基準を導出した可能性を指摘する[12]。

　この点をより敷衍して説明を行うのは、Sengbuschである。Sengbuschによれば、本判決において、先に述べたような一般的な原理から導かれる補充性の考慮は、正当化緊急避難の脈絡だけでなく、一般的に妥当している。すなわち、刑法240条2項の意味における違法性判断において、連邦通常裁判所は、「強要の手段を用いて、国家の代理を務めることを不当に行う個人は、……故意に国家の強制手段の優位を尊重しない場合、非難すべき行為」を行っているとの判断を示している[13]。ここでは、「被強要者が、禁止された行為を用いて行為者の自由領域

11　Vgl. *Lesch*, StV 1993, S. 581.
12　*Lesch*, StV 1993, S. 581.; *Sengbusch*, Subsidiarität, S. 83.

に介入しない限り、この種の介入を——場合によっては、国家による強制手段を用いて——阻止することは、警察の責務である」という価値判断が示されている[14]。また、Sengbuschによれば、連邦通常裁判所がSo.に対する致死的な銃撃行為につき、刑法33条の成否を検討している箇所においても、同様の価値判断が看取することができるという。すなわち、同箇所において、連邦通常裁判所は、「違法な被攻撃者がコンフリクトを解消することについて管轄を有しており、かつ到達しえた警察を排除し、自らの手段を用いて防衛するために、そして自らの敵対者に対して優位を獲得するために、計画的に自らの敵対者との暴力を伴う対決へと突入した場合」、刑法33条の適用可能性は存在しない。なぜならば、「そのような場合においては、過剰防衛についての本来的な原因は、……違法な攻撃によって惹き起された、虚弱性情動に基づく被攻撃者の脆弱性（Schwäche）ではなく、正当防衛状況の発生前に把握された強壮性情動に基づく、敵対者との『闘争』を自分の手で行うという決断にある」からである、とする[15]。ここでは、国家による救助の優先が明示的に言及されているというのである[16]。

　そして、Sengbuschによれば、以上のように、連邦通常裁判所が、具体的な衝突状況の前段階における公的救助要請義務を一般的に妥当する原則として参照することにより、刑法34条および刑法33条の適用を否定し、かつ強要行為の非難すべき性質を肯定したと解すれば、本判決が何故、Sの射殺行為につき、防衛行為の必要性の判断を留保したのかについても、一定の合理的な説明が可能になるという。すなわち、本判決では、So.に対する致死的な銃撃行為が必要なものであったかの判断は留保されているが、それはそもそも、正当防衛による正当化が、具体的な衝突状況の前段階における公的救助要請義務により否定されていたからであるというのである[17]。

13　連邦通常裁判所と同様の見解を主張するものとして、*Roxin*, NStZ 1993, S. 335. これに対して、連邦通常裁判所の論証に依拠したとしても、本事案における非難性は否定されるべきであったと述べるものとして、*Lesch*, StV 1993, S. 580.
14　*Sengbusch*, Subsidiarität, S. 84.
15　このような連邦通常裁判所の基礎づけ方法に対しては批判的であるが、結論そのものについては賛成するものとして、*Roxin*, NStZ 1993, S. 336. この種の事案群については、刑法35条1項もしくは刑法33条2文の類推適用を認めるべきであるとするものとして、*Drescher*, JuS 1994, S. 426. 本判決が刑法33条の成立を排斥したことに対して批判的であるのは、*Haft/Eisele*, Jura 2000, S. 316; *Lesch*, StV 1993, S. 583.; *Motsch*, Notwehrexzess, S. 88 f.; *Renzikowski*, FS-Lenckner, S. 264.
16　*Sengbusch*, Subsidiarität, S. 84.
17　同様のことを述べるものとして、*Sengbusch*, Subsidiarität, S. 84 f.

第三章　ドイツにおける議論状況　*199*

　以上で確認したように、本判決は、一般的な原則として、衝突状況の前段階における公的救助要請義務を認めた可能性を有する判決であるため、この意味において、正当防衛の前段階における公的救助要請義務を考える上で重要な判決であったといえる。

第二款　連邦通常裁判所1994年11月15日決定（BGH NStZ 1995, 177）

1　事案の概要

　本決定の事案の概要は、以下の通りである。
　付帯訴訟者が所属する暴力集団は、以前よりナイトバーの経営者である被告人といざこざがあったことから、バーを「破壊しつくす（plattmachen）」ことを計画していた。犯行当日の２時55分ごろ、付帯訴訟者をはじめとした暴力集団の構成員は、バーの前に到着した。そして、付帯訴訟者と２人の同行者が、まずもって状況を探知するためにバーの中に立ち入ることとし、残りの約10名の構成員はバーの前に潜むこととした。付帯訴訟者らがバーの中に立ち入った後、バーの中にいた被告人は、付帯訴訟者らに接近し、ピストルを取り出して、先頭を歩いていた付帯訴訟者に狙いをつけた。そして、被告人は、付帯訴訟者らに対して店を後にするよう要求した。その後すぐに、被告人は、付帯訴訟者の上半身の２～３ｍほど離れたところから発砲した。これにより、付帯訴訟者は、生命に危険のある損傷を受けたが、緊急手術により一命をとりとめた。
　なお、犯行当日の１時ごろ（犯行の約２時間前）、被告人は、客から暴力集団の襲撃計画を知らされており（ただし、連邦通常裁判所によれば、彼が襲撃の時間及び方法に関する具体的認識を得ていたかは明らかではなかったとされる）、その際に警察を呼ぶよう助言があったにもかかわらず、それをしなかったという事情があった。
　原審（ゲルリッツ州裁判所1994年４月27日判決）は、以下に述べる複数の理由から、被告人による銃の発砲は正当防衛にあたらないと判示した。まず、攻撃の現在性については、付帯訴訟者によって行われた住居侵入は、被告人の人身に対する現在の攻撃でも、直接的に切迫している攻撃でもなかったとされた。その理由としては、実際の「機動襲撃班（Rollkommando）」は未だ玄関の前に待機していたため、付帯訴訟者らのバーへの侵入は状況の探知にしか役立たなかったことが挙げられている。次に防衛行為の必要性についても、被告人による発砲行為は、

住居の平穏侵害の防衛のために必要な行為ではなかったとされた。また、刑法33条過剰防衛の成否についても、被告人は、以下のような理由からその成立を否定した。すなわち、確かに被告人は、犯行時点で、「重大な興奮状態（Erregung）、緊張（Nervosität）および不安（Angst）」にあり、「分かっていながら（offenen Auges）」、警察を呼ばずに、極度に暴力的なグループとの闘争へと突入したため、刑法33条の成立は否定されるとした。これに対して、被告人側が、実体法違反を理由に上告を行った。

2　本決定の判旨

本決定は、以下に述べる複数の理由から、故殺未遂の点につき、被告人の実体法違反の訴えを認めた。

まず、攻撃の現在性につき、連邦通常裁判所は、以下のような判断を示した。すなわち、「州裁判所が、被告人の住居権への攻撃に対する防衛、および住居の平穏侵害の終了だけで問題となっていたわけではないということを考慮していない」。むしろ本事案において行われた認定からすれば、「閉じられていた扉を力づくで踏み破ること、および完全に塞がれていたバーへの機動襲撃班の前衛の侵入によって、被告人、従業員および客の人身、および店の備品に対する現在の攻撃が開始し、その結果、住居の平穏だけでなく、10名以上存在している攻撃者たちに対抗しようとする各人の身体および生命が直接的に脅かされていた」ことが推認される。したがって、本件行為は、刑法32条2項の意味における現在の攻撃にあたるとした。

次に、防衛行為の必要性につき、以下のような判断が示された。すなわち、防衛行為の必要性の判断枠組みは、「攻撃と正当防衛が行われる全事情によって、とりわけ攻撃の強度及び危険性、ならびに被攻撃者の防衛の可能性によって確定される」とした上で、「内的事象および外的事象の詳細についてのより確実な認定を行うことができない場合、その事象は、被告人の責めに帰することは許されない」とする判断を示した。

また、連邦通常裁判所は、「銃の発砲が、――疑わしい命題（Zweifelssatzes）を尊重して――もはや必要な防衛とみなすことができない場合であっても、被告人が、重大な行為事情（Tatumstände）に関する錯誤に陥っているかが検討される」とした上で、「被告人は、事実の錯誤（Tatirrtums）に基づいて、銃の発砲の必要

性を前提とすることができたのであり、刑法16条により、殺人の故意（Tötungsvorsatz）は阻却される（entfallen）だろう」との判断を示した。

　最後に、連邦通常裁判所は、傍論的にではあるが、原審が BGHSt 39, 133を持ち出して、刑法33条の適用を排除した点につき、BGHSt 39, 133の射程を見誤っているとも述べた。すなわち、「確かに、同判決〔BGHSt 39, 133——引用者注〕によれば、刑法33条の意味における正当防衛の免責的な超過は、行為者が、到達可能な警察を排除し、自らの手段によって、自らに知らされている攻撃を阻止し、かつ自らの敵対者に対して優位を占めるために計画的にその敵対者との実際の闘争へと突入した場合には考慮されない。しかしながら、同判決が基礎にしている事情は、本件で判断されるべき出来事とは本質的に区別される。というのは、かの事案においては、被告人は、違法な攻撃が開始される前に、自らの敵対者と武器を伴う闘争を試みたのであり、また自らの側で予期していた攻撃の機先を制するために、攻撃者らによって計画されていた犯行地点（Tatortbereich）の範囲外である公道で試みられたからである。これに対して、刑法33条の適用可能性は、被攻撃者が退避もしくは警察の介入への配慮によって攻撃から自らを防衛することができたであろうということにより排除されるわけではない」、とされた。

3　本決定の理解

　本決定において着目すべきなのは、第一に、本決定においては、被告人が実力を行使する用意のある集団との対決に突入することを分かっていながら、警察に事前に通報することを行わずに闘争状況に突入したという事情が、攻撃の現在性要件の判断にも、防衛の必要性要件の判断にも何らの影響を与えていないということである[18]。

　第二に、本決定においては、BGHSt 39, 133に依拠して、刑法33条による免責を否定し原審の判断につき、BGHSt 39, 133の射程を見誤ったものであるとする判断が明確に示された点も特筆すべきである。すなわち、連邦通常裁判所は、BGHSt 39, 133は、被侵害者が違法な攻撃を受ける前に機先を制した事案における判決であるため、本件とは事案を異にするのであり、したがって本件においてはBGHSt 39, 133の判断枠組みが妥当しないと述べた上で、刑法33条の適用可能

18　同様の指摘を行うものとして、*Sengbusch*, Subsidiarität, S. 85.

性は、公的救助を要請していれば、攻撃から身を守ることができたという事情により否定されるわけではないとした。

　これらのことから窺うことができるように、連邦通常裁判所は、少なくとも、警察への事前の通報を行わずに闘争状況に突入したという事情のみから正当防衛および過剰防衛の成立を否定するという論理構成を採用していない[19]。したがって、BGHSt 39, 133の射程は、正当防衛による正当化の場面、少なくとも違法な攻撃が現在している場面には及ばないと解すべきである[20]。換言すれば、連邦通常裁判所は、少なくとも、一般的な原理としては、衝突状況の前段階における公的救助要請義務を容認していないといえる。

第三款　小　括

　以上では、事前に公的救助を要請できたにもかかわらず、これを行わずに衝突状況に突入した、二つの連邦通常裁判所の判例を確認した。そこでの検討から、連邦通常裁判所は、事前に公的救助を要請することができたにもかかわらず、それを行わなかったという事情からただちに、正当防衛による正当化の可能性を否定していないことが明らかとなった。そしてそれゆえに、連邦通常裁判所は、正当防衛状況の前段階における公的救助要請義務の存在を認めていないことが明らかとなった。

第二節　学説の状況

　前節では、ドイツにおける二つの判例の検討を通じて、連邦通常裁判所が、正当防衛状況の前段階において公的救助を要請しなかった場合についてどのような処理を志向しているかを明らかにした。本節では、ドイツの学説が、同様の場合において、どのような処理を志向するのかを確認することとする。

19　同様の分析を行うものとして、*Schmidt*, JuS 1995, S. 556.; *Sengbusch*, Subsidiarität, S. 307.
20　結論において同様の理解を示すものとして *Jakobs*, Kommentar, S. 158.

第一款　制限否定説

　ドイツにおいては、正当防衛状況の前段階において、（後の）防衛行為者は、国家機関に対して救助を求める義務を負わず、それゆえにこの場合においては、正当防衛権は否定ないし制限されないとする見解が有力である[21]。

　例えば、この見解の主張者の一人である Lesch は、以下のような説明を試みている。すなわち、確かに、国家による実力独占は、「市民化された社会状態の第一の、そして最も重要な前提条件であ」り[22]、また「個人から、自己裁判権（Recht auf Selbstjustiz）を剥奪する」ものである[23]。それゆえに、国家による実力独占の原則が妥当する限り、「個人が、暴力を用いて、他の市民に対して自らの現実の、もしくは推定上の権利を貫徹することは許されない」[24]。しかしながら、かかる原則は、国家による救助が適時に到着していない、もしくはもはや適時に到着しえないという例外状況においては妥当しない[25]。そのような例外状況においては、被攻撃者が、官憲による救助が適時に到着するように配慮しなかったという理由のみをもって、被攻撃者の防衛行為の正当化を否定することはできない[26]。防衛行為は、現在の攻撃の存在によってはじめて行われるので、官憲による救助が適時に要請することができたかという問題についても、この時点が標準とされなければならない、とされるのである[27]。

　以上で確認したように、Lesch は、公的救助が適時に到着していない、もしくはもはや適時に到着しえない例外状況においては国家による実力独占の原則が妥当しないという理由から、正当防衛の前段階における公的救助要請義務を否定している。

21　そのように述べるものとして、例えば、*Jakobs*, AT, 12/33.; *Lesch*, StV 1993, S. 582.; *ders.*, Notwehrrecht, S. 62.; *ders.*, FS-Dahs, S. 112.; LK¹²-*Rönnau/Hohn*, §32 Rn. 184.; *Sengbusch*, Subsidiarität, S. 310 f.;
22　*Lesch*, StV 1993, S. 582.
23　*Lesch*, StV 1993, S. 582.
24　*Lesch*, StV 1993, S. 582.
25　*Lesch*, StV 1993, S. 582. 同様の見解として、*Sternberg-Lieben*, JA 1996, S. 306. Strenberg-Lieben も、国家による実力独占は、公的救助が現在しており、かつその救助が現実にも行われる場合にしか妥当しないとしており、実質的に Lesch と同様の主張を行っている。
26　*Lesch*, StV 1993, S. 582.
27　*Lesch*, StV 1993, S. 582.

第二款　制限肯定説

　上記の有力説とは異なり、Hillenkamp は、正当防衛状況の前段階において公的救助を行うことができたにもかかわらず、これを行わなかった場合、具体的な正当防衛状況における正当防衛権の制限を肯定する見解を主張している[28]。Hillenkamp の言葉に即して言えば、「緊急権を超えて警察の任務を我が物にし、そしてその際に緊急状況に陥る者」は、「高・権・的・行・為・に・お・け・る・制・限・」（いわゆる比例性原則）に拘束されるのである[29]。

　Hillenkamp の説明を参照する限り、そのように解することができる理由づけは必ずしも判然としないが、おそらく以下に述べるような論理構成から、先に述べたような制限を肯定するものと思われる[30]。すなわち、国家による実力独占により、個人は、原則として実力の行使を認められていない。それにもかかわらず、正当防衛状況の前段階において、攻撃者に対して自分で立ち向かうことができるようにするために、国家による救助を要請しなかった者は、警察の任務を簒奪しているといわざるをえない。そのため、国家による救助を要請せず、警察の任務を簒奪した防衛者は、正当防衛状況において、警察がその場にいたとすれば法益保護のために行いえたであろう範囲、つまり警察の任務で行いうる範囲内でしか反撃を行うことが許されないのである[31]。

　以上のような Hillenkamp の見解も、通説と同様に、国家による実力独占を前提とした論証を行っている。しかし、Hillenkamp は、通説とは異なり、事前に警察に救助を求めることができたにもかかわらず、これを行わなかった者は、国家の任務を簒奪していると言わざるをえないとの価値判断から、正当防衛権の制限を帰結するに至っている。

28　*Hillenkamp*, JuS 1994, S. 774.
29　*Hillenkamp*, JuS 1994, S. 774.
30　同様の分析を行うものとして、*Sengbusch*, Subsidiarität, S. 305.
31　Vgl. *Hillenkamp*, JuS 1994, S. 774.

第三節　小　括

　本章では、正当防衛状況の前段階において、公的救助を要請しなかった場合につき、ドイツの判例及び学説がどのような処理を志向するのかを明らかにした。まず、連邦通常裁判所は、かかる場合において、少なくとも、事前に公的救助を要請しなかったという事情のみからただちに正当防衛の成立を否定するという論理構成を採用していないことを明らかにした。また、ドイツの有力説は、かかる場合について、事前に公的救助を要請しなかったという事情から正当防衛の成立が否定ないし制限されることを明確に否定しており、その理由づけに際して、国家の実力独占という観点を持ち出している。これに対して、一部の学説は、国家の実力独占の原則を肯定しつつも、正当防衛権を制限する余地を認める。ただし、この見解にせよ、正当防衛の成立可能性を完全に排除するものではない。

　以上のようなドイツにおける議論状況から得られる示唆は、第一に、正当防衛状況の前段階において公的救助を要請しなかったという事情から正当防衛権の制限を肯定しうるか否かは、国家による実力独占の意義づけ、さらには正当防衛権と国家による実力独占の関係性に関する考察を行うことによってはじめて明らかになると考えられるということである。そこで、第四章ではこれらの点に関する考察を行うこととする。

第四章　正当防衛権と国家による実力独占の関係性

前章で確認したことは、国家による実力独占をどのように理解するかという問いに回答しなければ、正当防衛の前段階における公的救助要請義務を肯定することができるか否かという問題に答えることは難しいということであった。そこで、本章では、まず、国家による実力独占の内実、およびその基礎についての検討を行い（第一節）、次いで、国家による実力独占と正当防衛制度の関係性を検討する（第二節および第三節）。なお、これらの検討にあたり、主として、わが国よりも議論の蓄積があるドイツの議論を参照する。

第一節　国家による実力独占の基礎

本節では、国家による実力独占と正当防衛権の関係性についての検討を行うに先立ち、国家による実力独占の内実を確認する。

かつて Weber は、近代国家とは、合法的な物理的暴力の独占（das Monopol legitimer physischer Gewaltsamkeit）を伴うアンシュタルト型の支配団体であると述べた[1]。かかる近代国家の社会学的定義からも明らかなように、近代国家においては、国家およびその機関が、合法的な物理的暴力を行使する権限を独占するのが原則であり、したがって、私人による実力行使は原則的に許されない[2]。逆から言えば、国家のみが暴力行使の権限を持っているため、各個人は、暴力行使の権利が国家によって認められる場合に限り暴力行使の権限を有する[3]。このことを言い表した表現こそが、特別な国家機関における強制権限の集中という意味での「国家による実力独占」にほかならない[4]。

---

[1] *Weber*, Politik, S. 166.（中山訳・職業としての政治24頁）。
[2] 同様の理解を示す刑法学の文献として、*Pelz*, NStZ 1995, S. 305.; *Sengbusch*, Subsidiarität, S. 107. 同趣旨のことを述べる憲法学の文献として、*Isensee*, FS-Sendler, S. 47.; *Merten*, Rechtsstaat, S. 31.
[3] グリム（大森訳）・比較法学40巻3号128頁。
[4] *Engländer*, Nothilfe, S. 156 Fn. 17によれば、国家による実力独占という概念は、従来、特別な

しかしながら、物理的暴力を行使する権限を独占する国家は、国民の生命・身体・自由を奪い取る力を有しており[5]、それゆえに、それ自体として危険な存在である[6]。それにもかかわらず、何故、「国家による実力独占」は、一般に受け入れられるに至っているのだろうか。これに対する回答としては、かねてより、そのような強大な実力を有する国家が人々の基本的な人権を実効的に保障する役割を果たすという理由づけが挙げられてきた[7]。つまり、国家の存在理由は、人々の基本的な人権を実効的に保障することにあるが[8]、これを実現するためには、国家が実効的な人権保障を可能にするだけの実力独占を受け入れる必要がある、というように考えるわけである。

このような思考枠組みを採用する典型例が、(ドイツにおいては、国家による実力独占の理論的基礎として援用されることも多い[9]) 社会契約説である。例えば、Dietlein は、Hobbes の社会契約説に依拠して、国家による実力独占を次のように説明している。すなわち、「国家形成の決定的な動機として、さらには国家であることの本来の正当性として、安全の保障は、……Thomas Hobbes の国家哲学の中核にある。万人に対する万人の自然的戦争状態を克服するために、人間は、自らの武器を置くこと、そして、リヴァイアサン国家、つまり他のいかなる力 (Macht) よりも強大であり、また自らの力の優位 (Übermacht) によって、さらにはそれに起因する恐怖によって、全ての私人の力を抑制することができるような国家に従うことに合意する。実力を行使する権利 (Recht zur Gewalt) は、絶対的国家の手に独占される。内戦は、市民となることによって終結する。実力を放棄すること、そして服従することが市民を作り出すのである」[10]。そして、このような「実力の放棄、および服従が可能となるのは、国家が自らの保護下に市

国家機関における強制権限の集中という意味で理解されてきたという。なお、このような意味での国家による実力独占の概念は、わが国においても、少なくとも一定程度受け入れられているように見受けられる。正当防衛と公的救済の関係性を論じる脈絡において、国家による実力独占の原則を持ち出すものとして、例えば、橋爪・正当防衛の基礎116頁、山口・総論122頁以下。さらに自救行為を論じる脈絡において、国家の実力独占に言及するものとして、大下・理論刑法学の探究⑦81頁。

5 長谷部・憲法10頁
6 井上(達)・自由の秩序52頁、瀧川編・問いかける法哲学244頁〔住吉雅美執筆部分〕。
7 瀧川編・問いかける法哲学244頁〔住吉執筆部分〕。
8 瀧川編・問いかける法哲学244頁〔住吉執筆部分〕。
9 そのようなものとして、例えば、*Dietlein,* Schutzpflichten, S. 21 f.; *Isensee,* FS-Sendler, 1991, S. 46 ff. さらに、グリム(大森訳)・比較法学40巻3号130頁以下参照。
10 *Dietlein,* Schutzpflichten, S. 21.

民を置く場合に限られる。市民の忠誠義務と国家の保護義務は、相互に条件づけており、国家による安全の保障は、いわば国家に命じられた自力救済の禁止の『代償』である。『というのは、自らの安全が配慮される前に、ある者が何かを行う義務を負う、あるいはあらゆるものを求める権利を放棄することは想定できないからである』」、というのである[11]。

このような Dietlein の説明からも窺うことができるように、社会契約説的な基礎づけからすれば、国家による実力独占は、市民の安全を保障するという国家の設立目的のために認められる。なぜならば、国家のみが物理的な暴力を正当に行使する権限を有しており、かつ国家がこのような実力独占を効果的に行う場合にかぎり、国家は、自らの任務である市民の安全の保障を行いうるからである[12]。このことを裏返して市民の側から表現すれば、市民は、（国家が市民の安全を保障する義務を果たしている限りにおいて）国家による実力独占を受け入れなければならない。それゆえに、市民は、相互に自らの実力を放棄し、もっぱら法の枠組みにおいて利益をめぐる戦いに決着をつけなければならないという平和・服従義務を負うことになるのである[13]。

以上のような社会契約説に依拠した基礎づけが方法論的に妥当なのかについては一旦措いておくとしても、少なくとも、国家が個人の基本的人権を実効的に保障するという任務を果たすためには、市民は「国家による実力独占」を受け入れる必要があること、つまりはその限りで平和・服従義務を負わなければならないという帰結は受け入れられてよいだろう。

とはいえ、以上の議論は、あくまで国家論という抽象的なレベルでのものである。そのため、上でみた市民の平和・服従義務もまた、より具体的な実定法の解釈という脈絡において、ただちに意義を獲得するわけではない[14]。このような義務が刑法上の意義を獲得するためには、かかる義務が、制定法上の文言から直接的に読み取ることができる場合か、あるいは少なくとも内在的な原理として読み取ることができる場合に限られるだろう[15]。本稿において、その全てを論証する

---

11 *Dietlein*, Schutzpflichten, S. 22.
12 *Sengbusch*, Subsidiarität, S. 108.
13 *Pelz*, NStZ 1995, S. 305. さらに同様のことを述べるものとして、*Sengbusch*, Subsidiarität, S. 108.
14 *Dietlein*, Schutzpflichten, S. 26.; *Sengbusch*, Subsidiarität, S. 108. さらに、警察法を論じる脈絡ではあるが、内容的に同様のことを述べるものとして、米田・法学70巻2号110頁以下。

ことは不可能であるが、本稿の問題関心に即して、少なくとも以下のようなことは言える。

第一に、現行法秩序を前提としたとしても、私人による実力行使は、原則として禁止されているということである[16]。なぜならば、ドイツにせよ、わが国にせよ、私人による実力行使の禁止を保障するために必要であり、かつ私人による実力行使が禁止されているからこそ意味を獲得する諸制度、例えば裁判制度[17]や警察[18]などの権利保護手続が存在するからである[19]。それゆえ、市民は、少なくとも国家によって自らの安全が保障されている限りにおいて、これらの諸制度を尊重する義務を負う[20]。

第二に、上で述べたことを裏返していえば、かかる義務は、国家が市民の安全を保障することができない場合にまで認められるわけではない[21]。それゆえ、国家が市民の安全を保障することができない緊急状況下において、被攻撃者に対して、攻撃を受忍する義務を課すことはできない[22]。したがって、このような限界事例においては、必要に応じて、実力を伴う防衛措置を講じる権限が私人に認められなければならない[23]。つまり、国家による実力独占は、その限りにおいて後退しなければならない[24]。問題となるのは、「国家による実力独占が後退する」

15　Vgl. *Dietlein*, Schutzpflichten, S. 26.
16　大塚（裕）・判例時報2357＝2358合併号15頁。内容的には同様のことを述べるものとして、大下・自救行為80頁以下。
17　*Dietlein*, Schutzpflichten, S. 26.
18　*Lesch*, FS-Dahs, S. 111 f.; *Pelz*, NStZ 1995, S. 306. 付言すれば、このことは、わが国の警察法の立法目的（警察法1条）からも窺うことができる。なお、警察法1条の規定内容は、以下の通りである。「この法律〔警察法——引用者注〕は、個人の権利と自由を保護し、公共の安全と秩序を維持するため、民主的理念を基調とする警察の管理と運営を保障し、且つ、能率的にその任務を遂行するに足る警察の組織を定めることを目的とする」。ここでは、少なくとも組織としての警察が個人の権利と自由の保障し、公共の安全と秩序を維持することを目的としていることを読み取ることができる。
19　*Dietlein*, Schutzpflichten, S. 26. 自救行為を論じる脈絡ではあるが、内容的には同様のことを論じているものとして、大下・理論刑法学の探究⑦80頁以下。
20　Vgl. *Pelz*, NStZ 1995, S. 306.
21　大塚（裕）・判例時報2357＝2358合併号15頁。
22　*Sengbusch*, Subsidiarität, S. 112.
23　*Sengbusch*, Subsidiarität, S. 112.
24　*Sengbusch*, Subsidiarität, S. 112. さらに、ヤコブス（川口訳）・管轄の段階83頁。これに対して、国家のみが暴力を独占する権利を有しているが、このことを述べるために、私人の実力行使を完全に根絶する必要はないと考えるものとして、グリム（大森訳）・比較法学40巻3号127頁以下。グリムからすれば、国家のみが暴力を独占する権利を有していたという命題は、諸個人または社会的諸団体は、国家から暴力行使の権限を付与された場合に限り暴力を行使することができ

とは、何を意味するのかということである。そしてこの点を明らかにするためには、正当防衛権と国家による実力独占の関係性を明らかにすることが必要である。そこで、次節以降では、ドイツにおける議論状況を参照しながら、両者の関係性について検討を加える。

第二節　正当防衛状況における国家による実力独占原則の不妥当？

国家による実力独占と正当防衛権の関係性をめぐっては、第一に、国家による実力独占は、正当防衛には最初から妥当しないとする見解が主張されている[25]。以下では、かかる見解の主張者である Schmidhäuser の所説の検討を通じて、この見解が、国家による実力独占と正当防衛権の関係性をどのように理解しているのかを明らかにする。

Schmidhäuser によれば、国家およびその機関の任務は、法に対する侵害が終了した後に行われる法の確証（Bewährung des Rechts）――（広義における）刑事訴追――に存するため[26]、国家による実力独占は、法の確証が問題となる領域においてのみ妥当するとされる[27]。換言すれば、かかる領域においては、原則として、実力を行使する法的権限は、国家およびその機関にしか認められないというのである。ただし、Schmidhäuser は、例外的に、実力行使権限が私人にも認められる場合が存在することを認めており、その具体例として、刑事訴訟法127条1項1文（仮逮捕）[28]や民法229条（自救行為）[29]を挙げている[30]。すなわち、これら

ることをも包含した命題なのである（同128頁）。それゆえ、グリムの見解からすれば、むしろここでは、国家による実力独占が後退するのはどのような場合かではなく、国家が私人に対して暴力行使の権限を認めなければならないのはどのような場合かという問いが立てられることになるだろう。

25　*Schmidhäuser*, GA 1991, S. 122 ff. 類似の見解として、*Kargl*, ZStW 110, S. 47 f.
26　*Schmidhäuser*, GA 1991, S. 122.
27　Vgl. *Schmidhäuser*, GA 1991, S. 122.
28　なお、ドイツ刑事訴訟法127条1項1文の規定内容は、以下の通りである。「ある者が現行犯で発見され、または追跡されるとき、その者が逃走する疑いがある、あるいはその者の身元を即座に確認することができない場合には、いかなる者も、裁判官による命令なしにその者を仮に逮捕する権限を有する。」
29　なお、ドイツ民法229条の規定内容は、以下の通りである。「自救行為の目的で、物を奪取、破壊もしくは毀損する者、または自救行為の目的で、逃走の疑いがある被義務者を逮捕する、もしくは受忍する義務を負う行為に対する被義務者の抵抗を排除する者は、官憲による救助が適時に到達せず、かつ即座の介入が行われなければ請求権の実現が行いえない、または本質的に困難なものになるという危険が存在する場合には違法に行為していない。」

の場合には、国家が現実に実力を行使することができないにもかかわらず、実力を行使する差し迫った必要があるために[31]、実力行使権限が例外的に私人にも認められるのである[32]。

これに対して、Schmidhäuser によれば、正当防衛制度は、これらの法制度（特に念頭に置かれているのは、仮逮捕である）とはまったく異なる制度であるという[33]。というのも、正当防衛は、法秩序の攪乱がいまだ終了していない状況下において、換言すれば、法に対する侵害が終了する前に、かかる攪乱を阻止する、もしくはその継続を終わらせるために行われるものだからである[34]。つまり、正当防衛は、（制定法によって予定されている法効果を実現するために事後的に行われる）法の確証ではなく、（法秩序の攪乱が現実のものとならないようにするために事前的に行われる）法の防衛であるため[35]、正当防衛権は、国家による実力独占の例外として認められる権限ではなく、万人の始原的な権利として理解されなければならないというのである[36]。

以上で確認したように、Schmidhäuser の見解においては、国家による実力独占の原則は、犯罪発生後の法の確証の領域において妥当するが、他方で、犯罪発生前の法の防衛という領域には妥当しない。そして、正当防衛制度は、後者の領域において妥当する制度である以上、この見解からすれば、国家による実力独占は、正当防衛の場面においては後退するのではなく、最初から妥当しないことになる。

このように、Schmidhäuser は、国家による実力独占と正当防衛の無関係性を強調する結果、正当防衛権は、国家機関がその場に居合わせているかいないかに関係なく行使することができるという帰結を導出するに至っている[37]。ただし、Schmidhäuser も、防衛行為の必要性要件を判断するにあたり、公的機関による救助の有無を考慮する必要があることまでは否定していない。というのも、Schmidhäuser の見解においても、第三者による救助の有無は、具体的な正当防

---

30 *Schmidhäuser*, GA 1991, S. 124.
31 Vgl. *Schmidhäuser*, GA 1991, S. 122.
32 Vgl. *Schmidhäuser*, GA 1991, S. 124.
33 *Schmidhäuser*, GA 1991, S. 122.
34 *Schmidhäuser*, GA 1991, S. 122 f.
35 *Schmidhäuser*, GA 1991, S. 123.; *Kargl*, ZStW 110, S. 48.
36 *Schmidhäuser*, GA 1991, S. 124.
37 *Schmidhäuser*, GA 1991, S. 123.

衛状況における防衛の必要性を判断する際の考慮要素であるため、その限度で公的機関による救助の有無が――私人による救助の有無と同様に――考慮されることになるからである[38]。

上述した Schmidhäuser の見解に対しては、そもそも、法の確証と法の防衛を区別し、前者のみを国家の任務として理解するという前提自体が不当であるという批判をなすことができる[39]。すなわち、仮に国家の任務が法に対する侵害が終了した後に行われる法の確証のみに存するのだとすれば、国家は、損害が発生する前段階においては市民間のコンフリクトに介入することができないこととなり、その結果、多くの場合、暴力の行使を伴う私的な紛争解決を何もせず傍観しなければならないという耐えがたい帰結を容認しなければならないことになってしまうのである[40]。加えて言えば、上述したような Schmidhäuser の前提は、それ自体、あまりにも現実からかけ離れたものである。なぜならば、警察法と秩序法を見れば明らかなように、国家は、予防的に――その必要がある場合には、直接的な物理的強制力を投入することによって――差し迫っている公共の安全と秩序に対する危険を阻止する権限を有するどころか、義務づけられることすらあるからである[41]。

以上で見たように、国家による実力独占は、刑事訴追の領域だけでなく、危険防御の領域においても妥当していることは明らかであり[42]、したがって、Schmidhäuser の区別は維持しえない。それゆえに、かかる区別を前提とする本説もまた不当であるといわざるをえない。

---

38 *Schmidhäuser*, GA 1991, S. 123.
39 そのような批判を行うものとして、例えば、*Kroß*, Notwehr, S. 34.; *Sengbusch*, Subsidiarität, S. 114. さらに、同趣旨の批判を行うものとして、松生・法の理論35 47頁以下。
40 *Kroß*, Notwehr, S. 34. さらに、同趣旨の批判を行うものとして、松生・法の理論35 47頁以下。
41 *Kroß*, Notwehr, S. 35.; *Pawlik*, ZStW 114, S. 270 Fn. 58.（赤岩＝森永訳・甲南法学53巻1号79頁以下）; *Sengbusch*, Subsidiarität, S. 114. 付言すれば、かかる批判の説得力は、わが国の法制度に置き換えて考えたとしても些かも減じられない。そのことは、例えば、警察法2条1項、警察官職務執行法1条1項（犯罪の予防が国家機関［警察］の任務に含まれるとする）や、警察官職務執行法5条（犯罪の予防のための強制権限の行使を一定の範囲内で許容する）の存在からして明らかであろう。
42 同旨の見解として、*Kroß*, Notwehr, S. 35.; *Sengbusch*, Subsidiarität, S. 114.

第三節　国家による実力独占の例外としての正当防衛

　前節で確認したように、犯罪の発生を事前に防ぐことも当然に国家の任務に含まれるため、国家による実力独占の原則は、法秩序がいまだ攪乱されていない場面、換言すれば正当防衛が問題となる場面においても妥当しうる。それにもかかわらず、正当防衛状況において、私人による暴力の行使が許容されるとすれば、正当防衛制度は、国家機関のみが暴力を行使することができるとする国家による実力独占の原則の例外として理解するほかあるまい[43]。

　もっとも、このように理解するとしても、何故、正当防衛制度がかかる原則の例外であるといえるのかがさらに問題となる。そこで、以下では、この問題についての検討を行うこととする。

第一款　国家から委譲された強制権限としての正当防衛権？

　正当防衛が国家による実力独占の例外であることを説明する方法としては、まず、違法な攻撃に対する防衛権限は、本来的には国家が有する権限であるが、正当防衛状況においては例外的に、かかる権限が国家から私人に委譲されるとする説明方法が考えられる[44]。このような説明方法を採用する論者として、例えば、Bitzilekis を挙げることができる。そこで以下では、Bitzilekis の見解を概観することにより、かかる説明方法からは、国家による実力独占と正当防衛権の関係がどのように位置づけられることになるのかを確認することとしたい。

　Bitzilekis の見解によれば、国家の任務には、法秩序（要保護性を有する法益が法的に整序された状態[45]）を守ることが含まれており[46]、また法秩序を守るという目的

43　同旨の見解として、*Sengbusch*, Subsidiarität, S. 115. 付言すれば、国家による実力独占の例外として正当防衛権を理解することは、わが国の刑法学における一般的な理解でもある。そのようなものとして、例えば、葛原・法律時報85巻1号11頁、橋爪・正当防衛の基礎119頁、山口・総論122頁以下。

44　このような見解は、特に超個人主義的基礎づけに依拠する論者の言説に多く見られる。そのようなものとして、例えば、*Bitzilekis*, Einschränkung, S. 59. わが国において同様の主張を行うものとして、大谷・判例時報2357＝2358合併号6頁、団藤・総論232頁。

45　*Bitzilekis*, Einschränkung, S. 60において、そのような定義づけが行われている。

46　Vgl. *Bitzilekis*, Einschränkung, S. 76. さらに、大谷・判例時報2357＝2358合併号6頁も、公的

を達成するためには、事後的な処罰だけでは足りず、法益に対する直接的な危険を予防的に阻止することも必要であるとされる[47]。このことから明らかなように、Bitzilekis は、――Schmidhäuser の見解とは異なり――正当防衛が問題となりうる領域も、国家の任務領域に含まれると考えている。その上で、Bitzilekis は、以下のように述べることによって、かかる領域においては、本来、国家機関しか強制権限（差し迫っている不法に対する防衛権限）を行使することができないことを確認している。すなわち、「国家による実力独占を伴う法治国家において、国家権力が、唯一承認された、不法との戦い（Unrechtsbekämpfung）を行う機関であり、またこれにより国家および社会秩序の内的平和を保障することを引き受けているということについては疑いが存しないことは言うまでもない」というのである[48]。

このような Bitzilekis の説明からすれば、本来的には、国家機関しか差し迫っている不法の侵害に対する防衛権限を有しえないことになるだろう。それにもかかわらず、何故、正当防衛状況において、私人は防衛権限を認められることになるのだろうか。この問いに対して、Bitzilekis は、不法が差し迫っている段階における法秩序の要保護性が全ての市民の防衛行為を正当化する旨の回答を行っている[49]。Bitzilekis は、それ以上の説明を行っていないため、その趣旨は必ずしも明らかではないが、おそらく以下のようなことを述べようとしているものと思われる。すなわち、法秩序を維持するためには、可能な限り違法な攻撃を阻止する必要があるが、不法が差し迫っている場合において、国家機関は、現実的に被侵害法益、ひいては法秩序を防衛しえないことが多い。そのため、このような場合には、私人にも防衛権限を認めておく方がより法秩序の防衛に資する、ということである[50]。

以上で確認したように、Bitzilekis の見解においては、国家による実力独占は、正当防衛が問題となりうる領域においても妥当しうる。それにもかかわら

機関による法秩序維持機能を明確に認める。
47　Vgl. *Bitzilekis*, Einschränkung, S. 57 f. 同旨の見解として、大谷・判例時報2357＝2358合併号7頁、団藤・総論232頁。
48　*Bitzilekis*, Einschränkung, S. 76.
49　*Bitzilekis*, Einschränkung, S. 76. 類似の見解として、*Bertel*, ZStW 84, S. 20.
50　Vgl. *Bitzilekis*, Einschränkung, S. 58. 内容的に同趣旨の主張を行うものとして、大谷・判例時報2357＝2358合併号6頁

ず、正当防衛制度が国家による実力独占の例外として理解されるのは、不法が差し迫っている段階において、私人にも防衛権限を認めておいた方がより法秩序の保護に資するからである。そして、Bitzilekis は、このような理解に依拠した上で、限られた範囲で法秩序の保護を個人にも認める制度として、正当防衛制度を構想するのである[51]。したがって、Bitzilekis の見解によれば、国家による実力独占の原則により、法秩序の保護は原則として国家の専権事項であるが、正当防衛の場合には、(その方が法秩序の保護に資するという理由から) 例外的に私人にも防衛権限が認められることになる。

なお、Bitzilekis の見解においては、国家が法秩序の維持を——当該の危険状況に関係させる形で一定の要件の下で——各市民に委ねたという事情は、現在する不法との戦いを行う国家の権限の放棄を意味しないことに留意を要する[52]。すなわち、私人に権限を認めることによって、国家の権限を否定することはできないというのである[53]。それゆえ、Bitzilekis の見解によれば、正当防衛状況においては、国家の権限と私人の防衛権限が併存することになる[54]。ただし、このような併存は、両者の権限の競合をも許容するわけではないという[55]。なぜならば、そのような事態を認めることは、まさしく国家による実力独占と調和しないことになってしまうからである[56]。そのため、Bitzilekis によれば、国家の権限と私人の正当防衛権が真に競合している場合 (より具体的にいえば、一方で、官憲による救助が現在しており、他方で被攻撃者ないし緊急救助者が差し迫っている不法に対して有効に防衛することができる場合)、前者が優先することになる[57]。つまり、この限りで、私人の正当防衛権は、補充的な形式でしか問題となりえないというのである[58]。

以上のような見解に対しては、国家の強制権限が私人に委譲されたものとして正当防衛権を理解してしまうと、かかる権限を委譲された市民が、国家機関と同様の制限に服さない理由を説明することができなくなってしまうという批判をな

---

51 *Bitzilekis*, Einschränkung, S. 58.
52 *Bitzilekis*, Einschränkung, S. 76. 同旨の見解として、*Bertel*, ZStW 84, S. 20.
53 *Bitzilekis*, Einschränkung, S. 76.
54 *Bitzilekis*, Einschränkung, S. 76. 同旨の見解として、*Bertel*, ZStW 84, S. 20.
55 *Bitzilekis*, Einschränkung, S. 76 f.
56 *Bitzilekis*, Einschränkung, S. 77.
57 *Bitzilekis*, Einschränkung, S. 77.
58 *Bitzilekis*, Einschränkung, S. 77.

しうる[59]。すなわち、正当防衛権が国家によって委譲された権利であるという立場によるならば、正当防衛権は、法治国家原理たる比例性原則による制約の範囲内でのみ行いうると解するのが自然である[60]。なぜならば、国家から私人に委譲された強制権限こそが正当防衛権であるとするならば、その行使は、法的に見れば、私人によって行われたものではなく、当該私人を介して、国家によって行われたものと評価されることになるはずだからである[61]。しかしながら、そのように解してしまうと、正当防衛権が、法治国家原理である比例性原則[62]に服さない理由を説明することができなくなってしまう[63]。

かかる批判に対しては、国家の権力手段の圧倒的優位という事情から、私人による防衛行為が比例性原則に服さないことを説明することができるという反論を行うことができるかもしれない[64]。すなわち、国家は、自らの権力手段の卓越性から、最終的な成功を確信しているため、自己制約を課すことができるのに対して、私人は、国家の権力手段に比肩する防衛手段を講じることができないので、比例性原則に基づいて、私人による防衛行為の範囲を制限することは許されないとするのである[65]。しかしながら、このような反論は、先の批判に対する応答としては不適切である[66]。なぜならば、かかる反論は、先の批判によって指摘されている、この見解の構成上の難点を克服するものではないからである。すなわち、上述した批判の要点は、国家の権限の委譲という構成を採る場合、権限を委譲された私人は、——まさしく公務員の場合がそうであるように——当該権限を行使する限りで公権力の担い手として扱われる（それゆえに、比例性原則による拘束を受ける）はずであるにもかかわらず、そのように構成しない理由を疑問視する

---

59 *Kroß*, Notwehr, S. 37.; *Sengbusch*, Subsidiarität, S. 120 ff. さらに、同趣旨の批判を行うものとして、松生・法の理論㉟49頁以下。
60 実際にこのような見解を主張するものとして、*von Buri*, GS 30, S. 463.
61 *Sengbusch*, Subsidiarität, S. 121.
62 比例性原則の内実については、さしあたり Vgl. *Pieroth/Schlink/Kniesel*, Polizei-und Ordnungsrecht, §10 Rn. 15 ff.
63 松生・法の理論㉟50頁。この理論的帰結が不当であることは、この見解と最も親和的であると思われる超個人主義的基礎づけの主張者ですら、正当防衛権が比例性原則に服すると解することに反対しているという事情からも窺うことができよう（明示的に比例性原則を考慮することに反対する超個人主義的基礎づけの主張者として、例えば、*Haas*, Notwehr, 1977, S. 274 ff.）。
64 例えば、*Klinkhardt*, VA 55, S. 343 f.; *Seelmann*, ZStW 89, S. 55.
65 *Seelmann*, ZStW 89, S. 55.
66 同様の見解として、*Kroß*, Notwehr, S. 37 f.; *Sengbusch*, Subsidiarität, S. 121 f. さらに理由づけは異なるが、先に述べた応答に対して批判的であるのは、*Haas*, Notwehr, S. 275 f. Fn. 57.

点に存する[67]。それにもかかわらず、前述した反論は、国家の強制権限の委譲に着目した説明を行わない結果、この疑問に対する十分な応答を行うことができずにいるのである。

第二款　私人の法的地位に由来する強制権限としての正当防衛権

これまでの考察から明らかとなったのは、正当防衛権は、国家による実力独占の例外として承認された権利であるが、国家から委譲された強制権限ではないということであった。しかしながら、正当防衛権が国家から委譲された強制権限ではないのであるとすれば、正当防衛制度が国家による実力独占の例外である理由は、どのように説明されることになるのであろうか。結論を先取りしていえば、この問いに対する回答は、以下のようなものとなる。すなわち、ドイツにおいて多くの学説がそう主張しているように、正当防衛権は、あくまで防衛者（もしくは救助者）に認められる強制権限であり、かかる権限が認められる限りにおいて、国家による実力独占は後退しなければならない、というものである[68]。

もっとも、このような説明が妥当であると主張するためには、以下に述べる二つの問題に取り組み、回答を行う必要があるだろう。すなわち、第一に、何故、正当防衛権は、防衛者に認められる強制権限といえるのか、第二に、正当防衛権が防衛者に認められた強制権限であるとした場合に、私人の正当防衛権と国家による実力独占は、どのような関係に立つのかである。

1　私人の法的地位に由来する強制権限としての正当防衛権

何故、正当防衛権は、防衛者（もしくは救助者）に認められた強制権限と言えるのか。この問いに回答するためには、正当防衛権の発生根拠に遡ることが必要である。正当防衛権の発生根拠は、相互尊重思想、換言すれば消極的自由の維持を目指す法的人格間の法的関係性の考察から明らかとなる。

（1）相互尊重思想

価値観が多元化した現代社会において、我々は、自らの独自の価値観に従っ

67　Vgl. *Sengbusch*, Subsidiarität, S. 122.
68　このような見解を主張するものとして、*Isensee*, FS-Sendler, S. 52.; *Merten*, Rechtsstaat, S. 57.; *Pawlik*, Jura 2002, S. 26.; *Sengbusch*, Subsidiarität, S. 122 ff.; *Wagner*, Notwehrbegründung, S. 28.

て、自らの人生を構想し、選択し、そしてそれを営んでいる。飯島暢が指摘するように、現代社会における刑法のあり方を考察しようとするならば、このような社会的現実を無視するという選択肢はありえない[69]。そして、このような社会的現実を出発点に据えて刑法のあり方を考察するならば、「法の根底にある最上位の目的」は、決して「社会の共同生活における利益充足を最大化する」ことではなく[70]、各人が自らの人生を構想し、選択し、そしてそれを営むことができるよう、各人に自由を保障することにある[71]。なぜならば、このような自由がいわばリソースとして保障されなければ、各人は、いつ他者からそれを阻害されるのかを警戒しながら、自らの人生を構想しなければならないという困難を強いられるからである。逆から言えば、（刑）法が各人に自由を保障することによってはじめて、異なる価値観を有する各人は、他者から自らの権利領域が侵害されることを懸念することなく、自らの権利領域内で自らの人生を構想し、これを営むことができるようになるのである。

　それゆえに、「法、特に刑法の主な任務は、市民に自らの洞察に従って自らの生活を送ることを可能にすることにある」[72]。そのためには、まずもって、各市民が、自らの権利領域の不可侵性が他者から尊重されることを信頼できる状態を担保することが必要である[73]。なぜならば、自らの権利領域の不可侵性が他者から尊重されることを信頼できない状況（いつ、他者から自らの権利領域が侵害されるかもわからないような状況）において、市民は、自分の人生を自由に営むことなど望みえないからである[74]。したがって、全ての市民に対して向けられる刑法上の根本規範は、各人は相互に権利領域の不可侵性を尊重しあわなければならない、ということを内容としなければならない[75]。

69　飯島・自由の普遍的保障18頁。
70　それにもかかわらず、このような見解を主張するものとして、橋爪・正当防衛の基礎26頁。
71　同様の見解として、*Pawlik*, Unrecht, S. 99 ff.（飯島＝川口監訳・関西大学法学論集63巻6号296頁以下〔安達光治訳〕）。わが国において同様の主張を行うものとして、飯島・自由の普遍的保障18頁以下、坂下・法学論叢178巻5号70頁、同・法学82巻3号20頁以下、山下・関西大学法学論集65巻2号184頁以下、同・関西大学法学論集67巻5号84頁。
72　*Pawlik*, Unrecht, S. 174.（飯島＝川口監訳・関西大学法学論集65巻1号176頁〔山下裕樹訳〕）。
73　*Pawlik*, Unrecht, S. 174.（飯島＝川口監訳・関西大学法学論集65巻1号176頁〔山下訳〕）
74　Pufendorfが指摘するように、他者がいかなる形においても私を侵害しない場合に限り、私は他者とともに平穏に生活することができるのである（プーフェンドルフ〔前田訳〕・自然法にもとづく人間と市民の義務85頁以下）。
75　*Kubiciel*, Wissenschaft, S. 175.; *Pawlik*, Unrecht, S. 174.（飯島＝川口監訳・関西大学法学論集65巻1号176頁〔山下訳〕）。わが国において同趣旨の主張を行うものとして、中村・生田古稀37

このことが意味するのは、各人は法的人格として共に等しい存在として認めあわなければならないということである（法的人格の相互性）[76]。このように、法的人格は相互に対等な存在として関係づけられている結果、（不可避的に他者と関わり合うことになる）外界において法的に許される行動の範囲もまた等しく制限されることになる[77]。そのため、ある人格の権利領域の不可侵性がどこまで保障されるかは、他の人格との法的関係性を明らかにすることによってはじめて確定されるのである。換言すれば、「その人格がそれぞれ、どのような範囲において行動の自由を有し、またその責任を負うことになるのか」という視点を考慮に入れなければ、各人格の権利領域の範囲は明らかにならないのである[78]。

そして、このような視点を考慮に入れるとき、各人は、他者への権利領域へと介入しない限り、自由に行動することができるという帰結が導かれることになる。より厳密にいえば、各法的人格は、自らの権利領域の範囲内で、自由に行為することができるという意味での行為自由を得る代わりに、正当な理由なく他者の権利領域へと介入してしまった場合には、その結果に対する責任（以下、結果責任）を負わなければならないことになる[79]。なお、この結果責任は、「他者の権利領域を侵害してはならない」という介入禁止だけでなく[80]、「自らの権利領域内から生じた危険を取り除け」という中和命令をも帰結しうるものである[81]。な

頁。山下・法の理論㉝115頁。付言すれば、このような相互尊重義務は、本質的には、Hegel 法哲学の抽象法段階における根本規範、すなわち、「一個の人格であれ、そしてもろもろの他人を人格として尊重せよ」に対応するものである（*Hegel*, Grundlinien, §36.〔藤野＝赤沢訳『法の哲学I』145頁〕）。

76 なお、「法的人格」概念の詳細については、Vgl. *Pawlik*, Unrecht, S. 141 ff.（飯島＝川口監訳・関西大学法学論集64巻5号207頁〔森永真綱訳〕）; *ders*., Betrug, S. 39 ff.

77 *Pawlik*, Unrecht, S. 144.（飯島＝川口監訳・関西大学法学論集64巻5号211頁〔森永訳〕）

78 中村・生田古稀37頁。付言すれば、本書の構想は、このように各人格間の法的関係性を考慮に入れる点で、もっぱら保護に値する法益があるか否かを問題とするような法益保護主義とは見解を異にする。同旨の見解として、*Pawlik*, Unrecht, S. 137 ff.（飯島＝川口監訳・関西大学法学論集64巻5号211頁〔森永訳〕）、中村・生田古稀37頁。

79 *Jakobs*, Zurechnung, S. 20.（平山訳・刑法的帰責118頁）。同様の理解を示す憲法学の文献として、浦部・憲法の本43頁。さらに、同様の理解を示す民法学の文献として、潮見・民法総則講義8頁以下。

80 *Jakobs*, System, S. 83.; *Kindhäuser*, AT, §36 Rn. 54.; *Köhler*, AT, S. 281.; *Kubiciel*, Wissenschaft, S. 175.; *Sánchez-Vera*, Pflichtdelikt, S. 67 ff.

81 *Jakobs*, Zurechnung, S. 21.（平山訳・刑法的帰責119頁）; *ders*., System, S. 83; *Kubiciel*, Wissenschaft, S. 175.; *Pawlik*, Unrecht, S. 180 ff.（飯島＝川口監訳・関西大学法学論集65巻1号183頁以下〔山下訳〕）; *Sánchez-Vera*, Pflichtdelikt, S. 61. さらに内容的に同様のことを述べるものとして、*Vogel*, Norm, S. 364.

ぜならば、当該権利領域の主体を除いて、その者の自由を妨げることなく、その者の権利領域から生じた危険を取り除くことができる者はいないからである[82]。

以上のような行為自由と結果責任の制度が有する最大の意義は、他の人格への連帯を強制されないことにある[83]。つまり、各人格は、他者を援助しなければならないという義務を負わずに済むのである。そしてこれによってはじめて、各人は、他者を援助しなければならないということに思いを煩わせられることなく、自分自身の生活を送る機会を獲得するのである[84]。このことから明らかなように、「尊重すること」とは、他者を邪魔しないことを超えて、他者を助けなければならないことを意味しない。

（2）正当防衛権の発生根拠

以上のような相互尊重思想を踏まえれば、正当防衛が問題となる場面は、以下のように理解することができる。すなわち、正当防衛が問題となる場面において、攻撃者は、被攻撃者の権利領域への介入を行っている。これによって、攻撃者は、介入禁止に違反することを通じて、自らの介入行為により生じた危険を取り除くという中和命令を履行しなければならない法的地位に置かれる[85]。それにもかかわらず、攻撃者がかかる中和命令を履行しないとき、被攻撃者は、攻撃者に代わり、かかる中和命令を果たしてやることができる。つまり、防衛のために必要な措置を講じることが許されるのである[86]。このとき、攻撃者の側の義務は、中和命令から受忍義務へと変容しているものの[87]、攻撃者と被攻撃者との間に認められる法的関係性は、本質的には何ら変更されていないのである[88]。

82　*Jakobs*, Zurechnung, S. 20.（平山訳・刑法的帰責118頁）

83　ただし、ここで述べているのは、行為自由と結果責任の制度からは、連帯義務を帰結することができないということにすぎず、およそ連帯義務を課すことができないとまで述べているわけではないことに留意を要する。とはいえ、このような行為自由と結果責任の制度を基礎に置く構想からすれば、別原理から例外的に連帯義務を認めうる余地があるにせよ、その範囲はごく限られたものになるだろう。

84　*Pawlik*, Unrecht, S. 179.（飯島＝川口監訳・関西大学法学論集65巻1号182頁〔山下訳〕）。

85　付言すれば、ここで述べているのは、義務内容が介入禁止から中和命令へと変容しているということにすぎない。それゆえに、ここでは、あくまで一つの義務違反しか問題となっていない。

86　*Pawlik*, Unrecht, S. 237.（飯島＝川口監訳・関西大学法学論集65巻5号386頁〔山本訳〕）

87　*Köhler*, AT, S. 238.; *Lesch*, FS-Dahs, S. 91 ff.; *Pawlik*, Unrecht, S. 237.（飯島＝川口監訳、関西大学法学論集65巻5号386頁〔山本訳〕）。さらに、「自己非人格化（Selbst-Depersonalisierung）」という概念を用いて、本質的には同様のことを主張するものとして、*Jakobs*, Rechtszwang, S. 16 f.（川口＝飯島訳・法的強制と人格性16頁以下〔川口訳〕）。

88　*Pawlik*, Unrecht, S. 237.（飯島＝川口監訳・関西大学法学論集65巻5号386頁〔山本訳〕）

これを防衛者の側に即して言いかえれば、被攻撃者が、正当な理由なく攻撃者によって自らの権利領域を侵害されるとき、被攻撃者は、自らの個別的な権利を侵害されているだけでなく、その権利の承認の基盤となっている相互尊重の受け手という法的地位（法的人格性）をも侵害されているのである。それゆえに、被攻撃者は、このような攻撃者の侵害に対する自らの個別的な権利の防衛を行うことによって、相互尊重の受け手という法的地位の保全ないし回復を行うことが許されるのである。このような被攻撃者の法的地位を保全ないし回復する権限こそが正当防衛権に他ならない[89]。

以上の考察から明らかなように、正当防衛権の存在は、国家と市民の法的関係性を考察するまでもなく、攻撃者と被攻撃者という法的人格間における法的関係性を考察することにより帰結することができる。それゆえに、正当防衛権は、国家から委譲された権利としてではなく、私人の法的地位に由来する強制権限として把握されなければならない。

2 私人の正当防衛権と国家による実力独占の関係性

以上の考察により、正当防衛権は、防衛者の法的人格性に由来する強制権限であることが明らかとなった。この意味において、正当防衛権は、紛うことなく、私人の法的地位に由来する強制権限なのである[90]。このことを確認することによってはじめて、私人の正当防衛権と国家による実力独占はどのような関係に立つのかという問いに移行することができる。すなわち、法的人格間の法的関係性を超えて、市民と国家の法的関係性を考察対象とすることができるようになる。

なお、その際、あらかじめ「国家」の体系的な位置づけを考察しておくことが、市民と国家の法的関係性を論じる上で有用であると思われる。そのため、以下では、まず、この点に関する考察から行うこととしたい。

---

[89] わが国において本稿と同様の立場を主張するものとして、坂下・法学論叢178巻5号70頁以下。さらに類似の立場を主張するものとして、飯島・自由の普遍的保障166頁以下、同・法の理論㊱181頁、松生・押しつけられた緊急救助46頁以下、同・法の理論㉟45頁以下。松生は、正当防衛および緊急救助の正当化根拠を規範主体としての地位の回復に求めている。私見とこれらの見解は、少なくとも、正当防衛及び緊急救助の正当化根拠を規範主体としての地位の回復に求める点で一致している。

[90] 松生・法の理論㉟45頁以下も、このような規範主体としての地位を回復する権限は国家に帰属しないとする。

(1) 人格的存在の基本的現実条件の保障

これまでの考察において、各人が自らの人生を構想し、選択し、そしてそれを営むことを可能にするためには、まずもって他者から自らの権利領域の不可侵性を尊重されることを信頼することができる状態、つまり行為自由と結果責任という「制度」が確立されなければならないことを示した。

しかしながら、そのような一つの「制度」だけでは、全ての市民に対して自由を保障するという（刑）法の目的を達成することはできない[91]。確かに、行為自由と結果責任の制度を通じて、各市民は、（他者から自らの権利領域に対する侵害を受けないという意味での）消極的自由を有するという帰結を導きうることになる。しかし、現実的・具体的な存在としての市民は、常に資源を活用できる環境に置かれているわけではない。そのため、各市民は、それぞれのライフプランを追求するために最低限必要な資源（以下では、基本財と呼称する）を活用したいと望んだとしても、現実にそれを活用できるとは限らず、そしてそれゆえに、場合によっては自らのライフプランを追求することなどできない状況に置かれることになってしまうのである[92]。以上のことから明らかなように、行為自由と結果責任の制度を通じて、いくら消極的自由が保障されたところで、基本財を安定的に活用することができるような環境を整備しなければ、各市民は、自らのライフプランを追求することなどできないのである[93]。つまり、行為自由と結果責任の制度において保障される自由は、現実に利用可能であるとは限らないという意味で、なお抽象的なものにとどまっているのである。

したがって、市民に自らの洞察に従って自らの生活を送ることを可能にするという（刑）法の目的を現実に達成するためには、行為自由と結果責任の制度に加えて、それを現実的・具体的に機能させる制度が確立されなければならない[94]。

---

91 *Jakobs*, System, S. 83.; *Kubiciel*, Wissenschaft, S. 175 f. さらに、山下・関西大学法学論集67巻5号86頁。
92 キムリッカ［千葉＝岡崎訳者代表］・現代政治理論180頁〔施光恒訳〕参照。
93 *Kubiciel*, Wissenschaft, S. 176. 同趣旨の見解として、山下・関西大学法学論集67巻5号86頁。さらに、リバタリアン的な構想を批判する脈絡で同様のことを述べるものとして、キムリッカ（千葉＝岡崎訳者代表）・現代政治理論183頁〔施光恒訳〕。
94 付言すると、各人に自由を保障するためには、各人が自由を行使できるような環境を整備する必要があるという本書の理解は、さほど珍しいアイデアではない。例えば、憲法学の議論において、佐藤（幸）・現代国家と人権93頁以下も、国家が人々の善き生を求めての営みを可能ならしめる環境を整備する必要性を説いており、また法哲学の脈絡においていえば、井上（達）・自由の秩序16頁以下が、消極的自由ですら、一定の法秩序の存在を前提としていることを強調してい

すなわち、(例えば社会的地位、知識およびその他の生活財といった基本財を給付するという意味で）いわばインフラストラクチャーをなす背景的制度[95]が整備されなければならないのである[96]。

かかる背景的制度がその他の社会的制度では適切に代替することができない場合、各市民は、その背景的制度を維持するよう努めなければならない[97]。というのも、このような代替不可能な背景的制度が維持されない場合、各市民が自らのライフプランを追求するために必要な基本財が給付されなくなってしまうからである。それゆえに、このような前提を充足する限りにおいて、(刑)法は、行為自由と結果責任の制度が受容される理由と同様の論理構成に基づき、各市民に対して、人格的存在の基本的現実化条件たる背景的制度を尊重するよう要求することができる[98]。換言すれば、各市民は、背景的制度から、自ら決定し、生活を送る上で必要となる基本財を給付される権利を得る代わりに、そのような背景的制度を尊重する義務を負わなければならないのである。

もっとも、ここで問題となるのは、以上のような前提を充足する背景的制度としては、具体的にどのような制度が想定可能かということである。この問いに対する回答としては、さしあたり以下に述べる二つの制度を挙げることができる。一つは、子どもが社会化をなしとげるために必要な給付をもたらす「親子関係」

るところである。
95 *Pawlik*, Betrug, S. 131. なお、Pawlik は、Gehlen の「背景的充足」という考え方から示唆を得て、「背景的制度」という概念を提唱している。Gehlen によれば、例えば、数人の専門家（以下では便宜上、鍛冶屋を想定する）は、社会全員のためにナイフや包丁を生産することと引き換えに、他の社会の構成員から食料の提供を受けるという場合、鍛冶屋は、食料を生産ないし採取するという負担から免除される。このとき、鍛冶屋の栄養への欲求は、自らが食料を生産ないし採取せずとも食料を得られるという安心感により後退している。換言すれば、そのような欲求が持続的かつ潜在的に充足されている状態（「背景的充足」）にあるため、かかる欲求が後退しているのである（vgl. *Gehlen*, Urmensch, S. 36.)。このような考え方を制度論に転用すれば、制度が、各人格が自由に行動するために留意しておかなければならない事項（例えば、上下水道の整備をはじめとした公共サービス）を背景的に充足することによって、各人格は、これらの事項に関する負担から免除される結果（先に挙げた上下水道の整備の例に即して言えば、水源の確保に思いを煩わせることなく）、より自由に行動することができるようになるのである。したがって、この意味において、各人格の自由を保障するための基本的現実条件をなす制度は、「背景的制度」と呼ぶことができる。
96 *Pawlik*, Unrecht, S. 186.（飯島＝川口監訳・関西大学法学論集65巻１号191頁〔山下訳〕)。内容的に同様の説明を行うものとして、*Kindhäuser*, AT, §36 Rn. 55.; *Kubiciel*, Wissenschaft, S. 176.; *Seelmann*, GA 1989, S. 255.
97 *Pawlik*, Betrug, S. 136.
98 *Pawlik*, Betrug, S. 136.

である[99]。というのも、他に考えられる方法としては、例えば、社会が、子どものしつけを引き受けるというラディカルな方法が考えられるが、このような方法によって、子どもが社会化するために必要な給付を行うことは、今日の社会においては十分なリソースを欠いているため、なしえないからである[100]。

その他の方法では適切に代替することができないもう一つの制度が、「国家」である[101]。というのも、「国家」が果たすべき任務として、例えば、市民に対して内的安全を保障することを挙げることができるが、このような任務を適切に代替できる、その他の社会的諸制度を想定することは、今日の社会においては難しいからである[102]。

このうち、私人の正当防衛権と国家による実力独占の関係性を論じる上で意義を有するのは、言うまでもなく後者の制度、つまり「国家」である。そこで、以下では、「国家」と呼ばれる背景的制度の詳細に立ち入り、同制度から生じる義務としては、どのような義務が考えられるか、さらにはかかる義務が正当防衛権との関係でいかなる意義を有するかについて検討を加える。

(2) 私人の正当防衛権と国家による実力独占の関係性

Hobbesによれば、国家市民が国家に服従する目的は、国家から保護を受けることにある[103]。このようなHobbesの言説に代表されるように、国家は、自身が負っている責務、つまりは自らの権力に服する者に対する保護を給付するという理由から、そしてその限りでのみ市民に対して義務を課すことができる。このような相互関係的な思考方法は、「国家」という背景的制度から導かれる市民の義務を論じるにあたっての出発点に据えられなければならない[104]。なぜならば、市民にとって、自らの利益となるような給付が行われないのであれば、市民が国家に対する服従義務を受け入れる理由がなくなってしまうからである。

---

99 *Jakobs*, Zurechnung, S. 34 ff.（平山訳・刑法の帰責133頁以下）; *Kindhäuser*, AT, §36 Rn. 55.; *Kubiciel*, Wissenschaft, S. 177.; *Pawlik*, Betrug, S. 136. *ders*., Unrecht, S. 188 f.（飯島＝川口監訳・関西大学法学論集65巻1号193頁以下〔山下訳〕）; *Seelmann*, GA 1989, S. 255 f.
100 *Pawlik*, Betrug, S. 136 f.
101 *Jakobs*, Zurechnung, S. 33 f.（平山訳・刑法の帰責131頁以下）; *Kindhäuser*, AT, §36 Rn. 55.; *Kubiciel*, Wissenschaft, S. 177.; *Pawlik*, Betrug, S. 137. *ders*., Unrecht, S. 187 f.（飯島＝川口監訳・関西大学法学論集65巻1号191頁以下〔山下訳〕）; *Seelmann*, GA 1989, S. 256.
102 内容的には同様のことを述べるものとして、瀧川・国家の哲学302頁以下。さらに、長谷部・比較不可能な価値の迷路1頁以下も参照。
103 ホッブズ（水田訳）・リヴァイアサン（二）101頁。
104 *Pawlik*, Betrug, S. 198.

第四章　正当防衛権と国家による実力独占の関係性　　*225*

　では、このような条件を充たすような服従義務としては、何が想定されうるのであろうか。本稿においては、この問いに対する回答を全て挙げることはできない。しかし、本稿の問題関心に即して言えば、少なくとも第三章第一節において確認したような国家による実力独占から生じる義務、換言すれば内的平和を保持するために必要不可欠な平和・服従義務を挙げることができる。既に確認したとおり、国家による実力独占は、国家の側からすれば、市民の安全を保障するという一般的な給付を果たすために必要な措置である。そして、このような一般的な給付を受けることと引き換えに、つまり国家による実力独占の裏面として、市民は、そのために必要な平和・服従義務を引き受けなければならないのである。

　この平和・服従義務の具体的な一つの現れが、国家によってあらかじめ整備された裁判手続を尊重する義務である。この義務を適切に基礎づけるのは、Kantである[105]。Kantは、一方で、（Hobbesに代表される）伝統的な自然法論にならって、国家が存在する以前の状態のことを「自然状態」と呼称しつつ、他方でその伝統的な理解に反して、自然状態においても、法、つまり自由の普遍的な法則[106]は妥当しているという旨の主張を行っている[107]。しかしながら、Kantによれば、この意味での自然状態には、重大な欠陥が認められるという[108]。すなわち、先の意味での自然状態においては、「だれもが自分にとって正しくかつ善いと思われることを行い、この点で他の人の意見に左右される」ことなく権利を行使することができることになるが[109]、そこでは、「しかるべき力があり、あらゆる当事者に等しく承認される裁判官が欠けているために、実力の登場が促される」ことになってしまうというのである[110]。このように、たとえ法が妥当していようとも、

105　なお、Kantと類似の主張を行うものとして、井田・現代刑事法52号5頁。
106　*Kant*, MdS, S. 337.（樽井＝池尾訳・人倫の形而上学48頁以下〔樽井訳〕。ただし、適宜原文より訳している）。そこで示されているKantの定義によれば、「法とは、そのもとで一方の選択意志が他方の選択意志と自由の普遍的法則に従って統合されることを可能にする諸条件の総体である」。付言すれば、自然状態において、このような自由の普遍的法則が妥当する以上、このような自由の普遍的法則から帰結される強制権限も必然的に妥当することになる（a. a. O., S. 338 f. 〔樽井＝池尾訳・人倫の形而上学50頁〔樽井訳〕〕）。この意味で、Kantが述べる自然状態は、潜在的な法状態を意味するのであり、それゆえに、Hobbesに代表される伝統的な社会契約論における自然状態の理解とは一線を画する。
107　*Kersting*, Freiheit, S. 259.（舟場＝寺田監訳・自由の秩序253頁〔寺田訳〕; *Pawlik*, ZStW 114, S. 269.（赤岩＝森永訳・甲南法学53巻1号69頁以下）
108　*Pawlik*, ZStW 114, S. 269.（赤岩＝森永訳・甲南法学53巻1号70頁以下）
109　*Kant*, MdS, S. 430.（樽井＝池尾訳・人倫の形而上学〔樽井訳〕153頁）。なお、圏点強調は、原著の隔字体による。

普遍的な拘束力をもって、それを裁定することができる制度が存在していない自然状態においては、「人間をたとえどのように善良で正義を愛するものと考えようとも」[111]、法に関する意見の相違から、実力行使を伴うコンフリクトが不可避的に生じることになってしまう。そのため、Kant によれば、我々は、「誰に対しても、自分のものと認められるべきものが法則によって規定され、十分な力（それは自分の力ではなく外的な力である）によって配分される状態」に移行しなければならないことになるというのである[112]。

以上の Kant の見解からも明らかなように、裁判制度は、具体的な法規定を通じて、普遍的な拘束力を持たせる形で各人の権利・義務関係を確定し、そしてそれによって人々が衝突し合う状況を回避する、つまり内的平和を貫徹するという給付を行うことができる。このような給付を受ける代償として、市民は、裁判制度を尊重する義務を負わなければならないのである。

これと同様のことは、権利保護手続としての警察についてもいえる。第三章第二節でも述べたとおり、警察は、予防的に公共の安全ならびに秩序に対する危険を阻止する権限を有するどころか、義務づけられる。ここでも、このような警察の役割が適切に果たされている限り、市民は、権利保護手続としての警察を尊重すべきなのである。

そして、これらの権利保護手続が有効に機能しているといえる、つまり国家が適切な給付を行っていると評価しうる通常状態において、市民は、まさしくこれらの権利保護手続を尊重する義務を負うがために、不正ではあるが、急迫していない侵害に対して、正当防衛権を行使することは許されないのである[113]。これに対して、国家が事実上の理由からこのような権利保護手続を履行することができず、その結果、各人格の自由を保障している制度の基本的現実化条件を給付することができない緊急状況下においては、国家は、市民に対して、かかる尊重義務を請求することができない。それゆえに、このような状況下においては、国家

---

110 *Kersting*, Freiheit, S. 259.（舟場＝寺田訳・自由の秩序254頁〔寺田訳〕）
111 *Kant*, MdS, S. 430.（樽井＝池尾訳・人倫の形而上学〔樽井訳〕153頁）。
112 *Kant*, MdS, S. 430.（樽井＝池尾訳・人倫の形而上学153頁〔樽井訳〕）。なお、圏点強調は、原著の隔字体による。
113 機先を制して攻撃することが「急迫性」を充足しない理由もこの点に求めることができる。すなわち、この場合においては、機先を制して攻撃を行った者は、警察が予防的に危険を阻止する役割を尊重する義務を負っているため、そもそも正当防衛権を行使できる地位にはないのである。同様の理解を行うものとして、松宮・総論138頁。

は、市民に対して、正当防衛権の行使を容認しなければならないのである[114]。いずれにせよ、このように私人による正当防衛権は、国家の権利保護手続に対して「補充的な性格」を有するのであり[115]、そしてこのことこそが、正当防衛権は、国家による実力独占の例外であるという言明が有する意味なのである。

第四節　小　括

　以上で示したように、正当防衛権と国家による実力独占の関係性は、以下のように理解されるべきであることを示した。まず、第一節では、正当防衛制度は、国家による実力独占がおよそ妥当しない領域における制度としてではなく、国家による実力独占の例外として理解されるべきであることを明らかにした。次いで第二節では、国家による実力独占の例外として正当防衛制度が位置づけられる理由は、正当防衛状況下において例外的に国家の強制権限が委譲されるからではないことが示された。最後に第三節において、正当防衛が国家による実力独占の例外に位置づけられる理由は、以下のような点に求められるべきであることを明らかにした。すなわち、通常状態においては、裁判的もしくは警察的な権利保護手続を尊重する義務が市民に課されるが、国家が事実的な理由からかかる権利保護手続を貫徹することができない緊急状況下においては、かかる義務が貫徹されず、その結果として私人の法的地位に由来する強制権限である正当防衛権の行使が容認されなければならないという点である。

　もっとも、以上で示したことは、正当防衛権と国家による実力独占の関係性を明らかにしたものにとどまるため、上述した本稿の理解からは、具体的にいかなる帰結が導かれるのか、換言すれば、正当防衛状況の前段階における公的救助要

114　類似の見解として、*Isensee,* FS-Sendler, S. 52. 基本権保護義務論に基づき、内容的には同様の主張を行うものとして、髙橋・研修837頁4頁以下。さらに、国家の保護義務の裏づけのない自力救済の禁止は単なる犯罪甘受義務を市民に強いることになると述べる松宮・犯罪体系9頁も、本質的には本稿と同様の立場に立脚しているといえる。

115　同様の見解として、*Lesch,* Notwehrrecht, S. 61; *ders.,* FS-Dahs, S. 111.; *Pawlik,* Unrecht, S. 244.（飯島＝川口監訳・関西大学法学論集65巻5号395頁〔山本訳〕）。なお、念のために補足しておくと、国家の権利保護手続の原理的優先という観点は、正当防衛の成立要件（後述するように、わが国における一般的な理解と整合させるならば、特に「急迫性」要件）を基礎づけるものであると同時に、正当防衛の成立範囲を限界づけるものでもある。しかしながら、刑法36条1項が挙げる成立要件を超えて、正当防衛権の制限を帰結するものではない。したがって、以下で示される理解はいずれも、いわゆる正当防衛の外在的制約にはあたらない。

請義務は肯定しうるのかが明らかにされなければならない。この点について、次章において論じることとしたい。

第五章　正当防衛状況の前段階における公的救助要請義務は認められるか？

　第四章で得られた知見を踏まえて、本章では、正当防衛状況の前段階における公的救助要請義務を認めることができるか（第一節）、あるいはかかる義務そのものは認められないとしても、事前に公的救助を要請しなかったにもかかわらず、これを行わなかったという事情が、正当防衛権の成立を否定もしくは制限する事由となりうるかについて検討を行う（第二節）。

第一節　事前の公的救助要請義務と国家による実力独占

　前章第三節において示したように、裁判的もしくは警察的な権利保護手続を尊重する義務からは、これらの権利保護手続が有効に機能している局面においては、正当防衛権の行使は許容されないということが帰結する。換言すれば、私人による正当防衛権は、国家の権利保護手続に対して「補充的な性格」を有するのであり、それゆえに、国家が、一定の裁判的、あるいは警察的手続の下でコンフリクトを解決するための道筋をつけている場合には、正当防衛権の行使は終了しなければならないのである[1]。

　このことが意味するのは、国家によって、別の法的救済手段が確保されており、かつこれにより終局的な権利保護の実現を保障することができる場合には、正当防衛権の行使は許されないということである。その典型例が、単なる債務不履行の場合である。この場合について、正当防衛権を行使することは、原則として許容されないことになる[2]。なぜならば、このような場合については、国家

　1　*Jakobs*, AT, 12/45; *Lesch*, Notwehrrecht, S. 61; *ders*., FS-Dahs, S. 111.; *Pawlik*, Unrecht, S. 244.（飯島＝川口監訳・関西大学法学論集65巻5号395頁〔山本訳〕）。なお、以下で述べる本書の見解に対して、坂下・法学82巻5号30頁注153は、本書が正当防衛の制限の文脈において自力救済禁止原理を持ち出すのは、正当防衛との混同であり、誤っていると指摘するものであるとした上で、本書に対する批判を行う。しかし、本文中の記述からも明らかなように、本書はそのような指摘を行っていない。

　2　同様の見解として、佐伯・総論130頁、橋爪・理論刑法学の探究①102頁以下、西田・総論161頁、山口・総論122頁、吉田・刑法理論の基礎180頁注61。なお、かかる問題をいかなる要件の下

は、国家権力を背景とした強制手続である民事訴訟（広義の民事訴訟）を用意しており、これにより市民に対して権利の終局的実現を保障しているからである[3]。ただし、民事手続によるのでは遅きに失することが予想される場合には、上述した根拠が妥当しえないことは明らかであるから、例外的に正当防衛権の行使が認められるべきであろう[4]。

これに対して、被攻撃者に対する不正の侵害が未だ間近に迫っていないものの、そのような侵害が行われることが予期される場合、つまりは正当防衛状況の前段階において、警察による救助を求める義務を課すことは許されない[5]。なぜならば、このような義務を認めてしまうと、行為自由と結果責任の制度を機能させるための前提条件であるはずの背景的制度から、行為自由と結果責任の制度を根底から疑わしいものにするような義務が導かれるという矛盾が生じてしまうからである。すなわち、Kant の構想を分析する際に、Pawlik が適切に指摘しているように、このような義務を認めることは、「被攻撃者が自己の行動の自由について、（将来の）攻撃者に主導権を与えることになってしまう」のである[6]。より分かりやすく言えば、他者の権利領域への介入を行っていないため、本来的には自らの権利領域内で自由に行動することができるはずの防衛者が、事前に侵害を予期しているという理由から、攻撃者による「不正」の侵害が現実のものとならないように配慮し、自らの行動を変更しなければならないという意味での自由の

で論じるべきかについては、学説上、「急迫性」要件の下で理解する見解（佐伯（仁）・総論130頁、西田・総論162頁、橋爪・理論刑法学の探究①104頁、吉田・刑法理論の基礎180頁注61）と「不正性」要件の下で理解する見解（山口・総論122頁）とに分かれている。このうち、「不正性」要件に依拠することは妥当でないと思われる。というのも、「不正」の質が違うという論理構成は、債務不履行に対する正当防衛の成立可能性を一律に否定することになるからである。しかしながら、防衛行為を行うほかには自己の権利を保全する道はない場合のように、債務不履行に対する正当防衛の成立可能性を認めるべき場面は観念しうるだろう（同様の見解として、西田・総論162頁。西田は、その具体例として、債務者にはカネがあるのに、債務を支払うのがイヤだと言って、大金をカバンに入れて外国に逃げようとした場合を挙げる）。それゆえに、かかる問題領域は、「急迫性」の問題と理解すべきであろう。

3 同様の論理構成を採用するものとして、佐伯（仁）・総論130頁、西田・総論162頁、山口・総論122頁。なお、民事訴訟の意義については、さしあたり上原ほか・民事執行・保全法 1 頁以下参照。

4 同様の見解として、橋爪・103頁、西田・総論162頁。さらに、高知地判昭和51・3・31判時813号106頁参照。

5 同旨の見解として、Lesch, Notwehrrecht, S. 62; ders., FS-Dahs, S. 112. 結論において同旨の見解として、豊田・法学教室451号133頁。

6 Pawlik, ZStW 114, S. 271. Fn. 61.（赤岩＝森永訳・甲南法学53巻 1 号80頁。）

制約を受けることになってしまうのである。そして、このような自由の制約を容認することは、結果として、行為自由と結果責任の制度の最大の意義、つまり各人格は他者を援助する義務までは負わないという意義を著しく損ねることになってしまうのである。もちろん、国家市民の義務として、例外的に他者に対する連帯義務を要求しうる場面はありうるであろうが[7]、だからといって、被攻撃者が、今まさに自らを侵害しようとする攻撃者に対して配慮しなければならない理由を見出すことは困難であるように思われる。

このような事情は、被攻撃者が攻撃者による侵害を予期しておきながら、警察に通報することなく攻撃者のところへと出向いた、あるいは侵害に対抗する準備を整えた場面においても変わることはない。すなわち、先にも述べたように行為自由と結果責任の制度からすれば、被攻撃者は、事前に攻撃者が襲撃してくるであろうということに配慮する必要はないのであるから、この時点で、警察に通報せずに攻撃者のところへと出向いたこと、あるいは迎撃準備を行うこと自体は、なお、——銃刀法違反の点は別として——自己の権利領域内での行動と評価することができるからである。

もちろん、被攻撃者が現実に機先を制して攻撃を行った、あるいは深追いをしたという事情が認められるのであれば、まさしくそのことを理由に侵害が急迫していなかったとして、正当防衛の成立が否定されるであろう。また、防御的な防

---

7 付言すると、現段階での私見によるならば、このような義務が認められる場面は、第一部第五章でも述べたように、責任なき攻撃に対する正当防衛の場面に限られる。これに対して、飯島・法律時報90巻3号112頁は、私見が著しく不均衡な場合に正当防衛権の制限を否定する点を論難し、(私見のように) Kantに依拠して防衛者の主観的権利と強制権限の概念的結合を主張するならば、正当防衛における「均衡性」の観点を否定すべきではないと述べる。しかしながら、Kantの見解に依拠するならば、少なくとも正当防衛の脈絡において、主観的権利と強制権限の概念的結合から「均衡性」という観点を導出することはできない。すなわち、正当防衛において、「均衡性」の観点を取り入れる場合、防衛行為者は、少なくとも著しく害の均衡を逸する場合には、不正な攻撃者に対して反撃を行うことができず、それゆえに侵害から退避、もしくは侵害を甘受しなければならないことになる。しかし、この帰結を容認することは、主観的権利と強制権限の概念的結合というKantの考え方に依拠することと矛盾する。なぜならば、Kantは、この考え方を説明する際に、自由の一定の行使自体が普遍的法則に従う自由の妨害(すなわち、不正)であることのみを条件として、換言すれば不正の程度に関係なく、かかる不正を排除する強制権限を認めるからである (Kant, MdS, S. 337. [樽井＝池尾訳・人倫の形而上学 [樽井訳] 48頁])。同旨の見解として、Pawlik, ZStW 114, S. 275 ff. (赤岩＝森永訳・甲南法学53巻3号 [2013年] 49頁以下)。実際、Kant自身も、正当防衛行為者に対して、「節度をわきまえる (moderamen)」よう促すことができるのは倫理だけであり、法はこれを行うことはできないことを認めている (Kant, MdS, S. 343. [樽井＝池尾訳・人倫の形而上学 [樽井訳] 54頁])。

衛行為を行うことなく、加害行為を行ったのであれば、「やむを得ずにした行為」にあたるかが問題となることはあるだろう。しかしながら、これらの事情にせよ、事前に警察の救助を求める義務、もしくは警察に通報する義務を求めることを帰結するものではあるまい。

結局のところ、正当にも Sengbusch が指摘しているように、国家による実力独占という観点は、事前に国家に救助を求める義務、あるいは警察に通報する義務を帰結しえないのである[8]。

第二節　事前に公的救助を要請しなかったことを理由として、正当防衛権を否定ないし制限することはできるか？

これまでの考察によれば、国家は、具体的な正当防衛状況の前段階において、後の防衛者に対して、公的救助要請義務、あるいは警察への通報義務を課すことはできない。換言すれば、後の防衛者が、正当防衛状況の前段階において公的救助を要請しなかった、あるいは警察へと通報しなかったからといって、国家による実力独占が害されるわけではない。もっとも、このことから直ちに、事前に公的救助を要請しなかったという事情が、別の論理構成において意義を獲得する可能性を排除することはできない。したがって、事前に公的救助を要請しなかったという事情から、正当防衛権の否定、もしくは制限を帰結しうる可能性はなお残っている。そこで、以下では、このような帰結を導きうる論理構成が存在しうるかについて検討を加える。

第一款　自招侵害論の援用可能性？

被攻撃者が、正当防衛状況の前段階において国家による救助を求めなかった場合、被攻撃者は後の正当防衛状況の実現を自ら招いており、それゆえに何らかの帰責性を負うべきであると評価することができるかもしれない。すなわち、国家は、少なくとも適時に通報を受けていれば、侵害者による攻撃、およびそれに伴い正当防衛状況の発生を阻止することができたはずである。それにもかかわらず、被攻撃者が公的救助を求めずに正当防衛状況に突入したのだとすれば、それ

8　*Sengbusch*, Subsidiarität, S. 288 f.

は、被攻撃者が自ら正当防衛状況を招来したと評価できる、といったような論理構成が可能であるかもしれない。仮にこのような論理構成が成り立ちうるとすれば、このような先行行為責任を理由に、防衛者の正当防衛権を否定ないし制限することができるかもしれない。

　しかしながら、既に第一部で論じたとおり、現行法を前提とする限り、自招侵害の場面につき、通常の要件解釈論のレベルを超えて、正当防衛権の否定・制限を認めることはできないと思われる[9]。確かに、被攻撃者によって行われた先行する自招行為がそれ自体違法な行為である場合、被攻撃者は、自らの権利領域において認められている行動の自由の枠内を超えて、攻撃者の権利領域を侵害するに至っている。それゆえに、被攻撃者は、かかる自招行為を撤回するという侵害状況の中和義務を負うべきではある。しかし、この理由づけから帰結することができるのは、現行法の文言を前提とする限り、被攻撃者は、自招行為に対する「正当防衛」にとどまる限度での、自招行為に対する攻撃者の「反撃」を受忍する義務しか負わないというところまでであろう。それを超える正当防衛権の制約を認めることは許されないように思われる[10]。

　この点を一旦措いて、ドイツの議論を参照する形で展開されてきたわが国の自招侵害論から考察したとしても、やはり先のような論理構成はとりえないように思われる。まず、自招侵害論に依拠する見解の中には、攻撃が、被攻撃者の自招行為によって触発されたものであることを要求するものが見られるが[11]、このような理解を前提とすれば、上で見たような論理構成は、やはり採用しがたいであろう。なぜならば、攻撃が被攻撃者の自招行為によって触発されたといえるためには、当然、被攻撃者が攻撃者に対して何らかの働きかけを行う必要があると思われるところ、被攻撃者が国家による救助を求めなかったという事情が、そのような働きかけとして理解することは困難だからである。つまり、被攻撃者が国家に対して救助を求めなかったという事情が、攻撃者による侵害を誘発したとは考えがたいのである[12]。

　9　この点については、第一部第五章参照。
　10　同旨の見解として、Renzikowski, Notwehr, S. 302. わが国において同様の見解を主張するものとして、安達・刑法雑誌48巻2号213頁。
　11　例えば、最決平成20・5・20刑集62巻6号1786頁（ただし、あくまで事例判断であることには留意を要する）、山中・総論519頁。これに対して、このようなモメントは、不可欠な要件ではないと述べるものとして、坂下・法学論叢178巻5号84頁。

次に、自招侵害論に依拠する見解の大半は、被攻撃者の自招行為が違法であることを要求しているが[13]、このような理解からみても、先の論理構成は採用しがたいことになろう[14]。なぜならば、被攻撃者が事前に国家による救助を求めなかったという事象そのものは適法な権利領域内での行動であり、それゆえにかかる行為を違法な自招行為とみなすことはきわめて困難だからである[15]。

このように見ていくと、被攻撃者が事前に国家による救助を求めなかったという事情は、自招侵害論からしても正当防衛権を否定、もしくは制限する事情とはなりえない。

第二款　侵害回避義務論？

近時、わが国においては、いわゆる侵害回避義務論が有力に主張されるに至っている。この見解の代表的論者である橋爪隆は、以下のような主張を行っている。

すなわち、「究極的には社会全体の利益の向上を目的にしている」優越的利益原理に依拠した上で、「利益衝突状況が現実化する以前の段階において、利益衝突を回避する行為を義務づければ、それによって対立利益の両者がともに擁護できるわけであるから、優越的利益原理の究極的な目的にかんがみれば、事前回避を義務づけ、両者の利益をともに擁護することが利益衝突のより合理的な解決であると考えられる」[16]。もっとも、事前の侵害回避義務を一般に広く要請することは、「個人の行動の自由を大幅に制約するものであり、不当な帰結であることは明らかであ」るため、そのような義務を認めるとしても、「合理的な範囲に限定する必要が生じることになる」[17]。この点につき、「行為者が特段の負担を負う

12　同旨の見解として、Sengbusch, Subsidiarität, S. 290 f.
13　例えば、最決平成20・5・20刑集62巻6号1786頁、齊藤（誠）・正当防衛権の根拠と展開210頁、坂下・法学論叢178巻5号85頁以下、瀧本・北大法学論集66巻6号147頁以下、松原・総論171頁、山中・総論519頁。
14　同趣旨の指摘を行うものとして、嶋矢・法学教室451号33頁。ただし、社会倫理的に非難される自招行為も正当防衛権を否定ないし制限する事情たりうると考える場合には（そのような見解を主張するものとして、例えば、大谷・判例時報2357＝2358合併号9頁）、被攻撃者が事前に国家による救助を求めなかったという事情もまた、正当防衛権を否定ないし制限する事情たりうることになるかもしれない。しかしながら、そのように解する場合、何故、単に社会倫理的に非難されるにすぎない行為が、正当防衛権を否定ないし制限するという法的効果を帰結しうるのかという点についての説明が要求されることになるだろう。
15　同旨の見解として、Sengbusch, Subsidiarität, S. 291 ff.
16　橋爪・正当防衛の基礎92頁。

ことなく、不正の侵害を事前に回避することができるのであれば、かりにそれが適法行為の断念であっても、これを義務づけることによって不正の侵害の現実化を防ぎ、ひいては正当防衛状況における侵害者の生命・身体の侵害を回避する方が、より合理的な調整方法」であるといえる[18]。したがって、このような場合については危険回避を義務づけることができる。それにもかかわらず、「侵害を回避せずに正当防衛状況が現実化した場合には、そこにおける利益衝突はいわば表見的なものにすぎず、それは本来、事前に解消すべきものであったと評価できる。それゆえ、このような場合には、不正の侵害が物理的には切迫しているとしても、規範的な観点からは切迫したものと評価されないとして、侵害の急迫性を否定」することになる、とする。

このような言説からすれば、被攻撃者が特段の負担を負うことなく、不正な侵害を回避することができる（その中には、警察に救助を求めることができることも含まれよう）限りにおいて、そのような回避措置をとることが義務づけられることになる。したがって、侵害回避義務論に依拠する場合、上で述べたような限度で、警察に救助を求めることを行わなかったことは、正当防衛権を否定する根拠となるであろう。

しかしながら、侵害回避義務論は、そもそも理論的に成り立たない見解である。仮に優越的利益原理の究極的な目的に鑑みて、事前回避を義務づけ、両者の利益をともに擁護することが合理的であるという橋爪の理解が正しいのだとしても、事前の回避義務を課すべきなのは、被侵害者ではなく、むしろ侵害者であろう[19]。なぜならば、両者の利益の最大化を真に追求するならば、侵害者に対して不正な侵害を思いとどまるよう義務づけることを通じて、被侵害者の行動の自由すら害されない状態を確立する方が、被侵害者に侵害回避義務を課して、その者の適法な行動の自由を断念させるよりもよりよく両者の利益を保全できるからである。このように、場合によっては「正」の行為者が譲歩することによって利益対立を調整する可能性を認めることが、——橋爪自身の理解とは異なり——合理的な利益衝突の解消方法であるということはできないのである。したがって、侵害回避義務論は、そもそも理論的に不当な見解であると言わざるをえない。

17　橋爪・正当防衛の基礎92頁以下。
18　橋爪・理論刑法学の探究①120頁。
19　同様の指摘を行うものとして、岩間・山中古稀213頁注46。

第三款　高権的行為における制限の転用可能性？

　第三章第二節第二款でも確認したように、正当防衛状況の前段階において公的救助を行うことができたにもかかわらず、これを行わなかった場合、「緊急権を超えて警察の任務を簒奪し、そしてその際に緊急状況に陥る者」は、「高権的行為における制限」に拘束されるとする見解もある[20]。この見解によるならば、攻撃者と対峙できるようにするために、正当防衛状況の前段階において公的救助を要請しなかった者は、正当防衛状況において、警察がその場にいたとすれば法益保護のために行いえたであろう範囲、つまり警察の任務で行いうる範囲内でしか反撃を行うことが許されないことになろう[21]。

　しかしながら、この見解が述べるように、防衛行為者に対して、高権的行為における制限を認めることは妥当ではない。なぜならば、正当防衛状況の前段階において、公的救助を要請しなかったという事実だけでは、防衛行為者を非難しえないからである[22]。すなわち、既に述べたように、事前に公的救助を求めなかったという事情は、他者の権利領域に介入するものではなく、それ自体違法な行為とは評価しえない。また同じく前述したように、被攻撃者は、その場に居合わせていない警察官に、危殆化されている自らの法益の保護を委ねるという制度上の義務を負っているわけでもないのである。それゆえ、社会倫理的にはともかく、法的には防衛行為者を非難することはできないのである。加えて言えば、この見解は、何故、事前に公的救助を求めなかったという単なる不作為が、警察の任務を「簒奪した」とまで評価しうるのかが明らかではないという問題点も孕んでいるように思われる。

第三節　小　括

　以上の考察から、被攻撃者は、正当防衛状況の前段階における官憲による救助を求める義務を負わないことが明らかとなった。また、官憲による救助を求めな

20　*Hillenkamp*, JuS 1994, S. 774.
21　Vgl. *Hillenkamp*, JuS 1994, S. 774.
22　同旨の見解として、*Sengbusch*, Subsidiarität, S. 305.

かったことが正当防衛権の否定を導くわけでも、制限を導くわけでもない。したがって、正当防衛状況の前段階において官憲による救助を求めなかったという理由から、被攻撃者の防衛権限を制限することは許されない。

第六章　結　論

　以上の考察で示したのは、平成29年決定を理論的に正当化することは困難であるということである。先に述べたように、平成29年決定は、急迫不正の侵害という緊急状況の下で公的機関による法的保護を求めることが期待できないときに、侵害を排除するための私人による対抗行為を例外的に許容したものとして刑法36条の趣旨を理解した上で、事前に国家機関に助けを求める余裕があったにもかかわらず、これをせずに加害行為に出た場合につき正当防衛を否定しようとする。

　しかしながら、本稿の冒頭でも述べたように、刑法36条の趣旨、より正確にいえば刑法36条が急迫性要件を課す理由は、私人が公的機関による保護を求めることができない場合ではなく、国家が法的保護を行いえない場合に、私人による正当防衛権の行使が認められるとする点にある[1]。そして、このことが含意するのは、以下のような点にある。すなわち、通常状態においては、国家が、自らが有する権利保護手続により、私人の求める自由および安全を給付することができるので、当該権利保護手続を尊重するよう要求できるが、これに対して緊急状態においては、国家は、事実上の理由から権利保護手続きにより私人の自由および安全を給付することができないため、私人に対して尊重義務を課しえないということにある。

　このような理解からすれば、平成29年決定のような場合について、事前に国家機関に救助を求める義務を課すことはできないことが導かれる。なぜならば、このような義務を認めてしまうと、私人に対して自由および安全を給付する立場にあるはずの国家が、私人の自由領域を疑わしいものにしてしまうという矛盾が生

---

[1] この点を混同しているものとして、大塚（裕）・判例時報2357＝2358合併号15頁。大塚は、一方で、正当防衛の制度趣旨を説明するにあたり、社会契約説の構成に依拠して、「国家が個人を保護することができない場合には」自己防衛権が復活すると述べておきながら、他方で、「正当防衛は、公的機関による保護を受ける余裕がない緊急の場合に限定されるべきである」との主張を行う。しかし、社会契約説に依拠して、国家は個人を保護する義務を有しているが、かかる保護義務を履行できない場合に自己防衛権が復活するといえたところで、果たして何故、そのような事情から、私人が国家による保護を受ける余裕があるならば、保護を求めなければならないということを帰結できるのだろうか。

じてしまうからである。すなわち、そのような救助要請義務を課してしまうと、他者の権利領域へと介入しているわけではないため、本来的には自由に行動できるはずの防衛者が、攻撃者による「不正な」侵害を生じさせないように配慮し、自らの行動を変更しなければならなくなるという意味での自由の制約を受けることになってしまうのである。

　それにもかかわらず、何故、被侵害者は、自らを侵害しようとしている侵害者に配慮しなければならないのだろうか。わが国の判例・裁判例が、この疑問に対する回答を明瞭に説明できているとは思えない。これに対しては、わが国の判例・裁判例の基底にある考え方からすれば、侵害を予期していたために、事前に公的救助を求めることができた、あるいは侵害から退避できたにもかかわらず、それをすることなく反撃行為に及んだ場合、被侵害者は法治国家においては許されない私闘を行っているといわざるをえず、それゆえに被侵害者の加害行為は違法である、との反論が考えられる。しかしながら、このような反論は、「被侵害者の法益が要保護性に欠け、『正』対『不正』の関係に立たない」という先行する価値判断を表明したものにすぎない[2]。

　以上では、判例の論理構造を確認した上で、そのような論理構成が理論的に説得力を持ちうるかについての検証作業を行ってきたが、最後に、そもそも判例の論理構造が見せかけのものにすぎないこと、つまりは判例の思考枠組みの実態は、実質的には、「やむを得ずにした行為」の解釈で行う判断手法を超えるものではないことを強調しておきたい[3]。すなわち、昭和52年決定から平成29年決定にまで連なる一連の判例群においても、侵害を確実に予期していたとしても、防御的な行動に終始していた場合には、正当防衛の成立可能性が認められるはずである（さもなければ、積極的加害意思を要求する必要はない）[4]。このことは、平成29年決定においても、「包丁を示すなどの威嚇的行動を取ることもしないまま」との説示が見られることに鑑みれば、明らかであろう[5]。

2　門田・法学セミナー750号109頁参照。
3　同様のことを述べるものとして、門田・法学セミナー750号109頁。
4　実際、安廣自身も同様の結論を認めている（質疑応答・刑法雑誌35巻2号259頁〔安廣発言〕）。また、井田・季刊刑事弁護96号16頁も同様のことを述べる。
5　同趣旨のものとして、門田・法学セミナー750号109頁。これに対して、大塚（裕）・判例時報2357＝2358合併号16頁は、確かに不正の侵害が切迫した後の事情ではあるが、事後の事情であっても緊急状況性を推認させることは可能であると述べ、あくまでも威嚇行動をとらなかったという事情は緊急状況性を判断する上での一事情であることを強調する。おそらく判例も、大塚が述

しかしながら、そうであるとすれば、被告人に対して要求している義務は、実のところ、「侵害を回避せよ！」、あるいは「官憲に救助を求めよ！」というものではなく、「より危険性の低い手段（例えば、威嚇行動など）を行え！」というものにすぎないのである。それにもかかわらず、平成29年決定は、正当防衛の成立を完全に否定すべきであるとの価値判断を先行させる結果、その実態を覆い隠してしまっている[6]。

このような事情に鑑みるとき、判例が進むべき方向性は、昭和52年決定の趣旨を過度に一般化する平成29年決定のような方向性ではあるまい。むしろ、昭和52年決定に端を発し、平成29年決定にまで連なる判例群の基底にある考え方、つまりは自力救済の禁止の例外性に関する理解そのものに問題がある以上、そもそも昭和52年決定が本当に起点とされてよいのかを考え直すことこそが、本来、あるべき道であるように思われる。

　べるような理解を前提としているものとは思われるが、しかし仮にそうであるとしても、そのような判断手法を採用するのであれば、それは、内容的には、やはり緊急状況性の判断に際して、「やむを得ずにした行為」で行われる判断手法と同様の手法に依拠することを認めることになるのではなかろうか。

6　佐伯・判例時報2357＝2358合併号20頁が指摘するように、最高裁29年決定の実質的な判断は、「刑法三六条の趣旨に照らし許容されるものとは認められず」という部分に尽きており、「侵害の急迫性要件を充たさない」という部分は付け足しに過ぎない（侵害の急迫性要件を充たさないから許容されないのではなく、許容されないから侵害の急迫性の要件を充たさない）のである。

結　論

以上の検討により導かれた本書の結論と課題は、以下の通りである。

1　正当防衛の正当化根拠

まず正当防衛権は、侵害者と被侵害者との間の消極的自由の維持を目指す法的関係性から基礎づけられることになることが明らかとなった。

すなわち、侵害者と被侵害者は、権利及び義務の主体である法的人格として相互に尊重し合う法的地位に立っている。それにもかかわらず、侵害者が、正当な理由なく被攻撃者の権利領域に介入する場合、被侵害者は、自らの権利に対する侵害を通じて、その権利の承認の基盤となっている相互尊重の受け手という被攻撃者の法的地位（つまり、法的人格）をも侵害されている。それゆえに、被侵害者は、このような侵害者による攻撃に対して自らの個別的な権利の防衛を行うことによって、自らの法的地位の保全ないし回復を行うことが許されるのである。このような被攻撃者の法的地位を保全ないし回復する権限こそが正当防衛権に他ならない。そして、かかる権限は、違法な攻撃に対して暴力をもって対抗する権限、つまりは強制権限を内包する。というのも、違法な攻撃に対して暴力をもって対抗することができないのであれば、あらゆる権利は何ら価値を有さないものとなってしまうからである。

以上のように正当防衛権の根拠を理解する意義は、緊急救助を正当防衛の枠組みで説明しつつ、正当防衛の峻厳さをも説明することができる点に求められる。

2　正当防衛の限界——正当防衛の前段階における公的救助要請義務の是非

次いで、正当防衛の前段階における公的救助要請義務は認められないことが明らかとなった。すなわち、この問題領域を考える上では、上述した侵害者と被侵害者との間の法的関係性の考察に加え、国家と市民の法的関係性に関する考察が必要となるところ、国家は、自身が負っている責務、つまりは自らの権力に服する者に対する保護を給付する責務を負うという理由から、そしてその限りでのみ

市民に対して義務を課すことができることが明らかとなった。正当防衛に引き直していえば、通常状態においては、国家が、自らが有する権利保護手続により、私人の求める自由および安全を給付することができるので、当該権利保護手続を尊重するよう要求できるが、これに対して緊急状態においては、国家は、事実上の理由から権利保護手続きにより私人の自由および安全を給付することができないため、私人に対して尊重義務を課しえないということになる。

そして、このような理解からすれば、最高裁平成29年決定のような場合について、事前に国家機関に救助を求める義務を課すことはできないことが明らかとなった。なぜならば、このような義務を認めてしまうと、私人に対して自由および安全を給付する立場にあるはずの国家が、私人の自由領域を疑わしいものにしてしまうという矛盾が生じてしまうからである。

3　今後の課題

本書は、正当防衛の限界を全て取り扱ったものではない。特に、正当防衛の前段階における公的救助要請義務の是非以外の点については十分な検討を行うことができていない。それゆえ、第一部第五章で試論的に示したとはいえ、自招侵害、責任なき攻撃、著しく不均衡な場合についてのさらなる検討が必要であろう。

また、正当防衛は緊急行為の一類型に位置づけられることに鑑みれば、その他の自救行為との関係性、例えば、正当防衛と緊急避難、あるいは正当防衛と自救行為の関係性を明確にする必要性があると思われる。本研究も断片的にその点を論じているとはいえ、不十分なものにとどまっている以上、これらの関係性についての検討も今後の課題として残されていると言えよう。

これらの諸課題についても、引き続き真摯に取り組んでいくことを誓い、筆を置くこととする。

引用文献一覧

1 日本語文献

以下では、本書において引用した日本語文献を五十音順に挙げておく（ただし、著者名不詳のものは末尾に掲載することとした）。なお、本文の脚注内にて引用を行う際は、文献名を略記している（略記法については、丸括弧内を参照）。

青井秀夫『法理学概説』（有斐閣・2007年）（引用：青井・法理学）
浅田和茂『刑法総論〔補正版〕』（成文堂・2007年）（引用：浅田・総論）
安達光治「客観的帰属論の意義について」國學院法学40巻4号（2003年）93頁以下（引用：安達・國學院法学40巻4号）
―――「因果主義の限界と客観的帰属論の意義」刑法雑誌48巻2号（2009年）221頁以下（引用：安達・刑法雑誌48巻2号）。
―――「責務（Obliegenheit）と犯罪論（1）」立命館法学380号（2018年）1頁以下（引用：安達・立命館法学380号）
足立昌勝監修、岡本洋一＝齊藤由紀＝永嶋久義訳「プロイセン一般ラント法第2編第20章（刑法）試訳（3）」関東学院法学23巻1号（2013年）151頁以下（引用：足立監修・関東学院法学23巻1号〔翻訳者名〕）
飯島　暢『自由の普遍的保障と哲学的刑法理論』（成文堂・2016年）（引用：飯島・自由の普遍的保障）
―――「不作為に対する正当防衛」慶應法学37号（2017年）227頁以下（引用：飯島・慶應法学37号）
―――「刑事法学の動き　山本和輝「正当防衛の正当化根拠について（1）〜（4・完）――『法は不法に譲歩する必要はない』という命題の再検討を中心に――」法律時報90巻3号（2018年）108頁以下（飯島・法律時報90巻3号）
―――「緊急救助（正当防衛）の主体となる国家とその構成員達――松生論文に対するコメント――」長谷川晃＝酒匂一郎＝河見誠編『法の理論36』（成文堂・2018年）179頁以下（引用：飯島・法の理論㊱）
石部雅亮『啓蒙的絶対主義の法構造』（有斐閣・1969年）（引用：石部・啓蒙的絶対主義の法構造）
生田勝義『行為原理と刑事違法論』（信山社・2002年）（引用：生田・行為原理と刑事違法論）
井田　良「緊急権の法体系上の位置づけ」現代刑事法62号（2004年）4頁以下（引用：井田・現代刑事法62号）

―― 『刑法総論の理論構造』（成文堂・2005年）（引用：井田・理論構造）
―― 『講義刑法学・総論』（有斐閣・2008年）（引用：井田・総論）
―― 「判批」季刊刑事弁護96号（2018年）10頁以下（引用：井田・季刊刑事弁護96号）
板倉　宏『刑法総論〔補訂版〕』（勁草書房・2007年）（引用：板倉・総論）
伊東研祐『刑法講義総論』（日本評論社・2010年）（引用：伊東・講義総論）
井上達夫『自由の秩序――リベラリズムの法哲学講義』（岩波書店・2017年）（引用：井上（達）・自由の秩序）
井上宜裕「裁判員裁判と難解な法律概念――正当防衛――」犯罪と刑罰21号（2011年）29頁以下（引用：井上（宜）・犯罪と刑罰21号）
―― 「判批（仙台地判平29・9・22 LEX/DB 文献番号：25547815）」新・判例解説編集委員会編『速報判例解説 vol. 22新・判例解説 Watch【2018年4月】』（日本評論社・2018年）189頁以下（引用：井上（宜）・新・判例解説 Watch22号）
今井猛嘉＝小林憲太郎＝島田聡一郎＝橋爪隆「刑法総論〔第2版〕」（有斐閣・2012年）（引用：今井ほか・総論〔執筆者名〕）
岩間康夫「保護義務者による正当防衛の制限について――特に夫婦間の事例を素材に――」井田良＝川口浩一＝葛原力三＝塩見淳＝山口厚＝山名京子編『山中敬一先生古稀祝賀論文集［上巻］』（成文堂・2017年）195頁以下（引用：岩間・山中古稀）
上原敏夫＝長谷部由紀子＝山本和彦『民事執行・保全法〔第3版〕』（有斐閣・2011年）（引用：上原ほか・民事執行・保全法）
浦部法穂『憲法の本〔改訂版〕』（共栄書房・2012年）（引用：浦部・憲法の本）
遠藤邦彦「正当防衛判断の実際」刑法雑誌50巻2号（2011年）303頁以下（引用：遠藤・刑法雑誌50巻2号）
大越義久『刑法総論〔第5版〕』（有斐閣・2012年）（引用：大越・総論）
大下英希「自救行為と刑法における財産権の保護」川端博＝浅田和茂＝山口厚＝井田良編『理論刑法学の探究⑦』（成文堂・2014年）71頁以下（引用：大下・理論刑法学の探究⑦）
大塚　仁『刑法総論〔第4版〕』（有斐閣・2008年）（引用：大塚（仁）・総論）
大塚裕史「侵害の『急迫性』要件の意義と射程――最高裁平成二十九年決定を手掛かりとして」判例時報2357＝2358合併号（2018年）13頁以下（引用：大塚（裕）・判例時報2357＝2358合併号）
大谷　實「自招侵害と正当防衛論――最高裁第二小法廷平成二九年四月二六日決定に関連して」判例時報2357＝2358合併号（2018年）6頁以下（引用：大谷・判例時報2357＝2358合併号）。
大嶋一泰「正当防衛の制限について」法学47巻5号（1984年）612頁以下。（引用：大嶋・法学47巻5号）
岡野光雄『刑法要説総論〔第2版〕』（成文堂・2009年）［引用：岡野・総論］
小田直樹「正当防衛の前提要件としての『不正』の侵害（四・完）」広島法学20巻3号

(1997年) 113頁以下（引用：小田・広島法学20巻 3 号）

香川達夫「防衛の意思は必要か」平場安治＝平野龍一＝高田卓爾＝福田平＝大塚　仁＝香川　達夫＝内藤謙＝松尾浩也編『団藤重光博士古稀祝賀論文集第一巻』（有斐閣・1983年）270頁以下（引用：香川・団藤古稀）

────『刑法講義（総論）〔第 3 版〕』（成文堂・1995年）（引用：香川・総論）

柏﨑早陽子「『単なるスローガンとしての法確証』の批判的考察────リーネンの探究を参考にして────」法学研究論集44号（2016年）73頁以下（引用：柏﨑・法学研究論集44号）

────「他人のための正当防衛の正当化根拠について」法学研究論集45号（2016年）145頁以下（引用：柏﨑・法学研究論集45号）

────「他人のための正当防衛と被攻撃者の意思」法学研究論集46号（2017年）61頁以下。（引用：柏﨑・法学研究論集46号）

加藤尚武＝久保陽一＝幸津國生＝高山守＝滝口清栄＝山口誠一編『縮刷版ヘーゲル辞典』（弘文堂・2014年）（引用：加藤ほか編・縮刷版ヘーゲル辞典〔執筆者名〕）

門田成人「判批（最決平成29・4・26刑集71巻 4 号275頁）」法学セミナー750号（2017年）109頁（引用：門田・法学セミナー750号）

金澤真理「ドイツ強要罪における非難性条項（Verwerflichkeitskalausel）について」井田良＝井上宜裕＝白取祐司＝高田昭正＝松宮孝明＝山口厚編『浅田和茂先生古稀祝賀論文集〔上巻〕』（成文堂・2016年）729頁以下（引用：金澤・浅田古稀）

上口　裕「カール 5 世刑事裁判例（1532年）試訳（ 2 ）」南山法学37巻 3 ＝ 4 号（2014年）299頁以下（引用：上口・南山法学37巻 3 ＝ 4 号）

川瀬雅彦「判批（最決平成20・5・20刑集62巻 6 号1786頁）」慶應法学20号（2011年）293頁以下（引用：川瀬・慶應法学20号）。

川端　博『正当防衛権の再生』（成文堂・1998年）（引用：川端・正当防衛権の再生）

────＝日高義博＝井田良「《鼎談》正当防衛の正当化の根拠と成立範囲」現代刑事法 2 巻 1 号（2000年） 4 頁以下（引用：川端ほか・現代刑事法 2 巻 1 号〔発言者名〕）

────＝山中敬一「対談・正当防衛権の根拠と限界」現代刑事法 5 巻12号（2003年） 5 頁以下（引用：川端ほか・現代刑事法 5 巻12号〔発言者名〕）

木崎峻輔「判批（最決平成29・4・26刑集71巻 4 号275頁）」筑波法政74号（2018年）41頁以下（引用：木崎・筑波法政74号）

W.キムリッカ（千葉眞＝岡﨑晴輝訳者代表）『新版　現代政治理論』（日本経済評論社・2005年）（引用：キムリッカ（千葉＝岡崎訳者代表）・現代政治理論〔訳者名〕）

葛原力三＝塩見淳＝橋田久＝安田拓人『テキストブック刑法総論』（有斐閣・2009年）（引用：葛原ほか・総論〔執筆者名〕）

────「結果無価値と行為無価値」刑法読書会編『犯罪と刑罰〈第22号〉』（成文堂・2013年）103頁以下（引用：葛原・犯罪と刑罰22号）

────「正当防衛」法律時報85巻 1 号（2013年） 9 頁以下（引用：葛原・法律時報85巻 1 号）

―― 「正当防衛論」伊東研祐＝松宮孝明編『リーディングス刑法』（法律文化社・2015年）197頁以下（引用：葛原・正当防衛論）。
ディーター・グリム（大森貴弘訳）「国家の暴力独占」比較法学40巻3号（2007年）125頁以下（引用：グリム（大森訳）・比較法学40巻3号）。
香城敏麿「判解（最決昭和52・7・21刑集31巻4号747頁）」『最高裁判所判例解説刑事篇昭和52年度』（法曹会・1980年）235頁以下（引用：香城・最判解刑事篇昭和52年度）
―― 「正当防衛における急迫性」小林充＝香城敏麿編『刑事事実認定――裁判例の総合的研究（上）』（判例タイムズ社・1994年）261頁以下（香城・正当防衛における急迫性）
小林憲太郎「違法性とその阻却――いわゆる優越的利益原理を中心に」千葉大学法学論集23巻1号（2008年）1頁以下（引用：小林・千葉大学法学論集23巻1号）
―― 「自招侵害論の行方――平成29年決定は何がしたかったのか」判例時報2336号（2017年）142頁以下（引用：小林・判例時報2336号）
―― 『刑法総論の理論と実務』（判例時報社・2018年）（引用：小林・刑法総論の理論と実務）
斎藤信治「『法の確証』、正当防衛・過剰防衛の法的性格」刑法雑誌35巻2号（1996年）217頁以下（引用：斎藤（信）・刑法雑誌35巻2号）
斉藤誠二「正当防衛権の根拠と限界をめぐって」『団藤重光博士古稀祝賀論文集第一巻』（有斐閣・1983年）290頁以下（引用：斉藤（誠）・団藤古稀）
―― 「正当防衛権をめぐって」成蹊法学21巻（1983年）1頁以下（引用：斉藤（誠）・成蹊法学21巻）
―― 『正当防衛権の根拠と展開』（多賀出版・1991年）（引用：齊藤（誠）・正当防衛権の根拠と展開）
佐伯仁志「正当防衛と退避義務」『小林充先生・佐藤文哉先生古稀祝賀刑事裁判論集上巻』（2006年）88頁以下（引用：佐伯（仁）・小林＝佐藤古稀）
―― 『刑法総論の考え方・楽しみ方』（有斐閣・2013年）（引用：佐伯（仁）・総論）
―― 「正当防衛の新判例について」判例時報2357＝2358合併号（2018年）19頁以下（引用：佐伯（仁）・判例時報2357＝2358合併号）
坂下陽輔「正当防衛権の制限に対する批判的考察（一）」法学論叢177巻4号（2015年）33頁以下（引用：坂下・法学論叢177巻4号）
―― 「正当防衛権の制限に対する批判的考察（五）・完」法学論叢178巻5号（2016年）70頁以下（引用：坂下・法学論叢178巻5号）
―― 「判批（最決平成29・4・26刑集71巻4号275頁）」判例時報2362号（2018年）169頁以下（引用：坂下・判例時報2362号）
―― 「判批（さいたま地判平29・1・11判時2340号120頁）」刑事法ジャーナル56号（2018年）102頁以下（引用：坂下・刑事法ジャーナル56号）。
―― 「防衛行為の相当性及び退避義務・侵害回避義務に関する一考察（一）」法学82巻

3号（2018年）1頁以下（引用：坂下・法学82巻3号）
──　「防衛行為の相当性及び退避義務・侵害回避義務に関する考察（二）」法学82巻5号（2018年）1頁以下（引用：坂下・法学82巻5号）
佐竹宏章「詐欺罪における構成要件的結果の意義及び判断方法について（4）──詐欺罪の法制史的検討を踏まえて──」立命館法学379号（2018年）81頁以下（引用：佐竹・立命館法学379号）
佐藤幸治『現代国家と人権』（有斐閣・2008年）（引用：佐藤（幸）・現代国家と人権）
佐藤文哉「正当防衛における退避可能性について」『西原春夫先生古稀祝賀論文集第1巻』（1998年）237頁以下（以下、佐藤（文）・西原古稀）
塩見　淳「喧嘩と正当防衛」甲斐克則編『日中刑法総論・各論の先端課題』（成文堂・2018年）119頁以下（引用：塩見・喧嘩と正当防衛）
潮見佳男『民法総則講義』（有斐閣・2005年）（引用：潮見・民法総則講義）
嶋矢貴之「刑法学の出発点としての条文──変容する正当防衛制限論から（特集　再確認・法学の出発点──条文の大切さ）」法学教室451号（2018年）26頁以下（引用：嶋矢・法学教室451号）。
宿谷晃弘「正当防衛の基本原理と退避義務に関する一考察（1）」早稲田大学大学院法研論集第124号（2007年）83頁以下（引用：宿谷・早稲田大学大学院法研論集124号）
杉藤忠士「クラインの刑罰思想」青山法学論集13巻1号（1971年）101頁以下（引用：杉藤・青山学院法学13巻1号）
鈴木茂嗣『刑法総論〔第2版〕』（成文堂・2011年）（引用：鈴木・総論）
曾根威彦『刑法における正当化の理論』（成文堂・1980年）（引用：曾根・刑法における正当化の理論）
──　＝松原芳博編『重点課題刑法総論』（成文堂・2008年）（引用：曽根ほか編・重点課題総論〔執筆者名〕）
──　『刑法原論』（成文堂・2016年）（引用：曽根・原論）
孫　　文「中華人民共和国の犯罪体系の起源」立命館法学378号（2018年）80頁以下（引用：孫・立命館法学378号）
高橋則夫『刑法総論〔第4版〕』（成文堂・2018年）（引用：高橋・総論）
──　「『急迫性』の判断構造──最高裁平成29年決定をめぐって──」研修837号（2018年）3頁以下
高山佳奈子「正当防衛論（上）」法学教室267号（2002年）81頁以下（引用：高山・法学教室267号）
──　「正当防衛論（下）」法学教室268号（2003年）66頁以下（引用：高山・法学教室268号）。
瀧川裕英編『問いかける法哲学』（2016年・法律文化社）（引用：瀧川・問いかける法哲学〔執筆者名〕）
瀧川裕英『国家の哲学』（東京大学出版会・2017年）（引用：瀧川・国家の哲学）

瀧本京太朗「自招防衛論の再構成（２）――「必要性」要件の再検討――」北大法学論集66巻5号（2016年）231頁以下（引用：瀧本・北大法学論集66巻5号）
　――　「自招防衛論の再構成（３・完）――「必要性」要件の再検討――」北大法学論集66巻6号（2016年）71頁以下（引用：瀧本・北大法学論集66巻6号）
　――　「判批（東京高判平成27・6・5判時2297号137頁）」刑事法ジャーナル51号（2017年）91頁以下（引用：瀧本・刑事法ジャーナル51号）。
　――　「判例における自招侵害の判断枠組みについて」北大法学論集69巻4号（2018年）143頁以下（引用：瀧本・北大法学論集69巻4号）
立石二六『刑法総論〔第4版〕』（成文堂・2015年）（引用：立石・総論）
団藤重光『刑法綱要総論〔第三版〕』（創文社・1990年）（引用：団藤・総論）
津田重憲『正当防衛の研究』（時潮社・1985年）（引用：津田・正当防衛の研究）
　――　『緊急救助の研究』（成文堂・1994年）（引用：津田・緊急救助の研究）
　――　『緊急救助の基本構造』（成文堂・1997年）（引用：津田・緊急救助の基本構造）
照沼亮介「正当防衛の構造」岡山大学法学会雑誌56巻2号（2007年）143頁以下（引用：照沼・岡山大学法学会雑誌56巻2号）
　――　「侵害に先行する事情と正当防衛の限界」筑波ロー・ジャーナル9号（2011年）101頁以下（引用：照沼・筑波ロー・ジャーナル9号）
　――　「判批（最決平成29・4・26刑集71巻4号275頁）」法学教室445号（2017年）48頁以下（引用：照沼・法学教室445号）。
徳永　元「過剰防衛の研究：適法行為の期待可能性論からの再検討」九州大学大学院博士学位論文（2015年）（引用：徳永・過剰防衛の研究）
豊田兼彦『演習』法学教室451号（2018年）132頁以下（引用：豊田・法学教室451号）
内藤　謙『刑法講義総論（中）』（有斐閣・1986年）（引用：内藤・総論（中））
中　義勝『正当防衛について』（関西大学出版会・1997年）（引用：中・正当防衛について）
中空壽雅「自招侵害と正当防衛論」現代刑事法5巻12号（2003年）28頁以下（引用：中空・現代刑事法5巻12号）
中村義孝編訳『ナポレオン刑事法典史料集成』（引用：中村編訳・ナポレオン刑事法典史料集成）
中村悠人「刑罰の正当化根拠に関する一考察（2）」立命館法学342号（2012年）208頁以下（引用：中村・立命館法学342号）
　――　「刑罰の正当化根拠に関する一考察（3）」立命館法学343号（2012年）134頁以下（引用：中村・立命館法学343号）
　――　「法益論と社会侵害性について」浅田和茂＝上田寛＝松宮孝明＝本田稔＝金尚均編『自由と安全の刑事法学：生田勝義先生古稀祝賀論文集』（法律文化社・2014年）27頁以下（引用：中村・生田古稀）
中尾佳久「判解（最決平成29・4・26刑集71巻4号275頁」ジュリスト1510号（2017年）107頁以下（引用：中尾・ジュリスト1510号）

中山研一『刑法総論』（成文堂・1982年）（引用：中山・総論）
―――　『新版口述刑法総論〔補訂2版〕』（成文堂・2007年）（引用：中山・口述総論）
―――　＝浅田和茂＝松宮孝明『レヴィジオン刑法3』（成文堂・2009年）（引用：中山ほか・レヴィジオン③〔発言者名〕）
成瀬治＝山田欣吾＝木村靖二編『世界歴史大系　ドイツ史2』（山川出版社・1996年）（引用：成瀬ほか編・ドイツ史②〔執筆者名〕）。
成瀬幸典「判批（最決平29・4・26刑集71巻4号275頁）」法学教室444号（2017年）158頁（引用：成瀬・法学教室444号）。
西田典之「判批」松尾浩也＝芝原邦爾＝西田典之編『刑法判例百選Ⅰ〔第4版〕』（有斐閣・1997年）48頁以下（引用：西田・百選Ⅰ〔第4版〕）
―――　『刑法総論〔第二版〕』（弘文堂・2010年）（引用：西田・総論）。
野澤　充『中止犯の理論構造』（成文堂・2011年）（引用：野澤・中止犯の理論構造）
野村　稔『刑法総論〔補訂版〕』（成文堂・1998年）（引用：野村・総論）
朴　秉植「正当防衛の本質について――自己保全原理と法確証原理の法哲学的考察」明治大学大学院紀要第27集法学篇（1990年）247頁以下（引用：朴・明治大学大学院紀要第27集法学篇）
―――　「正当防衛権の法的根拠づけについて」明治大学大学院紀要第28集法学篇（1991年）265頁以下（引用：朴・明治大学大学院紀要第28集法学篇）。
橋田　久「警察による救助の可能性と正当防衛」三井誠＝中森喜彦＝吉岡一男＝井上正仁＝堀江慎司編『鈴木茂嗣先生古稀祝賀論文集〔上巻〕』（成文堂・2007年）283頁以下（引用：橋田・鈴木古稀上巻）。
―――　「自招侵害」研修747号（2010年）3頁以下（引用：橋田・研修747号）
―――　「判批（東京高判平成27・6・5判時2297号137頁）」『平成27年度重要判例解説』（有斐閣・2016年）147頁以下（引用：橋田・平成27年度重判解）。
―――　「判批（最決平成29・4・26刑集71巻4号275頁）」『平成29年度重要判例解説』（有斐閣・2018年）154頁以下（引用：橋田・平成29年度重判解）。
橋爪　隆『正当防衛の基礎』（有斐閣・2007年）（引用：橋爪・正当防衛の基礎）
―――　「正当防衛論」川端博＝浅田和茂＝山口厚＝井田良編『理論刑法学の探究①』（成文堂・2008年）93頁以下（引用：橋爪・理論刑法学の探究①）。
―――　「判批（最決平成20・5・20刑集62巻6号1786頁）」ジュリスト1391号（2009年）160頁（引用：橋爪・ジュリスト1391号）
―――　「判批（最決平成20・5・20刑集62巻6号1786頁）」『平成20年度重要判例解説』（有斐閣・2009年）174頁以下（引用：橋爪・平成20年度重判解）
長谷部恭男『憲法〔第7版〕』（新世社・2018年）（引用：長谷部・憲法）
―――　『比較不可能な価値の迷路〔増補新装版〕』（東京大学出版会・2018年）（引用：長谷部・比較不可能な価値の迷路）
林　幹人『刑法総論〔第2版〕』（東京大学出版会・2008年）（引用：林・総論）

原口伸夫「自招の侵害」桐蔭法学20巻2号（2014年）23頁以下（引用：原口・桐蔭法学20巻2号）
玄　守道「刑事法学の動き　坂下陽輔「正当防衛権の制限に関する批判的考察（一）-（五）・完」法律時報88巻12号（2016年）141頁以下（引用：玄・法律時報88巻12号）。
平野龍一『刑法総論Ⅱ』（有斐閣・1975年）（引用：平野・総論Ⅱ）。
プーフェンドルフ（前田俊文訳）『自然法にもとづく人間と市民の義務』（京都大学学術出版会・2016年）（引用：プーフェンドルフ（前田訳）・自然法にもとづく人間と市民の義務）
福田　平『全訂刑法総論〔第5版〕』（有斐閣・2011年）（引用：福田・総論）
トマス・ホッブズ（水田洋訳）『リヴァイアサン（一）』（岩波書店・1954年）（引用：ホッブズ（水田訳）・リヴァイアサン（一））
──　『リヴァイアサン（二）』（岩波書店・1964年）（引用：ホッブズ（水田訳）・リヴァイアサン（二））。
堀内捷三『刑法総論〔第2版〕』（有斐閣・2004年）（引用：堀内・総論）
松生光正「押しつけられた緊急救助」『続・例外状態と法に関する諸問題』（関西大学法学研究所・2016年）15頁以下（引用：松生・押しつけられた緊急救助）
──　「国家と緊急救助」竹下賢＝長谷川晃＝酒匂一郎＝河見誠編『法の理論35』（成文堂・2017年）35頁以下（引用：松生・法の理論㉟）。
──　「飯島コメントへのリプライ」長谷川晃＝酒匂一郎＝河見誠編『法の理論36』（成文堂・2018年）219頁以下（引用：松生・法の理論㊱）
松原芳博『刑法総論〔第2版〕』（日本評論社・2017年）（引用：松原・総論）
──　『刑法概説』（成文堂・2018年）（引用：松原・概説）
松宮孝明『刑事立法と犯罪体系』（成文堂・2003年）（引用：松宮・犯罪体系）
──　編『判例刑法演習』（法律文化社・2015年）（引用：松宮編・判例刑法演習〔執筆者名〕）
──　『刑法総論講義〔第5版補訂版〕』（成文堂・2018年）（引用：松宮・総論）
──　「正当防衛における「急迫性」について」立命館法学377号（2018年）97頁以下（引用：松宮・立命館法学377号）
──　「現代刑法の理論と実務──総論〔第5回〕正当防衛の正当性」法学セミナー763号（2018年）91頁以下（引用：松宮・法学セミナー763号）
三原憲三＝大矢武史「判批（最決平成20・5・20刑集62巻6号1786頁）」朝日法学論集39号242頁（引用：三原＝大矢・朝日法学論集39号）
宮川　基「防衛行為と退避義務」東北学院法学65号（2006年）19頁以下（引用：宮川・東北学院法学65号）
明照博章「判批（大阪高判平成13年1月30日刑裁月報13巻1＝2号6頁）」現代刑事法34号（2002年）82頁以下（引用：明照・現代刑事法34号）
──　『正当防衛権の構造』（成文堂・2013年）（引用：明照・正当防衛権の構造）

三浦　透「判解（最決平成20・5・20刑集62巻6号1786頁）」『最高裁判所判例解説刑事篇平成20年度』（法曹会・2012年）404頁以下（引用：三浦・最判解刑事篇平成20年度）
三代川邦夫「正当防衛の海域」立教法学97号（2018年）115頁以下（引用：三代川・立教法学97号）。
村井敏邦「正当防衛の限界とその過剰：歴史的考察」一橋大学研究年報・法学研究8号（1972年）383頁以下（以下では村井・一橋研究年報・法学研究8号）。
ギュンター・ヤコブス（松宮孝明序、平山幹子訳）「市民刑法と敵味方刑法」立命館法学291号（2003年）459頁以下（引用：ヤコブス（松宮序、平山訳）立命館法学291号）。
――（川口浩一訳）「管轄の段階――行為義務および受忍義務の成立とウエイトに関する考察――」ギュンター・ヤコブス（川口浩一＝＝飯島暢訳）『法的強制と人格性』（関西大学出版部・2012年）77頁以下所収（引用：ヤコブス（川口訳）・管轄の段階）。
安田拓人＝島田聡一郎＝和田俊憲『ひとりで学ぶ刑法』（有斐閣・2015年）（引用：安田ほか・ひとりで学ぶ刑法〔執筆者名〕）
安廣文夫「判解（最判昭和60・9・12刑集39巻6号275頁）」『最高裁判所判例解説刑事篇昭和60年度』（法曹会・1989年）132頁以下（引用：安廣・最判解刑事篇昭和60年度）
――「正当防衛・過剰防衛に関する最近の判例について」刑法雑誌35巻2号（1996年）240頁以下（引用：安廣・刑法雑誌35巻2号）。
山口　厚「自ら招いた正当防衛状況」『法学協会百周年記念論文集第二巻』（有斐閣・1983年）721頁以下（引用：山口・法学協会百周年記念論文集）
――『問題探究刑法総論』（有斐閣・1998年）（引用：山口・探究総論）
――「正当防衛論の新展開」法曹時報61巻2号（2009年）297頁以下（引用：山口・法曹時報61巻2号）。
――『基本判例に学ぶ刑法総論』（成文堂・2010年）（引用：山口・基本判例に学ぶ刑法総論）
――『刑法総論〔第3版〕』（有斐閣・2016年）（引用：山口・総論）
山下裕樹「特別なものとしての不作為犯？」竹下賢＝長谷川晃＝酒匂一郎＝河見誠編『法の理論33』（成文堂・2015年）97頁以下（引用：山下・法の理論㉝）。
――「親権者の「刑法的」作為義務」関西大学法学論集64巻2号（2014年）137頁以下（引用：山下・関西大学法学論集65巻2号）
――「遺棄罪の諸概念の内容について（1）」関西大学法学論集67巻5号（2018年）73頁以下（引用：山下・関西大学法学論集67巻5号）
山田雄大「刑法36条における侵害の始期と時間的切迫性について」法学政治学論究103号（2014年）199頁以下（引用：山田・法学政治学論究103号）
――「ドイツ及びオーストリアにおける正当防衛の防衛対象となる権利の侵害」法学政治学論究115号（2017年）39頁以下（引用：山田・法学政治学論究115号）
山中敬一『正当防衛の限界』（成文堂・1985年）（引用：山中・正当防衛の限界）
――『刑法総論〔第3版〕』（成文堂・2015年）（引用：山中・総論）

山本輝之「自招侵害に対する正当防衛」上智法学27巻2号（1984年）137頁以下（引用：山本・上智法学27巻2号）
―― 「優越利益の原理からの根拠づけと正当防衛の限界」刑法雑誌35巻2号205頁以下（引用：山本・刑法雑誌35巻2号）
吉田敏雄『刑法理論の基礎〔第3版〕』（成文堂・2013年）（引用：吉田・刑法理論の基礎）
米田雅宏「現代国家における警察法理論の可能性（二・完）――危険防御の規範構造の研究・序説――」法学70巻2号（2006年）103頁以下（引用：米田・法学70巻2号）
「刑法ゼミナール〔第3回〕――平野龍一先生を囲んで――」法学教室81号（1987年）12頁以下（引用：刑法ゼミナール・法学教室81号19頁〔発言者名〕）
「分科会――『正当防衛と過剰防衛』――質疑応答」刑法雑誌35巻2号251頁（引用：質疑応答・刑法雑誌35巻2号〔発言者名〕）

2 ドイツ語文献

以下では、本書において引用したドイツ語文献をアルファベット順に挙げておく（ただし、著者名不詳のものは末尾に掲載することとした）。なお、本文の脚注内にて引用を行う際は、文献名を略記している（略記法については、丸括弧内を参照）。

Abegg, Julius Friedrich Heinrich: Lehrbuch der Strafrechts-Wissenschaft, 1836.（zit.: *Abegg*, Lehrbuch）

Amelung, Knut/Kilian, Ines: Zur Akzeptanz des deutschen Notwehrrechts in der Bevölkerung, in: Amelung, Knut/Beulke, Wener/Lilie, Hans/Rüping, Hinrich/Rosenau, Henning/Wolfslast, Gabriele (Hrsg.), Strafrecht-Biorecht-Rechtsphilosophie. Festschrift für Hans-Ludwig Schreiber zum 70. Geburtstag am 10. Mai, 2003, S. 3 ff.（zit.: *Amelung/Kilian*, FS-Schreiber）

Baumann, Jürgen/Weber, Ulrich/Mitsch, Wolfgang: Strafrecht Allgemeiner Teil, 11. Aufl., 2003.（zit.: *Baumann/Weber/Mitsch*, AT）

Baumann, Jürgen/Weber, Ulrich/Mitsch, Wolfgang/Eisele, Jörg: Strafrecht Allgemeiner Teil, 12. Aufl., 2016.（zit.: *Baumann/Weber/Mitsch/Eisele*, AT）

Berner, Albert Friedrich: Die Notwehrtheorie, Archiv des Criminalrechts. Neue Folge, 1848.（zit.: *Berner*, ArchCrimR NF 1848）

ders.: Lehrbuch des Deutschen Strafrechtes, 1. Aufl., 1857（zit.: *Berner*, Lehrbuch[1]）

ders.: Die Strafgesetzgebung in Deutschland vom Jahre 1751 bis zur Gegenwart, 1867.（zit.: *Berner*, Strafgesetzgebung）

ders.: Lehrbuch des Deutschen Strafrechtes, 18. Aufl., 1898.（zit.: *Berner*, Lehrbuch[18]）

Bertel, Christian: Notwehr gegen verschuldete Angriffe, ZStW 84, 1972, S. 1 ff.（zit.: *Bertel*, ZStW 84）

Beseler, Georg: Kommentar über das Strafgesetzbuch für die Preußischen Staaten, 1851.

(zit.: *Beseler*, Kommentar)

von Bitter, Albrecht: Das Strafrecht des Preußischen Allgemeinen Landrechts von 1794 vor dem ideengeschichtlichen Hintergrund seiner Zeit, 2013. (zit.: *von Bitter*, Strafrecht)

Bitzilekis, Nikolaos: Die neue Tendenz zur Einschränkung des Notwehrrechts, 1984. (zit.: *Bitzilekis*, Einschränkung)

Bockelmann, Paul: Menschenrechtskonvention und Notwehrrecht, in: Bockelmann, Paul/Kaufmann, Arthur/Klug, Ulrich (Hrsg.), Festschrift für Karl Engisch zum 70. Geburtstag, 1969, S. 456 ff. (zit.: *Bockelmann*, FS-Engisch)

Bülte, Jens: Der Verhältnismäßigkeitsgrundsatz im deutschen Notwehrrecht aus verfassungsrechtlicher und europalischer Perspektive, GA 2011, S. 145 ff. (zit.: *Bülte*, GA 2011)

von Buri, Maximilian: Notstand und Notwehr, GS 30, 1878, S. 463. (zit.: *von Buri*, GS 30)

Dietlein, Johannes: Die Lehre von den grundrechtlichen Schutzpflichten, 2. Aufl., 2005. (zit.: *Dietlein*, Schutzpflichten)

Drescher, Angelika: Anmerkung zu BGHSt 33, 133, Urteil vom 3. 2. 1993-3 StR 356/92, JuS 1994, S. 423 ff. (zit.: *Drescher*, JuS 1994)

Engisch, Karl: Auf der Suche nach der Gerechtigkeit. Haupttheme der Rechtsphilosophie, 1971. (zit.: *Engisch*, Gerechtigkeit)

Engländer, Armin: Grund und Grenzen der Nothilfe, 2008. (zit.: *Engländer*, Nothilfe)

Entwurf eines Strafgesetzbuches für den Norddeutschen Bund nebst Motiven und Anlagen, 1870. (zit.: Entwurf StGB Norddeutscher Bund 1870)

Frister, Helmut, Die Notwehr im system der Notrechte, GA 1988, S. 291 ff. (zit.: *Frister*, GA 1988)

ders.: Strafrecht Allgemeiner Teil, 8. Aufl., 2018. (zit.: *Frister*, AT)

Fuchs, Helmut Grundfragen der Notwehr, 1986. (zit.: *Fuchs*, Grundfragen)

Gehlen, Arnold: Urmensch und Spätkultur, 7. Aufl., 2016. (zit.: *Gehlen*, Urmensch)

Geyer, August: Die Lehre von Nothwehr, 1857. (zit.: *Geyer*, Nothwehr)

ders., Begriff und allgemeiner Tatbestand des Verbrechens, in: von Holtzendorff, Franz (Hrsg.), Handbuch des deutschen Strafrechts, 4. Aufl. 1877, S. 87 ff. (zit.: *Geyer*, Begriff)

Goltdammer, Theodor Herrmann: Materialien zum Strafgesetzbuch für die Preußischen Staaten, Bd. 1, 1851. (zit.: *Goltdammer*, Materialien, Bd. 1)

Grävell, Maximilian Karl Friedrich Wilhelm: Abhandlungen über die Therorie, Schwähschriften, und der Notwehr, Neues Archiv des Criminalrechts, Bd. 3, 1819, 189 ff. (zit.: *Grävell*, NarchCrimR Bd. 3)

Gropp, Walter: Strafrecht Allgemeiner Teil, 4. Aufl., 2015. (zit.: *Gropp*, AT) (翻訳として、

金尚均＝玄守道監訳「ヴァルター・グロップ『刑法総論』(第 4 版、2015年)（1）〜（8）」龍谷法学49巻 1 号（2016年）101頁以下、同49巻 2 号（2016年）383頁以下、同49巻 3 号（2017年）177頁以下、同49巻 4 号（2017年）701頁以下、同50巻 1 号（2017年）489頁以下、同50巻 3 号（2018年）697頁以下、同50巻 4 号（2018年）775頁以下、同51巻 1 号（2018年）905頁以下［引用：金＝玄監訳・龍谷法学51巻 1 号〔訳者名〕］）

Haas, Robert: Notwehr und Nothilfe, 1977.（zit.: Haas, Notwehr）

Haft, Fritiof/Eisele, Jörg: »Sauberes Stuttgart 2000 «: Der Gaststättenüberfall, Jura 2000, S. 313 ff.（zit.: Haft/Eisele, Jura 2000）

Haft, Fritiof: Strafrecht Allgemeiner Teil, 9 Aufl. 2004.（zit.: Haft, AT）

Hälschner, Hugo: Das preußische Strafrecht, Bd. 1, 1855.（zit.: Hälschner, Strafrecht, Bd. 1）

Heffter, August Wilhelm: Lehrbuch des gemeinen deutschen Criminalrechts, 1833.（zit.: Heffter, Lehrbuch）

Hegel, Georg Wilhelm Friedrich: Vorlesungen über Rechtsphilosophie 1818-1831: Philosophie des Rechts nach der Vorlesungsnachschrift von H. G. Hotho 1822/23, in: Edition und Kommentar in sechs Bänden von Karl-Heinz Ilting, Bd. 3., 1974.（zit.: Hegel, Vorlesungen）（翻訳として、尼寺義弘訳『ヘーゲル教授殿の講義による法の哲学Ⅰ』（晃洋書房・2005年）［引用：尼寺訳・ヘーゲル教授殿の講義による法の哲学Ⅰ］、同『ヘーゲル教授殿の講義による法の哲学Ⅱ』（晃洋書房・2008年））。

ders.: Grundlinien der Philosophie des Rechts, in: Moldenhauer, Eva/Michel, Karl Markus (Hrsg.), Werke in zwanzig Bänden (Suhrkamp Taschenbuch Wissenschaft 607), Bd. 7, 1986.（zit.: Hegel, Grundlinien）（翻訳として、藤野渉＝赤沢正敏訳『法の哲学Ⅰ』（中央公論新社・2001年）［引用：藤野＝赤沢訳・法の哲学Ⅰ］、同『法の哲学Ⅱ』（中央公論新社・2001年）［引用：藤野＝赤沢訳・法の哲学Ⅱ］）

ders., Enzyklopädie der philosophischen Wissenschaften I, in: Werke in zwanzig Bänden (Suhrkamp Taschenbuch Wissenschaft 608), Bd. 8, 1986.（zit.: Hegel, Enzyklopädie I）（翻訳として、真下信一＝宮本十蔵訳『改訳小論理学（哲学体系Ⅰ）』（岩波書店・1996年）［引用：真下＝宮本訳・小論理学］）

Hillenkamp, Thomas: Der praktische Fall-Strafrecht: Dresdner Rotlichtmilieu, JuS 1994, S. 769 ff.（zit.: Hillenkamp, JuS 1994）

von Hippel, Robert: Deutsches Strafrecht, Bd. 1, 1971, S. 343.（zit.: von Hippel, Strafrecht Bd. 1）

Höffe, Otfried: Immanuel Kant, 1983.（zit.: Höffe, Kant）（翻訳として、薮木英夫訳『イマヌエル・カント』（法政大学出版局・1991年）［引用：薮木訳・イマヌエル・カント］）

Honneth, Axel: Leiden an Unbestimmtheit, 2001.（zit. Honneth, Leiden）（翻訳として、島崎隆＝明石英人＝大河内泰樹＝徳地真弥訳『自由であることの苦しみ——ヘーゲル『法哲学』の再生』（未来社・2009年）［引用：島崎ほか訳・自由であることの苦しみ〔訳者名〕］）

Hruschka, Joachim: Extrasystematische Rechtfertigungsgründe, in: Jescheck, Hans-Heinrich/Lüttger, Hans（Hrsg.）, Festschrift für Eduard Dreher zum 70. Geburtstag, S. 189 ff.（zit.: *Hruschka*, FS-Dreher）（紹介として、恒光徹紹介「ヨアヒム・ルシュカ『超体系的正当化事由』」甲南法学23巻1号（1983年）61頁以下［引用：恒光紹介・甲南法学23巻1号］）

Isensee, Josef: Das Staatliche Gewaltmonopol als Grundlage und Grenze der Grundrechte, in: Franßen, Everhardt/Redeker, Konrad/Schlichter, Otto/Sendler, Horst（Hrsg.）, Bürger-Richter-Staat Festschrift für Horst Sendler zum Abschied aus seinem Amt, 1991, S. 39 ff.（zit.: *Isensee*, FS-Sendler）

Jakobs, Günther: Strafrecht Allgemeiner Teil, 2. Aufl., 1991.（zit.: *Jakobs*, AT）

ders.: Kommentar: Notwehr, Notstand, Pflichtenkollision, in: Albin Eser（Hrsg.）, Rechtfertigung und Entschuldigung IV, 1993, S. 143 ff.（zit.: *Jakobs*, Kommentar）

ders.: Die strafrechtliche Zurechnung von Tun und Unterlassen, 1996.（zit.: *Jakobs*, Zurechnung）（翻訳として、平山幹子訳「作為および不作為の刑法的帰責」松宮孝明編訳『ギュンター・ヤコブス著作集［第1巻］』（成文堂・2014年）103頁以下［引用：平山訳・刑法的帰責］）

ders.: Rechtszwang und Personalität, 2008.（zit.: *Jakobs*, Rechtszwang）（翻訳として、川口浩一＝飯島暢訳『法的強制と人格性』（関西大学出版部・2012年）［引用：川口＝飯島訳・法的強制〔訳者名〕］）

ders, System der strafrechtlichen Zurechnung, 2012.（zit.: *Jakobs*, System）

Jescheck, Hans-Heinrich/Weigend, Thomas: Strafrecht AT, 5. Aufl., 1996.（zit.: *Jescheck/Weigend*, AT）（翻訳として、西原春夫監訳『イェシェック＝ヴァイゲント刑法総論〔第5版〕』〔成文堂・1999年〕［引用：西原監訳・総論〔訳者名〕］）

Kant, Immanuel: Die Metaphysik der Sitten, in: Weischedel, Wilhelm（Hrsg.）, Werkausgabe in 12 Bänden（Suhrkamp Taschenbuch Wissenschaft 190）, Bd. 8, 1977.（zit.: *Kant*, MdS）（翻訳として、樽井正義＝池尾恭一訳『人倫の形而上学』（岩波書店・2002年）［引用：樽井＝池尾訳・人倫の形而上学〔訳者名〕］）

Kargl, Walter: Die intersubjektive Begründung und Begrenzung der Notwehr, ZStW 110（1998）, S. 38 ff.（zit.: *Kargl*, ZStW 110）

Kasper, Johannes: Strafrecht-Allgemeiner Teil. Eine Einführung, 2015.（zit. Kasper, AT）

Kersting, Wolfgang: Wohlgeordnete Freiheit, 3. Aufl., 2007.（zit.: *Kersting*, Freiheit）（翻訳として、舟場保之＝寺田俊郎監訳『自由の秩序』（ミネルヴァ書房・2013年）［引用：舟場＝寺田監訳・自由の秩序〔訳者名〕］）

Killian, Ines: Die Dresdener Notwehrstudie, 2011.（zit.: *Killian*, Notwehrstudie）

Kindhäuser, Urs: zur Genese der Formel „das Recht braucht dem Unrecht nicht zu weichen", in: Freund, Georg/Murmann, Uwe/Bloy, René/Perron, Walter（Hrsg.）Grundlagen und Dogmatik des gesamten Strafrechtssystems.: Festschrift für Wolf-

gang Frisch zum 70. Geburstag, 2013, S. 492 ff.（zit.: *Kindhäuser*, FS-Frisch）
ders.: Strafrecht Allgemeiner Teil, 8. Aufl., 2017.（zit.: *Kindhäuser*, AT）
Klose, Peter: Notrecht des Staates aus staatlicher Rechtsnot, ZStW Bd. 89., 1977, S. 61 ff.（zit.: *Klose*, ZStW 89）
Klein, Ernst Fredinand: Grundsätze des gemeinen deutschen und preussischen peinlichen Rechts, 1796.（zit.: *Klein*, Grundsätze）
ders., Ueber das Moralische in der Strafe, Archiv des Criminalrechts, Bd. 1, St. 3, 1799, S. 40 ff.（zit.: *Klein*, ArchCrimR 1, St. 3）
ders., Ueber die Natur und den Zweck der Strafe, Archiv des Criminalrechts, Bd. 2, St. 1, 1799, S. 74 ff.（zit.: *Klein*, ArchCrimR 2, St. 1）
Kleinheyer, Gerd: Staat und Bürger im Recht, 1959.（zit.: *Kleinheyer*, Staat）
Klinkhardt, Ingo: Die Selbsthilferechte des Amtsträgers, Verwaltungs Archiv 55, 1964, S. 297 ff.（zit.: *Klinkhardt*, VA 55）
Köhler, Michael: Strafrecht Allgemeiner Teil, 1997.（zit.: *Köhler*, At）
Koriath, Heinz: Einige Gedanken zur Notwehr, in: Britz, Guido/Jung, Heike/Koriath, Heinz/Müller, Egon (Hrsg.), Grundfragen staatlichen Strafens. Festschrift für Heinz Müller-Dietz zum 70. Geburtstag, 2001, S. 361 ff.（zit.: *Koriath*, FS-Müller-Dietz）
Köstlin, Christian Reinhold: System des deutschen Strafrechts. Abteilung I: Allgemeiner Teil, 1855.（zit.: *Köstlin*, System）
Krause, Friedrich-Wilhelm: Zur Ploblematik der Notwehr, in: Frisch, Wolfgang/Schmid, Werner (Hrsg.), Festschrift für Hans-Jürgen Bruns zum 70. Geburtstag, 1966, S. 71 ff.（zit.: *Krause*, FS-Bruns）
Krey, Volker: Zur Einschränkung des Notwehrrechts bei der Verteidigung von Sachgütern, JZ 1979, S. 703 ff.（zit.: *Krey*, JZ 1979）（紹介として、振津隆行「フォルカー・クライ「財物の防衛の際における正当防衛権の制限について」」商学討究32巻1号（1981年）96頁以下［引用：振津紹介・商学討究32巻1号］）
Kroß, Antje: Notwehr gegen Schweigegelderpressung, 2004.（zit.: *Kroß*, Notwehr）
Kubiciel, Michael: Die Wissenschaft vom Besonderen Teil des Strafrechts, 2013.（zit.: *Kubiciel*, Wissenschaft）
Kuhli, Milan Carl Gottlieb Svarez und das Verhältnis von Herrschaft und Recht im aufgeklarten Absolutismus, 2012.（zit.: *Kuhli*, Svarez）
Kühl, Kristian: Notwehr und Nothilfe, JuS 1993, S. 177 ff.（zit.: *Kühl*, JuS 1993）
ders.: Strafrecht Allgemeiner Teil, 8. Aufl., 2017.（zit.: *Kühl*, AT）
Leipziger Kommentar Strafgesetzbuch, 11. Aufl., *Burkhard Jähnke* u. a. (Hrsg.): 3. Lieferung: §§32, 33, 1992.（zit.: LK^{11}-*Bearbeiter*）; 12. Aufl., Heinrich Wilhelm Laufhütte u. a. (Hrsg.): Bd. 2: §§32-55, 2006.（zit: LK^{12}-*Bearbeiter*）
Lenckner, Theodor: »Gebotensein« und »Erforderlichkeit« der Notwehr, GA 1968, S. 1 ff.

（zit.: *Lenckner*, GA 1968）
Lesch, Heiko Hartmut: Anmerkung zu BGHSt 33, 133, Urteil vom 3. 2. 1993-3 StR 356/92, StV 1993, S. 578 ff.（zit.: *Lesch*, StV 1993）
ders., Notwehrrecht und Beratungsschutz, 2000.（zit.: *Lesch*, Notwehrrecht）
ders., Die Notwehr, in: Gunter Widmaier u.a.（Hrsg.）, Festschrift für Hans Dahs, 2005, S. 81 ff.（zit.: *Lesch*, FS-Dahs）
Matt, Holger/Renzikowski, Joachim（Hrsg.）, Strafgesetzbuch. Kommentar, 2013.（zit.: Matt/Renzikowski-*Bearbeiter*）
Merten, Detlef: Rechtsstaat und Gewaltmonopol, 1975.（zit.: *Merten*, Rechtsstaat）
Michelet, Karl Ludwig: System der philosophischen Moral, 1828.（zit.: *Michelet*, System）
Motive zu dem Entwurfe eines Strafgesetzbuches für den Norddeutschen Bund, 1869.（zit.: Motiv zu dem Entwurfe StGB Norddeutscher Bund 1869）
Motsch, Thomas: Der straflos Notwehrexzess, 2003.（zit.: *Motsch*, Notwehrexzess）
Münchener Kommentar zum Strafgesetzbuch, 3. Aufl., von Heintschel-Heinegg, Bernd（Hrsg.）, Bd. 1: §§1-37, 2017.（zit.: MK-Bearbeiter）
Neumann, Ulfried: Individuelle und überindividuelle Begründung des Notwehrrechts, in: Lüderssen, Klaus/Nestler-Tremel, Cornelius, Weigend, Ewa（Hrsg.）, Modernes Strafrecht und ultima-ratio-Prinzip, 1991, S. 215 ff.（zit.: *Neumann*, Begründung）
Nomos-Kommentar Strafgesetzbuch, Kindhäuser, Urs/Neumann, Ulfrid/Paeffgen, Hans-Ullrich（Hrsg.）, Bd. 1, 3. Aufl., 2010.（zit.: NK-Bearbeiter）
Pawlik, Michael: Das unerlaupte Verhalten beim Betrug, 1999.（zit.: *Pawlik*, Betrug）
ders.: Der rechtfertigende Defensivnotstand, Jura 2002, S. 26 ff.（zit.: *Pawlik*, Jura 2002）
ders.: Die Notwehr nach Kant und Hegel, ZStW Bd. 114, 2002, S. 259 ff.（zit.: *Pawlik*, ZStW 114）（翻訳として、赤岩順二＝森永真綱訳「ミヒャエル・パヴリック『カントとヘーゲルの正当防衛論』（1）～（3・完）」甲南法学53巻1号［2012年］61頁以下［引用：赤岩＝森永訳・甲南法学53巻1号］、同53巻3号47頁以下［引用：赤岩＝森永訳・甲南法学53巻3号］）、同53巻4号［2013年］149頁以下［引用：赤岩＝森永訳・甲南法学53巻4号］。）
ders.: Das Unrecht des Bürgers, 2012.（zit.: *Pawlik*, Unrecht）（翻訳として、飯島暢＝川口浩一監訳「ミヒャエル・パヴリック『市民の不法』（1）～（21）」関西大学法学論集63巻2号（2013年）179頁以下、同63巻4号（2013年）223頁以下、同63巻5号（2014年）231頁以下、同63巻6号（2014年）287頁以下［引用：飯島＝川口監訳・関西大学法学論集63巻6号〔訳者名〕］、同64巻2号（2014年）233頁以下、同64巻5号（2015年）202頁以下［引用：飯島＝川口訳・関西大学法学論集64巻5号〔訳者名〕］、同65巻1号（2015年）175頁以下［引用：飯島＝川口監訳・関西大学法学論集65巻1号〔訳者名〕］、同65巻2号（2015年）165頁以下、同65巻4号（2015年）266頁以下、同65巻5号（2016年）385頁以下［引用：飯島＝川口監訳・関西大学法学論集65巻5号〔訳者

名〕〕、同65巻6号（2016年）240頁以下、同66巻2号（2016年）169頁以下、同66巻3号（2016年）298頁以下、同66巻4号（2016年）347頁以下、同67巻1号（2017年）273頁以下、同67巻3号（2017年）178頁以下、同67巻4号（2017年）153頁以下、同67巻6号（2018年）263頁以下、同68巻1号（2018年）318頁以下）

Pelz, Christian: Notwehr-und Notstandrechte und der Vorrang obrigkeitlicher Hilfe, NStZ 1995, S. 305 ff.（zit.: *Pelz*, NStZ 1995）

Pieroth, Bodo/Schlink, Bernhard/Kniesel, Michael: Polizei-und Ordnungsrecht, 9. Aufl. 2016.（zit.: *Pieroth/Schlink/Kniesel*, Polizei-und Ordnungsrecht）

von Prantl, Carl, Richter, Heinrich Ferdinand, in: Historischen Commission bei der Königlichen Akademie der Wissenschaften（Hrsg.）, Allgemeine Deutsche Biographie, Bd. 28（1889）, S. 464 f.（zit.: *von Prantl*, ADB Bd. 28）

von Quistorp, Johann Christian Edler/Klein, Ernst Ferdinand: Grundsätze des deutschen peinlichen Rechts, Bd. 1, Abt. 2, 6. Aufl., 1810.（zit.: *Quistorp/Klein*, Grundsätze）

Renzikowski, Joachim: Notstand und Notwehr, 1994.（zit.: *Renzikowski*, Notwehr）

ders.: Der „verschuldete" Notwehrexzeß, in: Eser, Albin/Schittenhelm, Ulrike/Schumann, Heribert（Hrsg.）, Festschrift für Theodor Lenckner zum 70. Geburtstag, 1998, S. 249 ff.（zit.: *Renzikowski*, FS-Lenckner）

ders.: Intra-und extrasystematische Rechtfertigungsgründe, in: Byrd, B Sharon/Joerden, Jan C（Hrsg.）, Philosophia Practica Universalis Universalis: Festschrift für Joachim Hruschka zum 70. Geburtstag, 2005, S. 643 ff.（zit.: *Renzikowski*, FS-Hruschka）

Richter, Heinrich Ferdinand: Das philosophische Strafrecht, 1829.（zit.: *Richter*, Strafrecht）

van Rienen, Rafael: Die „sozialethischen" Einschränkungen des Notwehrrechts, 2009.（zit.: *van Rienen*, Einschränkungen）

Roxin, Claus: Die „sozialethichen Einschränkungen" des Notwehrrechts――Versuch einer Bilanz――, ZStW Bd. 83, 1981, S. 70.（zit.: *Roxin*, ZStW 83）（紹介として、振津隆行紹介「クラウス・ロクシン『正当防衛権の『社会倫理的制限』――ある決算の試み――』」商学討究32巻3号（1982年）113頁以下〔引用：振津紹介・商学討究32巻3号〕）

ders.: Anmerkung zu BGHSt 33, 133, Urteil vom 3. 2. 1993-3 StR 356/92, NStZ 1993, S. 335 f.（zit.: *Roxin*, NStZ 1993）

ders.: Strafrecht Allgemeiner Teil, Bd. 1, 4. Aufl., 2006.（zit.: *Roxin*, AT）（翻訳として、山中敬一監訳『ロクシン刑法総論第1巻〔第4版〕〔翻訳第2分冊〕』〔信山社・2009年〕〔引用：山中監訳・総論〔訳者名〕〕）。

ders.: Notwehr und Rechtsbewährung, in: Heger, Martin/Kelker, Brigitte/Schramm, Edward（Hrsg.）, Festschrift für Kristian Kühl zum 70. Geburtstag, 2014, S. 391 ff.（zit.: *Roxin*, FS-Kühl）

Sánchez-Vera, Javier: Pflichtdelikt und Beteiligung, 1999. (zit.: *Sánchez-Vera*, Pflichtdelikt)

Schubert, Werner/Regge, Jürgen (Hrsg.): Quellen zur preußischen Gesetzgebung des 19. Jahrhunderts. Gesetzrevision (1825-1848), Abt. 1, Bd. 1, 1981. (zit.: Schubert/Regge (Hrsg.), Gesetzrevidion, Abt. 1, Bd. 1); Abt. 1, Bd. 2, 1982. (zit.: Schubert/Regge (Hrsg.), Gesetzrevidion, Abt. 1, Bd. 2); Abt. 1, Bd. 3, 1984. (zit.: Schubert/Regge (Hrsg.), Gesetzrevidion, Abt. 1, Bd. 3); Abt. 1, Bd. 4, 1993. (zit.: Schubert/Regge (Hrsg.), Gesetzrevidion, Abt. 1, Bd. 4); Abt. 1, Bd. 5, 1994. (zit.: Schubert/Regge (Hrsg.), Gesetzrevidion, Abt. 1, Bd. 5); Abt. 1, Bd. 6, Teil. 1, 1996. (zit.: Schubert/Regge (Hrsg.), Gesetzrevidion, Abt. 1, Bd. 6, Teil 1); Abt. 1, Bd. 6, Teil. 2, 1996. (zit.: Schubert/Regge (Hrsg.), Gesetzrevidion, Abt. 1, Bd. 6, Teil 2)

Schubert, Werner/Regge, Jürgen/Schmid Werner/Schröder Rainer (Hrsg.): Entwürfe des Strafgesetzbuchs Preußen 1848/49, 1991. (zit.: Schubert u. a. (Hrsg.), Entwürfe)

Schubert, Werner/Vormbaum, Thomas (Hrsg.): Entstehung des Strafgesetzbuchs, Bd. 1, 2002. (zit.: Schubert/Vormbaum (Hrsg.), Entstehung, Bd. 1); Bd. 2, 2004. (zit.: Schubert/Vormbaum (Hrsg.), Entstehung, Bd. 2)

von Scherenberg, Carl-Friedrich: Die sozialethischen Einschränkungen der Notwehr, 2009. (zit.: *von Scherenberg*, Einschränkungen)

Schmidt, Thomas: Anmerkung zu BGH NStZ 1995, 177, Beschluss vom 15. 11. 1994, JuS 1995, S. 556 f. (zit.: *Schmidt*, JuS 1995)

Schmidhäuser, Eberhard: Über die Wertstruktur der Notwehr, in: Juristische Fakultät der Georg-August-Universität Göttingen (Hrsg.), Festschrift für Richard M. Honig, 1970, S. 185 ff. (zit.: *Schmidhäuser*, FS-Honig)

ders.: Strafrecht Allgemeiner Teil. Lehrbuch, 1970. (zit.: *Schmidhäuser*, AT)

ders.: Die Begründung der Notwehr, GA 1991, S. 97 ff. (zit.: *Schmidhäuser*, GA 1991)

Schroeder, Friedrich-Cristian: Die Notwehr als Indikator Polistischer Grundanschauungen, in: Schroeder, Friedrich-Cristian / Zipf, Heinz (Hrsg.), Festschrift für Reinhart Maurach zum 70. Geburtstag, 1972, S. 127 ff. (zit.: *Schroeder*, FS-Maurach)

Schwarze, Friedrich Oscar: Commentar zum Strafgesetzbuch für das deutsch Reich, 3, verbesserte und sehr vermehrte Band, 1873. (zit.: *Schwarze*, Commentar)

Seeberg, Rouven: Aufgedrängte Nothilfe, Notwehr und Notwehrexzess, 2005. (zit.: *Seeberg*, Nothilfe と表記する。)

Seelmann, Kurt: Grenzen privater Nothilfe, ZStW Bd. 89., 1977, S. 36 ff. (zit.: *Seelmann*, ZStW 89)

ders.: Opferinteressen und Handlungsverantwortung, GA 1989, S. 241 ff. (zit.: *Seelmann*, GA 1989)

ders.: Hegels Straftheorie in seinen »Grundlinien der Philosophie des Rechts«, in. ders., Anerkennungsverlust und Selbstsubsumtion, 1995., S. 11 ff. (zit.: *Seelmann*, Straftheorie)（翻訳として、飯島暢＝川口浩一監訳、中村悠人訳「ヘーゲル『法哲学要綱』における刑罰論」関西大学法学論集61巻3号（2011年）89頁以下［引用：飯島＝川口監訳・関西大学法学論集61巻3号〔中村訳〕］)。

Sengbusch, René: Die Subsidiarität der Notwehr, 2008.（zit.: *Sengbusch*, Subsidiarität）

Simon, August Heinrich: Bericht über die szientivische Redaktion der Materialien der preußischen Gesetzgebung, Allgemeine Juristische Monatsschrift für die preußischen Staaten, Bd. 11, Heft. 3, 1811, S. 191 ff.（zit.: *Simon*, Mathis's MS 11）

Stangl, Benedikt: „Verhältnismäßige Notwehr", 2013.（zit.: *Stangl*, Notwehr）

Stenglein, Melchior（Hrsg.）: Sammlung der deutschen Strafgesetzbücher, Bd. 3, XI Preußischen Staaten, 1858.（zit.: *Stenglein*（Hrsg.）, Sammlung Bd. 3）

Sternberg-Lieben, Irene: Voraussetzungen der Notwehr, JA 1996, S. 299 ff.（zit.: *Sternberg-Lieben*, JA 1996）

Svarez, Carl Gottlieb: Vorträge über Recht und Staat. Herausgegeben von Hermann Conrad/Gerd Kleinheyer,（Wissenschaftliche Abhandlungen der Arbeitsgemeinschaft für Forschung des Landes Nordrhein-Westfalen. 10), 1960.（zit.: *Svarez*, Vorträge）

ders., Die Kronprinzenvorlesungen 1791/1792, in: Krause, Peter（Hrsg.）, Carl Gottlieb Svarez: Gesammelte Schriften, Abt. 1, Bd. 4（2 Bde), 2000.（zit.: *Svarez*, Kronprinzenvorlesungen）

Teichmann, Albert: Heydemann, Ludwig Eduard. in: Historischen Commission bei der Königlichen Akademie der Wissenschaft（Hrsg.）: Allgemeine deutsche Biographie, Bd. 12., 1880., S. 349 f.（zit.: *Teichmann*, ADB Bd. 12）

Temme, Jodocus Donatus Hubertus: Critik des Entwurf des Strafgesetzbuchs für die preußischen Staaten, Teil 1, 1843.（zit.: *Temme*, Critik）

ders.: Glossen zum Strafgesetzbuche für Preußischen Staaten, 1853.（zit.: *Temme*, Glossen）

Vogel, Joachim: Norm und Pflicht, 1993.（zit.: *Vogel*, Norm）

Vormbaum, Thomas: Einführung in die moderne Strafrechtsgeschichte, 3. Aufl., 2013.（zit.: *Vormbaum*, Einführung）

Wagner, Heinz: Individualistische oder überindividualistische Notwehrbegründung, 1984.（zit.: *Wagner*, Notwehrbegründung）

Weber, Max: Politik als Beruf, in: Baier, Horst/Hübinger, Gangolf/Lepsius, M. Rainer/Mommsen, Wolfgang J./Schuluchter, Wolfgang/Winckelmann, Johannes（Hrsg.）, Max Weber-Gesamtausgabe, Abt. I Bd. 17, 1992, S. 70 ff.（zit.: *Weber*, Politik）（翻訳として、中山元訳『職業としての政治／職業としての学問』（日経BPクラシックス・2009年）1頁以下［引用：中山訳・職業としての政治］)。

Welcker, Carl Theodor: Großherzogthum Baden. Das Recht der Notwehr, Annalen der deutschen und ausländischen Criminal=Rechtspflege, Bd. 14, 1841, S. 51 ff.（zit.:

Wecker, Annalen Bd. 14)

Wessels, Johannes/Beulke, Werner/Satzger, Helmut: Strafrecht Allgemeiner Teil, 48 Aufl., 2018. (zit.: *Wessels/Beulke/Satzger*, AT)

Zabel, Benno, Wissnschaft im Übergang. Zur Strafrechtsphilosophie Albert Friedrich Berners, in: Kubiciel, Michael/Pawlik Michael/Seelmann, Kurt (Hrsg.), Hegels Erben?, 2017, S. 95 ff. (zit.: *Zabel*, Wissenschaft)

著者紹介
山 本 和 輝（やまもと かずき）
1991年　埼玉県に生まれる
2013年　立命館大学法学部卒業
2018年　立命館大学大学院博士課程後期課程修了
現　在　立命館大学総合心理学部授業担当講師
　　　　立命館大学大学院法学研究科研究生
　　　　博士（法学）（立命館大学）

正当防衛の基礎理論
2019年3月20日　初版第1刷発行

著　者　山　本　和　輝
発行者　阿　部　成　一

162-0041　東京都新宿区早稲田鶴巻町514
発行所　株式会社　成文堂
電話 03(3203)9201(代)　FAX 03(3203)9206
http://www.seibundoh.co.jp

製版・印刷　藤原印刷　　　　　製本　弘伸製本
©2019 K. Yamamoto　Printed in Japan
☆乱丁本・落丁本はお取り替えいたします☆
ISBN978-4-7923-5268-4　C3032　　検印省略
定価（本体5500円＋税）